Hessen
Werbach-Gamburg
Walldürn-Altheim
Tauber
Mannheim
Weinheim
Ladenburg
Edingen-Neckarhausen
Schriesheim
Eberbach
Rosenberg-Sindolsheim
Osterburken
Elztal-Dallau
Dörzbach
Schrozberg-Riedbach
Schwetzingen
Heidelberg
Möckmühl-Bittelbronn
Jagst
Rheinland-Pfalz
Kocher
Langenburg
Satteldorf-Gröningen
Bad Friedrichshall
Bayern
Bruchsal
Heilbronn
Schwäbisch Hall
Crailsheim
Neckar
Aspach-Kleinaspach
Fichtenberg
Karlsruhe
Bietigheim-Bissingen
Ellwangen
Backnang
Pforzheim
Enz
Marbach a.N.
Abtsgmünd
Rastatt
Neuenbürg
Kornwestheim
Alfdorf
Aalen-Wasseralfingen
Waiblingen
FRANKREICH
Baden-Baden
Fellbach
Rems
Schwäbisch Gmünd
Sinzheim-Leiberstung
STUTTGART
Esslingen
Adelberg
Nagold
Plochingen
Königsbronn
Forbach-Herrenwies
Enz
Köngen
Fils
Eislingen
Nürtingen
Wendlingen
Geislingen
Giengen
Neckartenzlingen
Bad Überkingen
Lenningen
Hermaringen
Murg
Tübingen
Dettingen
Amstetten
Metzingen-Neuhausen
Drackenstein
Freudenstadt
Rottenburg a.N.
Reutlingen
Beimerstetten
Kinzig
Pfullingen
Rhein
Ulm
Zell am Harmersbach
Haigerloch-Stetten
Lichtenstein-Unterhausen
Schelklingen
Alpirsbach
Oberwolfach
Allmendingen
Neckar
Schiltach
Balingen
Engstlatt
Untermarchtal
Lauterbach
Schramberg
Albstadt
-Tailfingen
-Ebingen
Riedlingen
Gutach
Rottweil
Elz
Sigmaringen
Donau
Biberach
Trossingen
Breisach
Vöhrenbach
Simonswald
Freiburg
Breg
Brigach
Bad Dürrheim
-Laucherthal
Beuron
Ochsenhausen
Oberried
Breitnau
Eisenbach
Tuttlingen
Staufen i.Br.
Geisingen
Wilhelmsdorf
Münstertal
Lenzkirch-Kappel
Schluchsee
Blumberg
Auggen
Weingarten
Fröhnd
Überlingen
Ravensburg
Leutkirch-Schmidsfelden
Efringen-Kirchen-Kleinkems
Kandern
Markdorf
Amtzell
Wutach
Gailingen
Tettnang
Weil am Rhein
Waldshut
Achberg
Bad Säckingen
Konstanz
Langenargen
Rheinfelden
Rhein
Bodensee
SCHWEIZ
Kilometer
0 10 20 30 40 50
ÖSTERREICH

Brücke, Mühle und Fabrik

Industriearchäologie
in Baden-Württemberg

Herausgegeben vom
Landesmuseum für Technik und Arbeit
in Mannheim

Band 2

Brücke, Mühle und Fabrik

Technische Kulturdenkmale
in Baden-Württemberg

von
Hubert Krins, Michael Goer, Leo Schmidt
und Rose Hajdu

Theiss

Herausgegeben vom Landesmuseum für
Technik und Arbeit

Die Deutsche Bibliothek – CIP-Einheitsaufnahme

Brücke, Mühle und Fabrik : technische Kulturdenkmale in Baden-Württemberg / [hrsg. vom Landesmuseum für Technik und Arbeit in Mannheim]. Von Hubert Krins . . . – Stuttgart: Theiss, 1991
(Industriearchäologie in Baden-Württemberg; Bd. 2)
ISBN 3-8062-0841-7
NE: Krins, Hubert; Landesmuseum für Technik und Arbeit <Mannheim>; GT

Schutzumschlag: Jürgen Reichert, Stuttgart,
unter Verwendung eines Fotos von Rose Hajdu, Marbach
(Schlachthof in Bruchsal)

Gesamtherstellung:
Grafische Betriebe Süddeutscher Zeitungsdienst, Aalen
Printed in Germany
ISBN 3-8062-0841-7

Geleitwort des Herausgebers

Nachdem der erste Band der vom Landesmuseum für Technik und Arbeit in Mannheim herausgegebenen Reihe »Industriearchäologie in Baden-Württemberg« den traditionsreichen »Bauernmühlen im Schwarzwald« gewidmet war, weitet sich mit dem vorliegenden zweiten Band der Blick auf nahezu alle wichtigen Sparten technischer Kulturdenkmale im Lande. Der Obertitel »Brücke, Mühle und Fabrik« kann die hier dokumentierte Spannweite nur höchst unzulänglich andeuten. Den Leser erwartet geradezu ein Füllhorn an Zeugnissen unserer materiellen Kultur, von deren Existenz bislang kein Katalog, kein Denkmalverzeichnis berichtet. Selbst die Bearbeiter der Beiträge – zumeist Mitarbeiterinnen und Mitarbeiter des Landesdenkmalamts Stuttgart und seiner Außenstellen in Karlsruhe, Freiburg und Tübingen – besaßen, als sie vor drei Jahren an die Arbeit gingen, kaum mehr als eine vage Vorstellung von der vorhandenen Materialfülle. Da weder die Zahl der Einzelbeiträge noch der Umfang des Bandes den immer zahlreicher recherchierten technischen Denkmalen gemäß gesteigert werden konnte, wurde letztlich eine exemplarische Auswahl unumgänglich. Damit werden auch zukünftig – neben der vertieften Darstellung von Einzelbereichen – weitere Dokumentationen der vorliegenden Art vonnöten sein.

Das Landesmuseum Mannheim wird sich gemäß seiner Zielsetzung auch fürderhin darum bemühen, unsere technischen Kulturdenkmale möglichst vollständig einer breiteren Öffentlichkeit ins Bewußtsein zu rücken, sie einzubeziehen in den alltags- und kulturgeschichtlichen Zusammenhang und sie als Zeugnisse für Zeitströmungen und Lebensformen, für Arbeitsbedingungen und Sozialstrukturen, für Erkenntnisprozesse und Problemlösungen in unserem technischen Zeitalter »begreifbar« zu machen.

Eine breitgefächerte erste Möglichkeit der Annäherung bietet der vorgelegte Band, für dessen Inhalt die jeweils genannten Autoren verantwortlich zeichnen. Eine zweite Form der Annäherung stellt eine Ausstellung zur Industriearchäologie Baden-Württembergs dar, die auf einer stark konzentrierten Materialauswahl beruht; sie soll in mehreren Städten des Landes und in ausländischen Partnermuseen präsentiert werden.

Wie dieses Werk eindrucksvoll belegt, verfügt die reiche Gewerbe-, Industrie- und Technikgeschichte Südwestdeutschlands trotz gewaltiger Verluste in der Kriegs- und Nachkriegszeit immer noch über eine große Zahl an Sachzeugen aus dem Werdensprozeß unserer Industriegesellschaft. Ihre Erhaltung vor Ort ist ein dringendes Anliegen unserer Zeit, in der ein beispielloser Veränderungsdruck unsere kulturelle Identität bedroht. Bei weitem nicht alles läßt sich durch Translozierung ins Museum retten (oder entsorgen?). Zögern wir nicht, unser industriearchäologisches Erbe anzunehmen, es mit neuen Augen zu sehen und danach zu handeln.

Mannheim, im Juli 1991
Landesmuseum
für Technik und Arbeit

Prof. Dr. Lothar Suhling
Museumsdirektor

Vorwort

Es gehört von jeher zu den festen Erfahrungen im Denkmalthema, daß Kulturdenkmäler, wo sie nicht nur als Sehenswürdigkeiten sondern als erhaltenswerte Geschichtszeugnisse öffentliche Zuwendung gewinnen sollen, vor allem der anschaulich beschreibenden Vermittlung bedürfen.
Dies gilt im besonderen für jene technik- und industriegeschichtlichen Anlagen, die vielfach noch bis in unsere Jahrzehnte herein den Alltag einer überschaubaren Arbeitswelt, deren Produktionsstätten, deren Energieversorgung und Verkehrserschließung ausgemacht haben, die aber inzwischen weithin bereits zur »Welt von Gestern« gehören.
Die meisten sind in ihrem Bestand heute gefährdet: durch mangelhaftes Wertverständnis und durch den Veränderungsdruck des Fortschritts. Sie sind einerseits in der Öffentlichkeit weithin nur schwer zu vermitteln in ihrer Erhaltungswürdigkeit und ihrem besonderen Zeugnischarakter.
Andrerseits schreitet die Entwicklung in keinem Lebensbereich so rasch voran wie in dem der Technik und der Industrie. Viele dieser technischen Einrichtungen wurden außerdem nur für ihren speziellen Zweck geschaffen; sie verschließen sich daher meistens auch einer sinnvollen Neuverwendung, wie sie nur vereinzelt beispielsweise für frühere Fabrikhallen durch eine neue Nutzung etwa zu Ausstellungszwecken oder für alte Hammerschmieden und Mühlen als anschauliche Geschichtsstationen am Kulturwanderweg immer wieder möglich gemacht werden kann.
Kurzum: Die sinnvolle denkmalpflegerische Erhaltung technischer Geschichtszeugnisse sieht sich heute einer Problematik ausgesetzt,, die vielschichtiger und schwieriger ist als in allen anderen Denkmalbereichen.
Gerade auch vor diesem Hintergrund ist das vorliegende Buch außerordentlich zu begrüßen. Es kommt der Publikation sicherlich zugute, daß sie weithin von verantwortlich praktizierenden Mitgliedern des Landesdenkmalamtes Baden-Württemberg erarbeitet wurde, – d. h. nicht nur mit gründlicher Sachkenntnis sondern auch aus dem unmittelbaren Wissen um das Geschick dieser Denkmale.
So dürfte sich dieses Buch nicht nur für den Leser als Gewinn erweisen, sondern wohl auch für die Denkmale selbst, wenn auf diesem Wege mehr Zuwendung und damit verbesserte Erhaltungschancen erwirkt werden.

Stuttgart, im Juni 1991

Prof. Dr. August Gebeßler
Präsident des Landesdenkmalamtes
Baden-Württemberg

Inhalt

Die Autoren

Dipl.-Ing. Hans-Joachim Aderhold, LDA Stuttgart
Dipl.-Ing. Thomas Boedeker, LDA Stuttgart
Dr. Norbert Bongartz, LDA Stuttgart
Dr. Hans Gerhard Brand, LDA Außenstelle Tübingen
Dr. Hermann Diruf, LDA Außenstelle Karlsruhe
Margot Dongus, Leonberg
Dr. Claudia Dutzi, LDA Außenstelle Karlsruhe
Dr. Ute Fahrbach, LDA Außenstelle Karlsruhe
Dr. Julius Fekete, LDA Stuttgart
Dipl.-Ing. Konrad Freyer, LDA Außenstelle Karlsruhe
Dipl.-Ing. Edeltraud Geiger-Schmidt, LDA Stuttgart
Dr. Michael Goer, LDA Stuttgart
Dipl.-Ing. Ulrich Gräf, LDA Stuttgart
Rose Hajdu, Fotografin, Marbach
Dr. Wiltrud Heber, LDA Außenstelle Karlsruhe
Dr. Gabriele Howaldt, LDA Außenstelle Tübingen
Gerhard Kabierske,
Untere Denkmalschutzbehörde Karlsruhe
Dr. Wolfgang Kaiser, LDA Außenstelle Freiburg
Harald Knauer, Stadtplanungsamt Stuttgart
Dr. Karl Heinrich Koepf †
Sabine Kraume-Probst, LDA Außenstelle Tübingen
Prof. Dr. Hubert Krins, LDA Außenstelle Tübingen
Dr. Rainer Laun, LDA Außenstelle Karlsruhe
Dipl.-Ing. Christiane Lohkamp, LDA Stuttgart
Dr. Thomas Lutz, LDA Außenstelle Freiburg
Dipl.-Ing. Wolfgang Mayer, LDA Stuttgart
Dr. Hans Peter Münzenmayer, LDA Stuttgart
Dr. Ing. Karlfriedrich Ohr,
LDA Außenstelle Karlsruhe
Dipl.-Ing. Angelika Reiff, LDA Stuttgart
Gitta Reinhardt-Fehrenbach,
LDA Außenstelle Freiburg
Dr. Matthias Roser, Stuttgart
Dr. Ing. Erik Roth, LDA Außenstelle Freiburg
Ursula Schneider, LDA Außenstelle Tübingen
Dr. Inge Schöck, LDA Stuttgart
Dr. Leo Schmidt, LDA Außenstelle Karlsruhe
Dipl.-Ing. Peter Schubart,
LDA Außenstelle Karlsruhe
Dr. Wolfgang Seidenspinner,
LDA Außenstelle Karlsruhe
Dr. Christoph Timm, Kulturamt Stadt Pforzheim
Dipl.-Ing. Kathrin Ungerer-Heuck,
LDA Außenstelle Karlsruhe
Dipl.-Ing. Andreas Vorbach,
LDA Außenstelle Karlsruhe
Dr. Sabine Weyrauch, LDA Stuttgart
Dr. Petra Wichmann, LDA Stuttgart
Dr. Johannes Wilhelm, LDA Außenstelle Karlsruhe
Dr. Reinhard Wortmann,
LDA Außenstelle Tübingen

Zu diesem Buch

Baden-Württemberg, das Land der Auto- und Textilindustrie, der Tüftler und Bastler, des High-Tech und der Innovationen, der Verbindung von Forschung und Industrie – ist es auch ein Land der technischen Denkmale? Gibt es Zeugnisse, die seine so rasante technische Entwicklungsgeschichte vom Handwerk zur Weltindustrie veranschaulichen können? Es scheint, als seien es nicht allzu viele. Um so mehr wird jeder überrascht sein, der diesen Band zur Hand nimmt: Selbst die Autoren hatten nicht erwartet, auf so viele Pionierleistungen zu stoßen.

Die Buchidee wurde aus der denkmalpflegerischen Praxis geboren: aus der Notwendigkeit, sich mit dieser Denkmalgruppe stärker zu beschäftigen, aber auch aus der besonderen Fazination, die von ihr ausgeht. Die Autoren, Mitarbeiter des Landesdenkmalamts Baden-Württemberg, haben die Konzeption des Bandes gemeinsam entwickelt und darüber hinaus zahlreiche Kollegen und auch einige Außenstehende zur Mitwirkung gewinnen können. Das Ergebnis stellt eine Gemeinschaftsarbeit im besten Sinne dar.

Das Buch dient zugleich als erweiterter Katalog einer Wanderausstellung, die vom Landesmuseum für Technik und Arbeit in Mannheim erarbeitet wurde. Darin wird eine Auswahl der Objekte als repräsentativer Querschnitt gezeigt.

Ziel der Autoren ist es, die Öffentlichkeit mit solchen Anlagen der Technik und Industrie bekannt zu machen, die aufgrund ihrer geschichtlichen Bedeutung als Kulturdenkmale anzusprechen sind. Keineswegs ist damit der Anspruch verbunden, alle derartigen Objekte oder auch nur die wichtigsten erfaßt zu haben. Dies ist schon deshalb nicht möglich, weil eine systematische und flächenhafte Erfassung der technischen Denkmale noch nicht einmal im Ansatz vorliegt. So konnte manche Zufälligkeit bei der Auswahl der Objekte nicht vermieden werden. Doch haben die Autoren Wert darauf gelegt, der Vielfalt technischer Anlagen durch eine möglichst umfassende Breite in der Objektauswahl gerecht zu werden. Dennoch fällt auf, daß aus dem einen oder anderen industriellen Kerngebiet Objekte fehlen. Dies ist vor allem darauf zurückzuführen, daß nach Kriegszerstörungen und Wiederaufbau, auch als Folge von Betriebserweiterungen sich dort kaum Bauten und Anlagen von historischer Bedeutung erhalten haben.

Auch sonst waren Beschränkungen nicht zu vermeiden: zunächst zeitliche. Zwar war es in Anbetracht der gerade für Südwestdeutschland charakteristischen Entwicklung der Industrie aus handwerklichen Vorstufen wichtig, diese bis in das Mittelalter zurückzuverfolgen, doch mußten vor- und frühgeschichtliche Denkmäler ausgeschieden werden, obwohl etwa aus römischer Zeit bedeutende technische Anlagen bekannt sind. Auch konnten manche Spezialgebiete, wie z. B. die Bühnen- und die Haustechnik, nicht berücksichtigt werden. Ebenso ausgeklammert wurden einzelne Maschinen und andere bewegliche Denkmale der Technik. Ihre Berücksichtigung hätte den Rahmen des Bandes gesprengt. Sofern sie denkmalpflegerisch wichtig sind, wird jedoch auf maschinelle Ausstattungen verwiesen. Bei den aufgenommenen Objekten handelt es sich also im wesentlichen um Anlagen des Hoch- und Tiefbaus.

Der ortsalphabetisch gegliederte Katalog möchte den Leser nicht nur informieren, sondern auch zu eigenen Erkundungen anregen und enthält daher – wenn nötig – Hinweise auf die Auffindbarkeit der Objekte. Der Schwerpunkt der Katalogtexte liegt bei der Benen-

nung des Denkmalwerts, der Faktoren also, die nach fachlicher Einschätzung das Objekt aus der Gruppe ähnlicher Anlagen herausheben. Da die Verfasser je nach Ausbildung ihre fachlichen Schwerpunkte anders setzen – vorwiegend sind sie Architekten und Kunsthistoriker –, ist auch ihre Argumentation unterschiedlich. Diese Vielfalt wurde bewußt respektiert, spiegelt sie doch viele Wege der Annäherung an diese besondere Denkmalgattung wider.
Mehr als die Hälfte der im Katalog vorgestellten Objekte konnten mit einer Abbildung im Tafelteil berücksichtigt werden. Alle Aufnahmen hierzu fertigte Rose Hajdu eigens für diesen Band zwischen Herbst 1989 und Frühjahr 1990. Ihre Intention war es, die Objekte sachlich zu erfassen, sie nicht durch fotografische Romantisierung zu verfremden. Vielmehr suchte sie, wo immer möglich, funktionelle oder topographische Zusammenhänge zu veranschaulichen. Auch der arbeitende Mensch wurde gelegentlich ins Bild mit einbezogen. Die Autoren sind der Meinung, daß die so entstandenen Fotografien der denkmalpflegerischen Betrachtungsweise besonders nahekommen.
Der Tafelteil ist nach Sachgruppen gegliedert, zu denen jeweils eine kurze Einführung gegeben wird.
Die Autoren und die Fotografin danken allen, die zum Gelingen des Bandes beigetragen haben.

Einige Voraussetzungen und Leitlinien der Entwicklung in Baden-Württemberg

Die Industriegeschichte in Baden-Württemberg weist manche Besonderheiten auf. Eine ganz entscheidende ist der Mangel an Rohstoffen: Kohle fehlt so gut wie ganz; Eisenerz gibt es zwar, aber in so geringen Mengen, daß der eigene Bedarf nur bis ins 18. Jahrhundert gedeckt werden konnte. Damit fehlen jegliche Voraussetzungen für die Entwicklung einer Schwerindustrie, wie sie sich im Ruhrgebiet, im Saarland oder in Schlesien herausbilden konnte. Auch die chemische Industrie fand keine günstigen Entwicklungsbedingungen vor.

Eine zweite, nicht weniger bedeutsame Besonderheit ergibt sich aus den natürlichen Hindernissen, die der Verkehrserschließung des Landes entgegenstehen: die Höhenzüge des Schwarzwaldes und der Schwäbischen Alb erschwerten jeglichen Warentransport. Der Rhein war für eine nennenswerte Schiffahrt nicht geeignet, der Neckar erst ab Heilbronn. Bedeutende Verkehrswege wie die Reichsstraßen Frankfurt–Basel oder Augsburg–Lindau berührten das Land eher am Rand, als daß sie es durchquerten.

So wundert es nicht, daß eine industrielle Entwicklung hierzulande erst später einsetzt als andernorts. Einige Produktionszweige können dabei an eine bis ins Mittelalter oder die frühe Neuzeit zurückreichende Tradition anknüpfen. Bestes Beispiel dafür ist der Aufschwung der Textilindustrie an verschiedenen Orten Württembergs. Vor dem Hintergrund einer schon im Mittelalter hoch entwickelten Barchent- und Leinwandweberei entwickelt sie sich zur industriellen Führungsbranche. In Baden erwächst aus merkantilistischen Anfängen, die bis in das 17. Jahrhundert zurückreichen, eine vor allem um Mannheim und in der Ortenau blühende Tabakindustrie.

Doch bleibt trotz dieser und anderer Frühformen industrieller Weiterentwicklung das Land bis gegen Ende des 19. Jahrhunderts weiterhin vom traditionellen Handwerk und der immer noch vorherrschenden Landwirtschaft geprägt. Der Durchbruch zur Industrie als allgemein verbreiteter neuer Wirtschaftsform erfolgt erst in den letzten beiden Jahrzehnten des 19. Jahrhunderts und in den Jahren vor und nach dem Ersten Weltkrieg. Dies spiegelt sich nicht nur in den Gründungsdaten vieler heute noch bestehender Firmen wider, sondern auch in den erhaltenen Denkmalen, die zum größten Teil dieser Epoche angehören.

Die Voraussetzungen für diese Entwicklung wurden in zwei Generationen davor geschaffen. Den Anfang machte die Schiffbarmachung des Rheins mit dem Fortschreiten der 1817 begonnenen Korrektion des Flußbetts (Rheinschiffahrtsakte von 1831 bzw. 1868). Ab 1878 stieg mit der Aufnahme der Kettenschleppschiffahrt ab Heilbronn auch der Verkehr auf dem Neckar erheblich an. Noch größere Bedeutung gewann der Eisenbahnbau, der 1838 im Badischen einsetzte (1840 Eröffnung der Teilstrecke Mannheim–Heidelberg) und um 1900 im wesentlichen als abgeschlossen gelten kann. Damit besteht – rechnet man die Verbesserungen im Straßenbau hinzu – gegen Ende des 19. Jahrhunderts eine funktionstüchtige Infrastruktur.

Mit der Einrichtung und dem kontinuierlichen Ausbau Technischer Hochschulen in Karlsruhe (1825) und Stuttgart (1840 als Polytechnische Schule) wird die wissenschaftlich orientierte Ingenieurausbildung verankert und zur Triebfeder ständiger Neuerungen. Dabei ist besonders der frühe Durchbruch der Elektroenergie hervorzuheben. Sie stellt eine neue, sich rasch verbreitende Kraftquelle in der Nachfolge der Dampfmaschine dar, die sich – mangels leicht zu-

Mannheim um 1900

gänglicher Kohlevorkommen – neben den traditionellen Wasserkraftanlagen ohnehin nicht so stark hatte durchsetzen können wie in anderen Gebieten. Die weltweit erste Hochspannungsdrehstromübertragung über eine Fernleitung anläßlich der Internationalen Elektrotechnischen Ausstellung 1891 von Lauffen a. N. nach Frankfurt a. M. belegt dies ebenso deutlich wie die (nicht mehr bestehende) erste elektrifizierte normalspurige Bahnstrecke Europas zwischen Meckenbeuren und Tettnang 1895, die Oskar von Miller geplant hatte, oder auch das erste Großkraft-
Taf 83 werk Europas am Hochrhein in Rheinfelden von 1898.

Schon im Gefolge des Eisenbahnbaus hatte sich der Maschinenbau zu einem bedeutenden Industriezweig entwickelt. Als besonders zukunftsträchtig sollte sich schließlich die Erfindung des Autos erweisen. So gewannen gegen Ausgang des 19. Jahrhunderts die Industriebereiche Kontur, die vor allem die weitere Wirtschaftsgeschichte des Landes prägen sollten.

Etwa gleichzeitig bahnte sich auch im Industriebau ein entscheidender Wandel an. Zwar war er auch bisher nicht nur als reiner Zweckbau angesehen und nicht selten aufgrund der repräsentativen Ansprüche des Fabrikherrn einer architektonischen Gestaltung unterzogen worden. Nun sollte er jedoch genau so künstlerisch durchgeformt werden wie jede andere Bau- oder Gestaltungsaufgabe. »Sondergebiete des menschlichen Schaffens, bei denen die Form vernachlässigt werden könne, gibt es nicht. So wollen wir hoffen, daß die bewußte, aus den Bedingungen des Baues selbst entwickelte gute Form auch auf dem weiten Gebiete des Ingenieurbaues als Selbstverständlichkeit angesehen . . . wird«, schrieb der Architekt und Architekturschriftsteller Hermann Muthesius 1913 (Das Formproblem im Ingenieurbau, in: Die Kunst in Industrie und Handel). Das entscheidende Signal setzte die AEG in Berlin 1907 mit der Berufung des Architekten Peter Behrens (1868–1940). Auch im deutschen Südwesten wurden im Umkreis des 1901 nach Stuttgart berufenen Theodor Fischer (1862–1938) neue Wege in der Gestaltung industrieller Architektur beschritten.

Mit wacher Intelligenz setzt der in Stuttgart ansässige Philipp Jacob Manz (1861–1936) die neuen Impulse um und verbindet sie mit dem neuesten Stand der Bautechnik. Sein Büro wird zum meistbeschäftigten im Industriebau Europas zwischen 1890 und 1920 und erreicht mit Fabrikbauten wie der Firma Haux in Albstadt-Ebingen oder der Junghansfabrik in Schramberg Weltniveau. Verblüffend früh zeigen sich aber auch andere, noch heute »modern« wirkende Lösungen wie das 1903 entstandene Fabrikgebäude der Firma Steiff in Giengen/Br., das dem berühmten Faguswerk in Alfeld a. d. Leine von Walter Gropius um acht Jahre vorausgeht. Die Industriearchitektur im deutschen Südwesten steht damit auch im internationalen Vergleich an vorderer Stelle.

Taf 57
Taf 61
Taf 10, 66

Diese Tradition führt der Architekt Paul Bonatz (1877–1951) fort. Sein Ziel ist es, »dem Notwendigen seinen klaren Ausdruck zu geben, das technisch Bedingte in voller Reinheit darzustellen, also ohne jedes Beiwerk – dabei durch die Form die Funktion zu unterstreichen – sie damit auch dem Laien begreifbar zu machen« (Leben und Bauen, Stuttgart 1950, S. 129). Dies gelingt ihm mit den Bauten, die er 1927–1933 im Zuge der Neckarkanalisierung entwirft. Auch nach dem Zweiten Weltkrieg knüpfen Architekten wie Rolf Gutbrod oder Egon Eiermann, vor allem aber Ingenieure wie Fritz Leonhardt (mit dem Fernsehturm Stuttgart) an diese Leistungen an, und selbst ein so junger Bau wie die Zementfabrik Geisingen steht in dieser »Ahnenreihe«. So ergibt sich zwangsläufig, daß die hohe Gestaltqualität baden-württembergischer Industriebauten im Mittelpunkt dieses Bandes steht.

Taf 115
Taf 116
Taf 4

Doch zurück zur Situation um 1900. In kaum zu übertreffender Weise wird sie in einem Schaubild Mannheims aus eben diesem Jahr zur Anschauung gebracht. Nicht mehr die Barockstadt mit ihrem beherrschenden Schloß steht im Zentrum, sondern der neue Wasserturm als Symbol der jüngsten technischen Errungenschaften und der durch sie verbürgten großstädtischen Lebensqualität. Nicht die Barockachsen lenken den Blick auf sich, sondern die inzwischen der Schiffahrt voll erschlossenen Wasserstraßen von Rhein und Neckar mit den an ihren Ufern entstandenen Industriegebieten und dem 1876 vollendeten Hafen. Auch die neuen Brücken und erst recht die ausgedehnten Anlagen der Eisenbahn demonstrieren die errungene Freiheit von Handel und Verkehr. Der ganze Stolz der Gründergeneration, jener in so kurzer Zeit aus Erfindungs- und Unternehmergeist emporgewachsenen Gesellschaft, spricht aus diesem Bild, dessen vierte Eckvignette bewußt der »Industrie« gewidmet ist. Wer dieses Bild versteht, begreift auch, warum Industriedenkmale »Schlüsseldenkmäler« für diese Epoche sind, deren historische Aussagekraft mehr zum Verständnis des Zeitalters der industriellen Revolution beiträgt als andere Kulturdenkmale aus jener Zeit.

S. 12

Es ist nur zu begreiflich, daß angesichts derartiger Veränderungen viele die vorindustrielle Epoche in einem verklärten Licht sahen. So beschrieb nur wenige Jahre später, 1908, zum ersten Mal ein Denkmalpfleger das malerische Idyll der Mühlen, »belebt vom Rauschen des Wasserrades, vom Geklapper der hölzernen Triebwerke und vom dumpfen Dröhnen der Mühlsteine . . . Ähnliche Reize haben aber auch die alten Sägmühlen, Hammerschmieden und Eisenschmelzen, Kalköfen und Kohlenmeiler; alle Betriebsstätten der Kleinindustrie der guten alten Zeit. Aber auch manche größere Fabrikanlage aus dem 18. Jahrhundert und der ersten Hälfte des nachfolgenden . . .« (Volkstümliche Kunst aus Schwaben, S. III). Es war Eugen Gradmann, der dritte, seit 1899 tätige Konservator Württembergs, der mit diesen Sätzen ein neues Kapitel der Denkmalpflege eröffnete, wenn auch der technikgeschichtliche Wert derartiger Anlagen dabei hinter den malerischen Aspekten zunächst noch ganz zurücktrat.

Zur Geschichte und zum Begriff

Heute gehört der Schutz und die Pflege technischer und industrieller Kulturdenkmale vom Grundsatz her mit zum akzeptierten Alltag der staatlichen Denkmalpflege. Dies war jedoch nicht immer so. Ein Blick zurück auf die allgemeine Inventarisationsgeschichte[1] des Landes mag verdeutlichen, welch langen Weges es bedurfte, bis Objekte dieser Art als materielle Quelle unseres kulturellen Erbes ernst genommen wurden.

Im deutschen Südwesten, also im Großherzogtum Baden, im Königreich Württemberg und im preußischen Landesteil Hohenzollern (bis 1850 Fürstentum), kommt – von vereinzelten Erfassungsmaßnahmen und unterschiedlichen Vorformen abgesehen – die »klassische« Inventarisation von Denkmälern erst nach Gründung der staatlichen Denkmalpflege[2] in Gang.

Der 1853 zum ersten badischen Konservator der Kunstdenkmale ernannte August von Bayer erhielt die Aufgabe: »1. möglichst genaue Kenntniß von dem Dasein und dem Zustande der in dem Großherzogthum befindlichen Kunstdenkmale zu sammeln; 2. die gesammelten Kenntnisse aufzuzeichnen und 3. die Erhaltung der Kunstdenkmale zu fördern.« Zu den Gegenständen von »Kunstwerth« oder »geschichtlicher Erinnerung«, die der erste württembergische Konservator Konrad D. Haßler laut Bekanntmachung vom 10. 3. 1858 zu inventarisieren hatte, »gehören beispielsweise Kirchen, Kapellen, Rathhäuser, Klostergebäude, Schlösser, Burgruinen, Thürme, Thore, sodann Bildsäulen, Bildstöcke, halb erhabene Arbeiten, Altäre, Kanzeln, Taufsteine, Chorstühle, Grabmäler, Denksteine, Inschriften, Wappenschilder, Verzierungen, Wandgemälde, andere Gemälde, die an öffentlichen Orten aufgestellt sind, u. a. m.«

Diesem damaligen Verständnis eines Denkmals als *Kunstdenkmal* oder als *Denkmal des Altertums* entsprechen dann auch die ersten Publikationen dieser staatlichen Inventarisationstätigkeiten: Gegenstände, die aus heutiger Sicht auch oder sogar vorrangig technikgeschichtlichen Quellenwert besitzen, sind zwar vereinzelt aufgenommen worden, aber in aller Regel entweder wegen ihres gestalterischen Wertes oder wegen ihrer ortsbild- bzw. kulturlandschaftsprägenden Wirkung.

Der erste badische Inventarband (1887 erschienen) von F. X. Kraus[3] weist beispielsweise auf einen »hübschen Renaissance-Ziehbrunnen« in der Stadt Konstanz hin oder nennt für Meersburg und Überlingen etliche »der charakteristischen Aufzugsgauben« an dortigen Wohnbauten, wobei ein besonders aufwendig verziertes Exemplar in der einstigen Reichsstadt sogar eine zeichnerische Darstellung erfährt. Natürlich liegt auch bei den Torkelbauten der Bodenseeregion (anderswo Keltern genannt) der Schwerpunkt der Objektbeschreibung bei gestalterischen Merkmalen (z. B. Sipplingen; Überlingen).

Beachtenswerterweise würdigt Kraus in Wort und Bild den alten »Krahnen und das Luckenhäuschen, welches mit seinem ›Nebelglöckle‹ den verirrten Schiffern bei Nebel den Eingang in den (Konstanzer) Hafen wies«.

1889 erscheint mit dem »Neckarkreis«[4] für Württemberg der erste Inventarband der »Kunst- und Altertums-Denkmale«. Der Vorrang des Kunstwertes eines Denkmals für Eduard Paulus soll an zwei Objekten gezeigt werden, die als »Baudenkmale der Technik« Aufnahme in unsere Publikation gefunden haben: Bei der sog. dorischen Säule von 1598 an der Alten Kanzlei in Stuttgart, die bis 1862 einen Wasserkasten zur Versorgung der Wasserkünste in den herzoglichen Lustgärten trug, steht die qualitätvolle Kapitellausbildung im Vordergrund, bei der vierbogigen Taf 91 Steinbrücke über den Neckar bei Köngen der »schön aus dem Brückenrand« wachsende »verzierte Obelisk«.

Der kulturlandschaftsprägende Bedeutungswert von technischen Bauten läßt sich gut am zweiten Inventarband »Schwarzwaldkreis« von 1897 verdeutlichen: Gleich die erste Textabbildung zur Einleitung zeigt in vor allem »malerischer Weise« eine Sägemühle bei Teinach, auf die dann aber im Textteil zu diesem bekannten Badeort des Nordschwarzwaldes nicht mehr eingegangen wird. Der nicht weit entfernte Ort Calmbach wird gleichfalls durch eine stimmungsvolle Landschaft mit Sägemühle illustriert, technische Erkenntnisse können daraus jedoch kaum gewonnen werden. Immerhin: der äußerst knapp gehaltene Text zum Ort weist auf die lokale Besonderheit der vielen Sägemühlen hin. Auch in den Hohenzollernschen Landen läßt sich beispielsweise in der Publikation von Zingeler und Laur aus dem Jahre 1896[5] kein auffälliges Interesse an technischen Denkmalen feststellen, obwohl »schon 1835 ein preußischer Runderlaß« existiert, »der von ›Überresten der Baukunst‹ spricht, welche ›für die Geschichte, Wissenschaft und Technik Werth‹ haben«[6].

Wenn also von der staatlichen Denkmalpflege aufgrund ihres eingeschränkten Kulturbegriffs zunächst keine wesentlichen Aktivitäten zur Erfassung und zur Erhaltung technischer Kulturdenkmale ausgingen, wäre zu fragen, wo an anderen Stellen Wurzeln zu greifen sind. Entscheidende Impulse[7] kamen – neben einzelnen technikgeschichtlichen Studien in der zweiten Hälfte des 19. Jahrhunderts – seit der Jahrhundertwende vor allem von den Ingenieurvereinen und der Heimatschutzbewegung. Mit der Gründung des »Deutschen Museums von Meisterwerken der Naturwissenschaft und Technik« in München 1903 durch Oskar von Miller und der Herausgabe der »Beiträge zur Geschichte der Technik und Industrie« durch den Verein Deutscher Ingenieure (VDI) unter der Schriftleitung von Conrad Matschoß seit 1909 erlebte die Erforschung technischer Denkmäler einen großen Aufschwung.

»Nachdem der Rheinische Verein für Denkmalpflege und Heimatschutz 1910 ein Heft seiner Mitteilungen alten (und neuen) Industriebauten widmete«, war, soweit Volker Osteneck[8] es sieht, »Theodor Wildeman 1928 der erste (Denkmalpfleger), der Mühlen, Brücken und anderes wegen ihrer technikgeschichtlichen Bedeutung würdigte«. Ganz anders, als noch Eugen Gradmann 1908 auf das malerische Idyll technischer Bauten aufmerksam machte, ging es Wildeman darum, etwa eine »Windmühlenkonstruktion um ihrer selbst willen zu erhalten«. Ja, er vertrat sogar die Auffassung, daß die »absolute Bedeutung dieser Denkmäler auch kulturell über diejenige der kleinen Fachwerkhäuser, Kapellchen, Bildstöcke, Wegekreuze usw., die wir mit allen verfügbaren Mitteln zu erhalten uns gewöhnt haben, meist weit hinausgeht«.

1928 erfolgte auch die Gründung einer »Deutschen Arbeitsgemeinschaft zur Erhaltung technischer Kulturdenkmäler«, deren Träger das Deutsche Museum in München, der VDI und der Deutsche Bund Heimatschutz waren. Den damaligen Kontakt zur staatlichen Denkmalpflege belegt ein Bericht über Aktivitäten dieser Arbeitsgruppe auf dem »Tag der Denkmalpflege und Heimatschutz« in Würzburg und Nürnberg[9]. Geradezu einen Meilenstein stellte dann die 1932 erschienene und noch heute sehr lesenswerte Publikation von Conrad Matschoß und Werner Lindner über »Technische Kulturdenkmale« dar.

Für die Folgezeit konstatieren Weber und Slotta[10] ein Nachlassen der gerade einsetzenden intensiveren Beschäftigung mit technikgeschichtlichen Anlagen. Dies trifft allerdings für Württemberg und noch verstärkt für Baden so nicht zu. Der 1937 veröffentlichte Inventarband zum Kreis Tettnang[11] behandelt nämlich fast sämtliche gedeckten Holzbrücken des 18. und frühen 19. Jahrhunderts, wobei die Konstruktion der Hiltensweiler Brücke sogar durch Längs- und Querschnitt zeichnerisch detailliert dargestellt ist. Ganz neue Wege beschritt das 1934 gegründete Badische Landesamt für Denkmalpflege: Zum Schutz der »technischen Monumentalurkunden unserer heimischen Vergangenheit und Gegenwart«[12] läßt es ab 1936 zusätzlich zu dem Verzeichnis der Baudenkmale ein Verzeichnis der »Denkmäler der Technik« anlegen. Aufschlußreich ist der im damaligen Rundschreiben angeführte Objektkatalog: »Erdbefestigungen, Wälle, Gräben etc., Stollen, alte Brücken, Schwallungen, Wehre und andere Wasserbauten, Brunnenstuben, Mühlen, Göpel, Trotten und Torkel, alte Back- und Waschhäuser, Sägegatter, Sonnenuhren, Uhrwerke, Grünkern-, Hanf- und Flachsdarren, Seilerbahnen, Grenzsteine u. a. m«. Fachliche Unterstützung zur Feststellung schutzwürdiger Objekte fand man damals bei den »Wasser- und Straßenbau- sowie den Rheinbau-, Kulturbau-, Domänen- und Forstämtern«.

Als ein Ergebnis dieser Bemühungen sei die Aufstellung für das Bezirksamt Überlingen vorgestellt: geschützt wurden 17 Torkel, vier Sonnenuhren, ein Mühlrad, die keltische Schanze in Frickingen, die Aufzugsvorrichtung einer ehem. Zugbrücke, ein Braunkohlenstollen, die Goldbacher Heidenhöhlen sowie die Überlinger Stadtbefestigungsanlage.

Nach dem Zweiten Weltkrieg machte die Erforschung technischer Denkmale zunächst vor allem in Großbritannien und in der ehem. DDR große Fortschritte. Mit der »Industriearchäologie«[13] entstand ein interdisziplinäres Forschungsfach mit dem Ziel, technische Kulturdenkmale zu erfassen, zu dokumentieren und zu erhalten. In der Bundesrepublik sind ganz besonders die Forschungsergebnisse des Bergbau-Museums in Bochum zu würdigen. Dessen Leiter Rainer Slotta vertritt allerdings eine extreme Begriffsdefinition, indem er jede technische Leistung von vornherein als technisches Denkmal begreift[14]. Damit steht er im Konflikt nicht nur mit dem baden-württembergischen Denkmalschutzgesetz, das – angesichts der prinzipiellen Unbegrenztheit wissenschaftlicher Fragestellungen – als Korrektiv eine Auswahl derjenigen Sachen fordert, an deren Erhaltung ein öffentliches Interesse besteht. Erfreulicherweise verwendet das 1972 in Kraft getretene Denkmalschutzgesetz von Baden-Württemberg für seinen Schutzgegenstand den Oberbegriff des *Kultur*denkmals und definiert keine Unterbegriffe für einzelne Denkmalgattungen. Durch diesen generalklauselartigen Oberbegriff[15] ist auch der Schutz von denkmalwerten Objekten der Industrie und Technik gewährleistet. Gegenstände dieser Art müssen die gleichen Voraussetzungen erfüllen wie jedes andere Kulturdenkmal auch. Als Schutzgründe sind wissenschaftliche, heimatgeschichtliche und künstlerische angegeben. Für den Bereich der hier gemeinten Objekte dürfte in aller Regel der wissenschaftliche, d. h. der technikgeschichtliche oder industriegeschichtliche Wert im Vordergrund stehen. In sehr unterschiedlicher Weise vermag dabei auch ein Kulturdenkmal dieser Art als dingliche Quelle einer »Urkunde vergleichbar, vom Vollzug, von der Ausführung und Anwendung zu künden und nicht allein vom Projekt, von der Idee oder Erfindung«[16]. Dabei spielt – so Hans Peter Münzenmayer weiter – gerade für das technische Kulturdenkmal der Grad der Funktionsfähigkeit – unterschieden wird zwischen der rein formalen, der noch funktionstüchtigen und schließlich der noch in Betrieb befindlichen Erhaltung – eine entscheidende Rolle für die Aussagefähigkeit einer solchen Quelle.

Zum wissenschaftlichen Bedeutungswert können auch künstlerische oder heimatgeschichtliche Gründe hinzutreten oder sogar den Hauptaspekt bilden. Dies wäre etwa der Fall, wenn eine Fabrik nur noch wegen ihrer Hülle, ihrer Gestaltqualität, Denkmalwert besäße, oder wenn etwa eine Tabakscheuer, die weder in typologischer noch konstruktiver Hinsicht Besonderheiten aufweist, allein aufgrund ihrer Seltenheit zu einem unverzichtbaren Dokument eines regional einst bedeutenden Industriezweiges würde. Hinzu kommt, daß wohl nur in den seltensten Fällen ein Gegenstand ausschließlich als technisches bzw. industrielles Kulturdenkmal angesehen werden kann. Die Auswahl in diesem Buch belegt eindrucksvoll, daß eine zu starke Trennung in vermeintlich klar abgegrenzte Denkmalgattungen nicht sinnvoll erscheint. Etliche der hier vorgestellten Kulturdenkmale stellen größere Funktionseinheiten oder einen Zusammenhang von Architektur und technischer Ausstattung dar, sie bilden sog. Sachgesamtheiten. Dies trifft beispielsweise zu bei einer Mehrzahl von einheitlich geplanten Bauwerken (Neckarschleusen) oder bei einem Kraftwerk mit seinen Maschinensätzen (Großkraftwerk Mannheim) oder aber auch bei einer Fabrik mit ihren Fertigungseinrichtungen samt beweglichem Werkzeug (Ott-Pausersche Silberwarenfabrik in Schwäbisch Gmünd). *Taf 48, 49*

Mit Blick auf die Zukunft soll hier abschließend die Frage gestellt werden, ob nicht vielleicht ein historisch gewachsenes Industriequartier (wie etwa das im Esslinger Westen) aus mehreren Fabriken, Arbeiterhäusern und Fabrikantenvillen – analog zu unseren Altstädten – als Gesamtanlage gemäß § 19 Denkmalschutzgesetz bewertet werden müßte.

Anmerkungen

1 Hierzu speziell: Richard Strobel, Denkmalverzeichnis und Inventarisation in Baden-Württemberg, in: Zeitschrift für Württembergische Landesgeschichte 1980, S. 220 ff.

2 Siehe: Denkmalpflege in B. W. Sonderheft 2/1983. Auf der Seite 33 sind dort auch die beiden Gründungserlasse abgedruckt.

3 Die Kunstdenkmäler des Großherzogthums Baden, Bd. 1, Freiburg i. B. 1887, S. 271, 272 ff., 536, 586 ff., 644, 653

4 Die Kunst- und Altertums-Denkmale im Königreich Württemberg, bearbeitet von Eduard Paulus, Bd. 1, Stuttgart 1889, S. 29, 225, 229 f.

5 Die Bau- und Kunstdenkmale in den Hohenzoller'schen Landen. Stuttgart 1896.

6 Volker Osteneck, Fragen zum Denkmalwert technischer Anlagen, in: Denkmalpflege in B. W. 1987, S. 24 ff.

7 Hierzu: Rainer Slotta, Einführung in die Industriearchäologie, Darmstadt 1982. Eckart Hannmann, Technische Kulturdenkmale im Alb-Donau-Kreis, in: Denkmalpflege in B. W. 1984, S. 152 f.

8 a. a. O., S. 27. Theodor Wildeman: Die Erhaltung technischer Kulturdenkmale unter besonderer Berücksichtigung der Verhältnisse in den Rheinlanden, in: Zeitschrift für Denkmalpflege 3, 1928/29, S. 1 ff.; Zitate: S. 6 bzw. S. 8.

9 Werner Lindner, Technische Kulturdenkmale, in: Die Denkmalpflege 1930, S. 235 f.

10 a. a. O., S. 150. Wolfhard Weber, Von der »Industriearchäologie« über das »Industrielle Erbe« zur »Industriekultur«, in: Technikgeschichte. Historische Beiträge und neuere Ansätze, Frankfurt 1980, S. 424 f.

11 Die Kunstdenkmäler in Württemberg. Kreis Tettnang. Bearbeitet von Matthey und Schahl, Stuttgart und Berlin 1937, Abb. 23.

12 Rundschreiben des Bad. Landesamts für Denkmalpflege Nr. 913 vom 26. Juni 1936. Nach Akten des Kreisarchivs Friedrichshafen.

13 Hierzu: Slotta a. a. O.

14 a. a. O., S. 175. Zur Kritik an Slotta vergleiche: Buchbesprechung von Eberhard Grunsky, in: Denkmalpflege in B. W. 1983, S. 203 f.; Osteneck, a. a. O., S. 26 f.

15 Strobl/Majocco/Birn, Denkmalschutzgesetz für Baden-Württemberg, Kommentar, Stuttgart, Berlin, Köln 1989, S. 33 f.

16 Hans Peter Münzenmayer, Erfassung und Bewertung von Objekten der Technikgeschichte – Wege zu einer technikhistorischen Quellenkunde, in: Denkmalpflege in B. W. 1990, S. 156 ff.

Als erster Technikhistoriker des baden-württembergischen Landesdenkmalamtes trat H. P. Münzenmayer im August 1989 seinen Dienst an.

Zur Erhaltung und Pflege technischer Kulturdenkmale

Wenn dieser Band als Publikation des Technischen Landesmuseums Mannheim erscheint und eine Ausstellung dieses Museums begleitet, ist es angebracht, die unterschiedlichen Aufgaben der Denkmalpflege und die eines Museums zu beschreiben. Beide Institutionen bemühen sich um die Erhaltung des technisch-industriellen Erbes, doch tun sie dies in verschiedener Weise. Das Museum sammelt, erforscht und restauriert Objekte und präsentiert sie im Rahmen eines Ausstellungskonzeptes, also einem neuen Sinnzusammenhang der Öffentlichkeit. Die Denkmalpflege hat demgegenüber dafür zu sorgen, daß die Objekte dort, wo sie sind und so, wie sie sind, erhalten werden. Wird das Museumsstück aus seinem historischen, seinem topographischen und seinem bisherigen funktionalen Zusammenhang gelöst, so soll dem Denkmal dieses Bezugsfeld als ein wesentlicher Teil seines Denkmalwerts erhalten werden. Beiden Einrichtungen gemeinsam ist die Abwehr des natürlichen oder auch umweltbedingten Verfalls der Objekte, deren Rettung vor Zerstörung; freilich befindet sich hierbei das Museum dank seines bergenden Gehäuses in einer besseren Ausgangsposition.

Es liegt in der Natur der Sache, daß der denkmalpflegerische Erhaltungsauftrag oft entgegen den vielfältigen Veränderungsinteressen der Eigentümer und nicht selten auch entgegen den Planungen von Gemeinden oder anderen Institutionen vertreten werden muß. Bei Objekten der Industrie- und Technikgeschichte gelten dabei über das ohnehin konfliktträchtige Maß hinaus verschärfte Bedingungen. Diese können sich aus der besonders großen Dimension technischer Anlagen ergeben, die alles Gewohnte sprengt – man denke nur an die Strecke der strategischen Bahn im Wutachtal mit ihren Brücken und Tunnelbauwerken. Vor allem aber ergeben sich besondere Bedingungen aus der Zweckgebundenheit dieser Denkmalgattung. Jede Produktionsanlage unterliegt insgesamt und in jedem ihrer Teile der Bestimmung, eine Zeitlang möglichst fehlerfrei und möglichst wirtschaftlich zu funktionieren. Bei Verschleiß, bei Betriebsfehlern oder hohen Betriebskosten wird sie dem neuesten technischen Stand angepaßt oder erneuert. Diese ständigen Veränderungsprozesse stehen dem denkmalpflegerischen Interesse entgegegen, da in der Regel der Fortbestand unveränderter Rahmenbedingungen die günstigsten Voraussetzungen für die Erhaltung des Denkmals schafft. In diesem Konflikt wird dem Denkmalpfleger gern vorgeworfen, er behindere Wirtschaft und Fortschritt oder bringe sogar Arbeitsplätze in Gefahr.

Es ist daher nicht verwunderlich, daß die Denkmalpflege in diesem Bereich ihrer Arbeit nur selten Erfolge erzielt. Im Gegenteil: Die Verluste sind außerordentlich hoch. Auch während der Entstehung dieses Buches sind weitere »Abgänge« wie z. B. die Ziegelei Schofer in Waiblingen zu verzeichnen. Aber auch die in Kompromissen erzielten Teilerfolge bleiben oft für alle Beteiligten unbefriedigend, denn das vor der Zerstörung Bewahrte verliert fast immer seinen nur aus dem Zusammenhang des Ganzen verständlichen Sinn, kann aber meist ebensowenig in ein neues Gesamtkonzept sinnvoll eingefügt werden. Die Saline Rottweil ist hierfür ein treffendes Beispiel: Weder ei- *Taf 31*
nige am Ort erhaltene noch die bis nach Bad Dürrheim versetzten Solebehälter vermitteln auch nur die geringste Vorstellung von der bis 1969 vorhandenen großartigen Gesamtanlage. Um derartige Verluste und Beeinträchtigungen zu vermeiden, kommt es darauf an, mehr Sensibilität für den Umgang mit

technischen Denkmalen zu erreichen. Dabei sollen die zitierten »wirtschaftlichen Zwänge« nicht geleugnet, sondern ihnen die Überzeugung entgegengesetzt werden, daß die historischen Zeugnisse der Industrie und Technik genau so zum kulturellen Erbe gehören wie Kirchen, Schlösser oder Fachwerkhäuser.

Gelegentlich ist es geradezu unverständlich, wie wenig in den Firmen und Betrieben das Verständnis – von Stolz ganz zu schweigen – für die eigene Geschichte entwickelt ist. Wie sonst ließe sich erklären, daß etwa die großartigen Zeppelinhallen der Luftwerft Friedrichshafen samt und sonders verschwunden sind? Nur dem Zufall der Rüstungsdemontage nach dem Ersten Weltkrieg ist es zu verdanken, daß
Taf 110 wenigstens in Auggen eine nach ihrer Translozierung als Fabrik weiterverwendete Halle erhalten blieb.

Aber selbst wenn man sich über das Ziel der Erhaltung grundsätzlich einig ist, sind die Denkmale damit noch nicht gegen Beeinträchtigungen auch der schwersten
Taf 92 Art gefeit. Die romanische Steinbogenbrücke in Esslingen, eines der wenigen technischen Denkmale aus dem Mittelalter von nationalem Rang, ist mehrfach zugunsten von Verkehrsanforderungen in brachialer Weise mißhandelt worden. Schiene, Straße und Schiffahrtsweg setzten sich mit ihren Ansprüchen ohne jede Rücksicht auf das siebenhundertjährige Denkmal durch. Wer die heutige Situation mit älteren Ansichten vergleicht, wird auf Anhieb nicht einmal mehr feststellen konnen, daß es sich überhaupt um eine *Fluß*brücke handelt: ein warnendes Beispiel wie kaum ein zweites! Dabei ist es gerade bei Brücken immer wieder gelungen, sie – wie z. B. in Langenargen – dadurch vor dem Abbruch zu retten, daß in einiger Entfernung eine neue Brücke für die gewachsenen Verkehrslasten errichtet wurde und die alte als Fußgänger- oder Fahrradbrücke oder auch in sonst eingeschränkter Weise weiter benutzt werden konnte. Erhaltung der historischen Funktion bei Verringerung der Anforderungen an eben die Funktionsfähigkeit (oder auch nur durch Verzicht auf eine weitere Steigerung der Ansprüche) – dieser denkmalpflegerische Ansatz verdient bei allen Bemühungen um die Erhaltung technischer Denkmale besondere Beachtung. Zum einen, weil die Fortdauer einer – wenn auch auf das *denkmalverträgliche Maß* reduzierten – Nutzung eine gute, ja oft unerläßliche Voraussetzung für die Denkmalerhaltung schlechthin ist. Zum anderen, weil das »Funktionieren« gerade beim technischen Kulturdenkmal die eigentliche Zweckbestimmung ist. Ungenutzt oder auch »umgenutzt« läuft es Gefahr, den entscheidenden Teil seiner Denkmalbedeutung zu verlieren. Darum ist es wichtig, *vor* der Stillegung denkmalwerter technischer Anlagen über die Frage ihrer Erhaltung nachzudenken und dabei vorrangig nach Wegen zu suchen, die ein weiteres sinngemäßes Funktionieren erlauben. Dies kann z. B. dadurch geschehen, daß ein historisches Herzstück einer technischen Anlage im Verbund mit moderner Technologie auch nach wirtschaftlichen Gesichtspunkten weiter betrieben wird, wie z. B. die Turbinen und Generatoren des kleinen einstigen Industriekraftwerks der Firma Eisenlohr zwischen Metzingen-Neuhausen und Taf 86
Dettingen/Erms. Auch über den Weg einer neuen Trägerschaft (Gemeinden, Kreise, Förder- und Heimatvereine) kann, wie inzwischen etliche Fälle beweisen, dieses Ziel erreicht werden. Als weiterer Weg bietet sich die Subventionierung eines laufenden Betriebs mit öffentlichen Zuschüssen und auch Mitteln der Denkmalpflege an, wie dies in England gelegentlich schon geschieht. Damit bleiben nicht nur historische Produktionsformen und Produktionsanlagen, sondern auch Arbeitsplätze erhalten, und sogar die Produkte finden meist noch ihren Käufer: ein Weg, der – wenn er auch nur bei besonderem Denkmalwert gerechtfertigt erscheinen mag – gerade im Bereich der Industriedenkmalpflege zu überzeugenden Lösungen führen könnte. Ein für das Verständnis der Entwicklung der württembergischen Textilindustrie auf der Schwäbischen Alb so aussagekräftiger Betrieb wie derjenige der Firma Alber in Albstadt-Tailfingen Taf 53
ließe sich nur so retten. Diese Lösungsansätze haben gegenüber einer rein musealen Präsentation oder gar nur Simulation technischer Vorgänge – wie dies etwa in dem am Blautopf gelegenen Hammerwerk Blaubeuren erfolgt – aus denkmalpflegerischer Sicht die höhere Priorität. Und ein völliges Mißverständnis der eigentlichen Ziele einer Industriedenkmalpflege wäre es, sich mit der Erhaltung der baulichen Hüllen zu begnügen und diese, gestalterisch schick aufgemöbelt,

mit »attraktivem« neuem Leben zu füllen, ob es sich nun um alternative Wohnformen, Einrichtungen der Freizeit, der Kultur oder der Verwaltung handelt.

Schließlich gibt es die Fälle, in denen ein technisches Denkmal – oft schon seit langer Zeit – nicht mehr betrieben und damit allmählich zur Ruine, zum »archäologischen Denkmal« wird. Ist dieser Zustand des Funktionsverlustes einmal endgültig erreicht, so muß der Denkmalpfleger dies akzeptieren. Eine Wiedergewinnung, »Rekonstruktion« der technischen Funktion kann kein denkmalpflegerisches Ziel sein.

Zugegeben: Dieser, hier nur in Umrissen skizzierte Handlungsrahmen macht es der Denkmalpflege nicht leicht, ihren Erhaltungsauftrag zu erfüllen. Sie bedarf darum um so mehr der wirksamen Unterstützung durch die Öffentlichkeit. Und sie kann ihrem Ziel nur dann näherkommen, wenn sie sich mit allen Beteiligten, vor allem den Eigentümern und Besitzern, zu einem partnerschaftlichen Miteinander bei der Erarbeitung von Lösungen zusammenfindet, und wenn auch umgekehrt die Partner den Weg zur Denkmalpflege suchen.

Tafel 1
Münstertal.
Schaubergwerk Teufelsgrund.
Abbauschacht mit Resten von
hölzernen Abbauebenen

a

b

c

d

e

f

g

h

i

Tafeln 2, 3
Bad Friedrichshall.
Glockengießerei Bachert

a) An Spindeln befestigte Holzschablonen und Glockenkerne.
b) Auf den gemauerten ersten Teil der Glockenform, den »Kern«, wird eine Lehmschicht aufgetragen.
c) »Falsche Glocke« mit auf einer Talgschicht aufgeklebten Inschrift aus Wachs, die nach dem Guß die echte Glocke zieren soll.
d) Auftragen des »Mantels« auf die »falsche Glokke«.
e) Die Gußrinnen werden das glühende Metall zu den mit Erde und Sand zugeschütteten Glockenformen leiten.
f) In die Mauer, hinter der sich der Ofen befindet, wird am Gußtag eine Öffnung geschlagen, durch die das glühende Metall in die »Hauptrinne« einschießen kann.
g) Mit dem Stamm eines Nadelbaumes rühren die Glockengießer die »Glockenspeise« (eine Legierung aus 78 Teilen Kupfer und 22 Teilen Zinn, welche auf etwa 1100°C erhitzt wird) im Ofen.
h) Der Glockengießer kontrolliert das korrekte Einfließen der glühenden Bronze in die Form. Man sieht eine »Schleuse« in der Rinne, die anschließend für den Weiterfluß des Metalls geöffnet wird.
i) Die Bronze hat das Wachs der »falschen Glocke« verdrängt und glüht noch in der Gußform, während das Metall sich schon seinen weiteren Weg bahnt.

Tafel 4
Geisingen.
Zementwerk

Tafel 5
Reutlingen.
Spinnereigebäude der Textilfabrik Gminder

Tafel 6
Backnang.
Spinnerei Adolff

Tafel 7
Lichtenstein-Unterhausen.
Ehem. Baumwollmagazin

Tafel 8
Gutach.
Textilfabrik Gütermann.
Villa Alexander

Tafel 9
Esslingen.
Werkzeug- und Feilenfabrik Dick

Tafel 10
Giengen a. d. Brenz.
Fabrikgebäude der Firma Steiff

Tafel 11
Eislingen.
Mineralöl- und Chemiewerk
der Firma Zeller & Gmelin

Tafel 12
Weinheim.
Hildebrandsche Mühle

Tafel 13
Bruchsal.
Schlachthof

ERBAUT 1896-9
HOEPFNER
Hoepfner

Tafel 14
Karlsruhe.
Brauerei Hoepfner

Tafel 15
Mannheim.
Abwasserpumpwerk

Tafel 16
Bad Überkingen.
Albwasserversorgung,
Kolbenpumpe von 1881

Tafel 17
Crailsheim.
Wasserturm der Eisenbahn

Tafel 18
Karlsruhe.
Kamin des Vierordtbades

Tafel 19
Hermaringen.
Wasserwerk mit
Turbinenversuchsanstalt
der Firma Voith,
Heidenheim

Tafel 20
Häusern.
Eines der drei Kraftwerke
der Schluchseewerk AG

Tafel 21
Heidelberg.
Karlsbrücke

Tafel 22
Waldshut-Tiengen.
Eisenbahnbrücke

Tafel 23
Schelklingen.
Stellwerk I

Schelklingen
B
C
4

Tafel 24
Schelklingen.
Stellwerk II

Denkmale der Grund- und Rohstoffindustrie

Der Besucher des Freiburger Münsters, der die gotischen Glasmalereien betrachtet, mag sich vielleicht wundern, daß er an zwei Fenstern, nämlich dem »Tulenhauptfenster« und dem »Schauinslandfenster«, Bergleute bei ihrer Arbeit unter Tage gewahr wird. Das Wissen vom Silberreichtum des Freiburger Adels und dortiger Bürger, der von nahegelegenen Erzgruben herrührt, erklärt jedoch rasch diese Beobachtung. Die Fenster gelten nämlich als Stiftungen von Bergleuten bzw. Grubenbesitzern, die sich mangels eigener Wappen arbeitend in Szene setzten.

Der *Erzbergbau* als wichtiger Zweig der Rohstoffgewinnung ist im deutschen Südwesten bis ins Frühmittelalter zurückzuverfolgen und vor allem mit der Re-
Taf 1 gion des Schwarzwaldes verbunden. Ein Kennzeichen hier ist die große Zahl von allerdings kleinen bis kleinsten Bergwerken. Daneben sind Gruben bei Schriesheim (Odenwald), Wiesloch bei Heidelberg
Taf 25 und schließlich im Aalener Raum von Bedeutung. Zu den gewonnenen Rohstoffen zählten dabei nicht nur Edelmetalle, sondern auch Blei, Zink, Kobalt, Eisenerze u. a. Während der oft jahrhundertelangen Nutzung der Gruben verlagerte sich häufig der Abbauschwerpunkt. Die Grube Clara in Oberwolfach beispielsweise, in der man einst silberhaltige Bleierze gewann, gelangte ab 1892 durch den Abbau der Mineralien Flußspat (Fließmittel bei der Verhüttung) und Schwerspat (= Baryt; Verwendung als Füllstoff in der Textilverarbeitung oder etwa bei Malerfarben) zu großer Bedeutung.

Einer ersten Blütezeit des Erzbergbaus im 14. Jahrhundert folgte nach Einführung technischer Verbesserungen (Einsatz von Pferdegöpeln; Möglichkeit der Lösung von Metallen in Quecksilber u. a.) ab etwa 1550 ein neuer Aufschwung. Hinzu kam, daß das bergmännische Wissen damals durch illustrierte Lehrbücher (De re metallica libri XII von Georg Agricola, 1556 in Basel gedruckt mit zahlreichen Holzschnitten) erweitert werden konnte. Weitere Stationen der Entwicklung waren die Einführung der Sprengtechnik (in Wasseralfingen 1753) und die moderne Abbau-, Bewetterungs- und Sicherheitstechnik des 19. Jahrhunderts.

Die ersten in unserer Region verarbeiteten Eisenerze wurden – wohl wegen ihrer Kugelform – Bohnerze genannt. Zur *Herstellung von Roheisen* mußten Erze in Brennöfen verhüttet werden. Dies erfolgte im Südwesten mangels abbaufähiger Steinkohle auch noch im 19. Jahrhundert mittels Holzkohle. Bereits im 15. Jahrhundert gelang durch die Erzeugung deutlich höherer Temperaturen als vorher das Gießen von Eisen. Neben dem durch Erz- und Holzreichtum des nahen Schwarzwalds begünstigten Eisengewerbe am Hochrhein entwickelte sich im Spätmittelalter vor allem im oberen Brenz- und Kochertal ein wichtiger Standort der Eisenverhüttung und auch der Eisenverarbeitung. Das von Zisterziensern gegründete Eisenwerk Königsbronn ist das älteste noch bestehende in Deutschland. Es stellt geradezu eine Sensation dar,
daß sich hier noch ein Zwillingsflammofen von *Taf 26, 27*
1822/1854 erhalten hat, der – dem sog. Puddelofen vergleichbar – zur Veredelung von Roheisen diente. Reste eines 1879 stillgelegten Hochofens sind auf der
Laucherthaler Hütte bei Sigmaringen überliefert, die *Taf 29*
ab 1707 durch Fürst Meinrad II. von Hohenzollern-Sigmaringen ausgebaut worden war.

Während der Kohlenbergbau mangels fossiler Rohstoffe im Südwesten keine Rolle spielt, trat als relativ junge Erscheinung der *Steinsalzbergbau* hinzu. Nachdem in Bad Friedrichshall-Jagstfeld 1817/19 zunächst

Versuche, die gerade entdeckten Salzlagerstätten abzuteufen, fehlschlugen, entstand 1824 in Westheim bei Schwäbisch Hall das erste deutsche Steinsalzbergwerk überhaupt. Die höhere Produktivität des dann 1859 doch noch in Betrieb gehenden Jagstfelder Taf 30 Salzbergwerks und dessen Ersatz »König Wilhelm II.« in Bad Friedrichshall-Kochendorf (ab 1899) führte schon im Jahre 1900 zur Stillegung in Westheim. Von diesem Urahnen deutscher Steinsalzbergwerke, dem »Wilhelmsglück«, sind heute nur noch geringe Reste überliefert. Das älteste noch betriebene Steinsalzbergwerk in der Bundesrepublik befindet sich gleichfalls in Baden-Württemberg, nämlich in den einstigen Hohenzollernschen Landen, in Haigerloch-Stetten. 1858 begann dort der preußische Staat mit der Förderung. Über viele Jahrhunderte hinweg war die Salzgewinnung im deutschen Südwesten allein auf die Salzsiederei in Pfannen angewiesen. Eine Monopolstellung besaß hier die mittelalterliche Stadt Schwäbisch Hall, die ihre eigene Entwicklung dem Kochsalz verdankte. Trotz dortiger Kapazitäten mußte jedoch bis ins 19. Jahrhundert hinein Salz zusätzlich importiert werden. Erst die bergmännische Gewinnung von Steinsalz deckte dann zusammen mit der Inbetriebnahme der noch heute eindrucksvoll überlieferten Salinen aus den zwanziger Jahren des 19. Jahrhunderts Taf 31 Bad Dürrheim, Bad Rappenau und Rottweil nicht nur den Eigenbedarf im Südwesten, sondern verwandelte Württemberg sogar in ein Salzexportland.

Nicht zum Bergbau im engeren Sinne zählt der Abbau von Gesteinen. *Steinbruchbetriebe* gehören trotz teils bergmännischer Technik zum Sektor »Industrie der Steine und Erden«. Seit alters werden neben dem Holz Natursteine verschiedenster Herkunft und Beschaffenheit als Baumaterial verwendet. Ins frühe 19. Jahrhundert reichen die Anfänge des Lausterschen Travertin-Steinbruchbetriebs in Stuttgart zurück, Taf 28 dessen Bauten aus den zwanziger und dreißiger Jahren auch zu den besonders bemerkenswerten Bauzeugnissen jener Zeit in Baden-Württemberg zählen. Außer Taubach bei Weimar und Langensalza in Thüringen stellt Bad Cannstatt eines der drei wichtigen Abbaugebiete dieses gelbfarbenen und wetterbeständigen Materials dar. Baustoffe allgemein werden entweder als Rohmaterialien zur Baustelle gebracht und dort zugerichtet bzw. verarbeitet, oder sie sind bereits so geformt, daß sie unmittelbar verwendet werden können. Neben Natursteinen sind gebrannte Baustoffe vornehmlich aus Ton von großer Bedeutung. Die Erfindung des Ringofens durch F. E. Hoffmann im Jahre 1858 und die Maschinisierung der Formung ermöglichte eine enorme Erhöhung der *Ziegelfabrikation* bei vor allem gleichbleibender Produktqualität (Waiblingen und Kandern). Der Sichtbacksteinbau der zweiten Hälfte des 19. und des frühen Taf 32, 33 20. Jahrhunderts gibt davon ein beredtes Zeugnis ab.

Als Verbindungsmittel im Steinbau wurde in erster Linie Kalkmörtel verwendet. Von den einst zu Hunderten über Württemberg verteilten *Kalköfen* (1861 gab es 328 Kalkbrennereibetriebe) sind heute nur noch ganz wenige erhalten (z. B.Untermarchtal). Mit der Taf 34 1838 von dem Ulmer Apotheker Leube begonnenen Herstellung von Romanzement war die Grundlage für eine florierende *Zementindustrie* im Südwesten gelegt. Während in Allmendingen noch frühindustrielle Produktionseinrichtungen überliefert sind, stellt das Zementwerk in Geisingen einen modernen Industrie- Taf 4 komplex dar, der Funktionalität mit ästhetischem Anspruch vereint. Das 1970 errichtete Werk ist zugleich das jüngste Objekt in diesem Buch.

Tafel 25
Aalen-Wasseralfingen.
Schaubergwerk
»Tiefer Stollen«
Abzweig am
Wetterschacht

Tafeln 26, 27
Königsbronn.
Gießereigebäude mit
Zwillingsflammofen.
Rechts der auf vier
dorischen Säulen
ruhende Kamin

Tafel 28
Stuttgart-Bad Cannstatt.
Travertinwerk Lauster, Sägehalle.
Die Travertinsäulen waren für
ein Mussolini-Denkmal in Berlin bestimmt

Tafel 29
Sigmaringen-Laucherthal.
Hochofengebäude

Tafel 30
Bad Friedrichshall-Kochendorf.
Steinsalzwerk

Tafel 31
Rottweil.
Saline Wilhelmshall.
Solehaus und Solerundbehälter

Tafel 32
Kandern.
Gebäude mit Ringofen
zur Ziegelproduktion

Tafel 33
Kandern.
Ziegelei. Blick in
den Ringofen

Tafel 34
Untermarchtal.
Kalkwerk

Denkmale der vorindustriellen Produktion

Die klappernde *Mühle* am rauschenden Bach ist nicht nur ein besungener Topos eines malerischen Idylls, sondern auch schlichtweg die Antriebsmaschine, die neben Göpeln und Treträdern in unserer Region – im Gegensatz zu den Windmühlen des Nordens – über viele Jahrhunderte hinweg eindeutig dominierend war. Wirklich Konkurrenz bekam sie erst im Laufe des 19. Jahrhunderts von der bereits im 18. Jahrhundert erfundenen Dampfmaschine und um 1850 durch den Einsatz von Wasserturbinen. Im ausgehenden 19. Jahrhundert kamen dann die Verbrennungsmaschinen sowie der elektrische Strom als Mittel der Kraftübertragung hinzu.

Die Bezeichnung Mühle weckt in der Regel zunächst Assoziationen an *Getreidemühlen.* Tatsächlich aber wurden früher zahlreiche Einrichtungen, die mit Naturkräften Werkzeuge oder Maschinen in Gang setzten, um Produkte und Werkstoffe zu verändern oder zu verarbeiten, Mühlen genannt. So gab es Walkmühlen, Lohmühlen, Papiermühlen, Stampfmühlen u. a. Im wasserreichen Schwarzwald sind uns die
Taf 36, 37 einstmals zahlreichen *Bauernmühlen* (Lauterbach und Breitnau) bekannt, die als traditionelle Bestandteile vieler dort autarker Höfe vor allem Getreide für den Eigenbedarf mahlten, aber auch z. B. über Seilscheiben landwirtschaftliche Maschinen antrieben.

Neben der Bauernmühle als Sonderform, die erst mit der Befreiung vom Zwang des Mühlenbanns ab etwa 1750 verstärkt auftrat, steht die sog. *Kundenmühle.* Sie ist aus der herrschaftlichen Mühle des Mittelalters
Taf 38 (z. B. Wilhelmsdorf) hervorgegangen und hat sich auf die Mehlherstellung spezialisiert. Das Recht, eine Mühle zu betreiben, konnte vom Grundherrn selbst ausgeübt, aber auch verliehen werden. Dabei schützte der Mühlenbann vor zu naher Konkurrenz, und der Mahlzwang verpflichtete die Bauern auf eine bestimmte Mühle.

Die um 1800 einsetzende Liberalisierung des Wirtschaftslebens bedeutete für die Kundenmühlen zunehmenden Wettbewerbsdruck durch Neugründungen und technische Neuentwicklungen (moderne Walzenstühle ab 1875). Häufig erfolgte nun eine Erweiterung der Produktpalette. Ein frühes und anschauliches Beispiel stellt die Jagstmühle in Dörzbach *Taf 35*
dar: Das dortige Mühlenensemble besteht neben der eigentlichen Mahlmühle seit 1798 auch aus *Loh-, Walk-, Öl- und Reibmühle.* Die dann 1909 hinzukommende *Sägemühle* belegt eine häufig festzustellende Ergänzung bestehender Getreidemühlen. Hölzerne, später ganzmetallene Sägegatter mit Kurbelantrieb schnitten in den wassergetriebenen Sägemühlen Baumstämme zu Brettern. Mit der Bauernsäge bei Fröhnd ist noch eine der wenigen *Klopfsägen* des *Taf 39*
Schwarzwalds überliefert.

Während das erste deutsche Sägewerk bereit 1304 für die Stadt Kirchheim/Teck urkundlich belegt ist, liegen die Anfänge der gleichfalls von Wasserkraft angetriebenen *Hammerschmieden* im 15. Jahrhundert. Die dann im 17. und 18. Jahrhundert immer größeren Hammerwerke waren nicht nur in der so wichtigen Metallbearbeitung effizienter, sondern konkurrierten teilweise durch ihre Alteisenverarbeitung auch mit den Hüttenwerken. Trotz damals gesteigerter Kapazität dürfte sich die Hammerschmiede-Technik in Sat- *Taf 41*
teldorf (1804) und in Amtzell (1818) nur unwesentlich von ihren Vorgängern unterscheiden. Beide stellten eine breite Palette von Eisengerätschaften für den bäuerlichen und handwerklichen Bedarf her.

Während die 1803 gegründete *Sensenfabrik* in Neu- *Taf 40*
enbürg mit ihren einst sechs unterschlächtigen Was-

serrädern bereits dem Niveau handwerklicher Werkstätten entwachsen war und weit über Württemberg hinaus lieferte, hat sich in der *Glockengießerei* Bachert in Bad Friedrichshall-Kochendorf der Glockenguß als ausschließlich handwerklicher Arbeitsvorgang erhalten. Taf 2, 3

Heute besitzen die wenigen erhaltenen *Werkstätten des städtischen und des dörflichen Handwerks,* in der noch aus Rohstoffen durch alle Phasen der Bearbeitung hindurch Endprodukte geschaffen werden, geradezu fossilen Charakter. Der Blick auf fast oder vollständig ersetzte Handwerksberufe (z. B. Dorfschmied, Glasmacher, Rußbrenner, Hafner oder Seiler) verdeutlicht den hohen Grad des Umbruchs innerhalb des produzierenden Gewerbes, in dem die Industrie und die handwerklichen Großbetriebe die Vorherrschaft übernommen haben. Ein baulich und technisch eindrucksvolles Beispiel einer noch vorindustriellen Produktion stellt die noch heute betriebene *Weißgerberwalk* von 1699 in Biberach dar. Die *Weberselde* in Beimerstetten auf der Schwäbischen Alb soll nicht nur auf den für Württemberg bedeutenden Textilsektor hinweisen, sondern lenkt zugleich den Blick auf das seit dem 17. Jahrhundert verstärkt aufkommende Verlagswesen. Aus der Verbindung von Heimindustrie und Manufaktur erwuchsen nämlich später bedeutende Unternehmen mit hohen Beschäftigungszahlen, wie etwa Meebold in Sulz a. N. (Verlag und Baumwollspinnerei mit 1751 Beschäftigten im Jahre 1764). Taf 46 Taf 42

Während einst Weberselden das Bild mancher Albdörfer bestimmten, finden sich in anderen Regionen des Südwestens landwirtschaftliche Nebengebäude, die als *Sonderbauten zum Trocknen* von spezifischen Produkten wie Hopfen, Tabak oder Grünkern dienen. Sie prägen unsere Kulturlandschaft ebenso wie die *Weinberge* mit ihren Terrassen und Trockenmauern. Die zugehörigen, meist eindrucksvollen *Kelterbauten* stehen entweder außerhalb der Dörfer oder an exponierten Stellen im Ort. Mit gleich sieben Keltern auf einem Platz besitzt die Stadt Metzingen ein einmaliges Dokument für die hiesige Weinbautradition. Taf 43 Taf 44, 45

Tafel 35
Dörzbach.
Jagstmühle: Ölmühle

Tafel 36
Lauterbach.
Die Hasenhofmühle

Tafel 37
Breitnau.
Die Großjockenmühle in der
Ravennaschlucht

Tafel 38
Wilhelmsdorf.
Die Rotachmühle

Tafel 39
Fröhnd.
Klopfsäge

Tafel 40
Neuenbürg.
Sensenfabrik,
Schmiede

Tafel 41
Satteldorf-
Gröningen.
Hammerschmiede
mit
Schwanzhämmern

Tafel 42
Biberach.
Weißgerberwalk

Tafel 43
Rosenberg-Sindolsheim.
Grünkerndarren

Tafel 44
Aspach-Kleinaspach.
Kelter

Tafel 45
Aspach-Kleinaspach.
Kelter. Kelterbäume

Tafel 46
Freudenstadt.
Rußhütte

Denkmale der industriellen Produktion

Die Industrialisierung Europas ging von England aus. Mit der Erfindung der wassergetriebenen mechanischen Spinnmaschine durch Richard Arkwright 1769 und die des mechanischen Webstuhls durch Edmund Cartwright 1786 begann die Technisierung der *Textilproduktion* und zugleich auch die innovative Vorreiterrolle der Textilbranche. Im deutschen Südwesten ist 1809 im säkularisierten Kloster St. Blasien für Baden die erste Spinnmaschine nachweisbar, für Württemberg 1810 in Stuttgart-Berg. Im Schutz der napoleonischen Kontinentalsperre (bis 1813) entstanden in rascher Folge damals 15 Baumwollspinnereien.
Aus der bereits arbeitsteiligen Manufaktur des 17. und 18. Jahrhunderts – meist Betriebe der Textilveredlung, der Genußmittelherstellung (Tabak), vor allem aber der Luxusgüterproduktion (Porzellan, Glas, Teppiche) – entwickelte sich die Fabrik im modernen Sinne. Eine eindeutige Abgrenzung zwischen der »Fabrik« (im Mittelalter schon als Bezeichnung für Bauhütten verwendet) und der Manufaktur merkantilistischer Prägung ist jedoch zunächst kaum möglich, sondern eher idealtypisch.
Waren die damaligen Produktionsstätten mit ihren geringen technischen Einrichtungen noch problemlos in Schlössern, Klöstern, Gutshöfen oder größeren Bürgerhäusern unterzubringen, stellte sich nun zunehmend die Frage nach dem möglichen Aussehen einer Fabrikarchitektur. Anfangs blieben auch Neubauten dem Wohn- oder Verwaltungsbau verhaftet (Tuch- und Knopffabrik von 1767 in Elztal-Dallau), doch – am Vorbild England orientiert – entstand ab dem zweiten Viertel des 19. Jahrhunderts Schritt für Schritt eine eigenständige und produktionsspezifische Fabrikarchitektur. Sie hatte von vornherein auch die Funktion der baulichen Firmenrepräsentation. Dabei bildeten sich drei Grundtypen heraus: der Geschoßbau mit seinen ursprünglich hölzernen, dann gußeisernen Innenstützen, der Flachbau (speziell die sog. Shedhallenkonstruktion) und die Schwermaschinenhalle mit ihren weitspannenden Stahl-Binderkonstruktionen. *Taf 54, 55* Für die neuen Textilwerke (vor allem für die Spinnereien) wurde der mehrgeschossige alte Mühlentyp übernommen und modifiziert.
Auf die anfänglich verbreitete Kombination von Zierfachwerk mit lebhafter Backsteinausfachung als Bauweise *Taf 52* (Posamentenfabrik von 1857 in Riedlingen) folgte der reine Sichtbacksteinbau des Historismus, der bis ins frühe 20. Jahrhundert dominierend bleiben sollte. Ein relativ frühes und erhaltenes Beispiel von zugleich architekturgeschichtlichem Rang befindet sich in Wendlingen. Sowohl der Weberei-Flachbau von 1886/87 der Textilwerke Otto als auch der Spinnerei-Hochbau von 1889/90 mit seinen markanten Treppentürmen in Ecklage wurden von dem renommierten Stuttgarter Oberbaurat und Leins-Schüler Otto Tafel (1838–1914) errichtet.
Dessen Schüler Philipp Jacob Manz (1861–1936) wurde in den ersten Jahrzehnten des 20. Jahrhunderts zum führenden Industriearchitekten des Landes. Drei seiner Bauten, die Textilfabrik der Ulrich *Taf 5* Gminder GmbH in Reutlingen von 1903, die Streichgarnspinnerei Adolff in Backnang von 1906 *Taf 6* und die Trikotwaren-Fabrik der Gebr. Haux in Albstadt-Ebin- *Taf 57* gen von 1913, sollen hier exemplarisch die Entwicklung der Fabrikarchitektur jener Zeit verdeutlichen. Die Stationen dabei sind der ausgehende Historismus, die entfaltete Stilbewegung und schließlich eine Architekturauffassung, die, als »Stuttgarter Schule« bezeichnet, teilweise moderne Forderungen des Deutschen Werkbundes aufgreift, dennoch stilistisch

auf das hiesige Bauen der Zeit um 1800 Bezug nimmt und damit selbstverständlich zugleich dem Sichtbacksteinbau den Rücken zukehrt.

Ganz dem Funktionalismus verpflichtet sind dann das Taf 56 sog. Glashaus der Firma Schetty in Weil am Rhein von 1928 und – in ganz anderer Weise – die Taschentuchweberei in Blumberg mit ihrer künstlichen Beleuchtung und Klimatisierung, 1949–1951 nach Plänen des Karlsruher Architekturprofessors Egon Eiermann errichtet.

Während der Textilbranche im württembergischen Landesteil eine herausragende Rolle zuwuchs, bildet in Baden die *Nahrungsmittelindustrie* einen der Schwerpunkte. Aus den Kundenmühlen der vorindustriellen Zeit entwickeln sich im letzten Drittel des 19. Jahrhunderts regelrechte Mehlfabriken, so die Taf 12 Hildebrand'sche Kunstmühle in Weinheim, bei der 1891/93 die »automatische Müllerei« eingeführt wurde. Zu den eindrucksvollsten Bauten der Gattung *Großmühle* in Baden-Württemberg gehört die Taf 65 »Kampffmeyer-Mühle« von 1907 im Mannheimer Industriehafen.

Hatten früher die Gemeindemetzgen ihren Platz mitten im Ort (in Meersburg direkt gegenüber dem Rathaus), führten die seit den sechziger Jahren des 19. Jahrhunderts deutlich zunehmende Rindvieh- und Schweineschlachtung und auch die damals stärkere Beachtung hygienischer Vorschriften in vielen Städten zum Bau von großen *Schlachthöfen* an den Peripherien. Mit der Konstanzer Anlage von 1877–1879 ist ein recht frühes Beispiel überliefert, mit der Sigmaringer von 1883–1885 ein kleinstädtischer Typ dieser Versorgungseinrichtung, und der Taf 13 1907/08 vollendete Bruchsaler Schlachthof mit seiner repräsentativen Baugestaltung markiert gleichsam den Schlußpunkt dieser Phase im Südwesten.

Die Krise des Weinbaus ab 1850 und die im 19. Jahrhundert zunehmende Beliebtheit des Bieres als Getränk mehrten bis in die siebziger Jahre hinein die Zahl der *Brauereien*. Mit der Erfindung der Ammoniak-Kompressions-Kältemaschine durch Carl von Linde im Jahre 1874 wurde das Brauwesen technisch revolutioniert und erfuhr einen immensen Aufschwung Taf 14 (Seldeneck'sche und Hoepfner'sche Brauerei in Karlsruhe).

Mehr als die württembergische Landwirtschaft widmet sich die badische dem Handelsgewächsbau. Neben Ölfrüchten und Zichorien (die *Kaffeemittelindustrie* ist durch Kaiser's Rösterei von 1938 in Heil- Taf 64 bronn vertreten) spielt der Tabakanbau und dessen Verarbeitung eine bedeutende Rolle (in Heidelberg die *Tabakfabrik* Landfried). Dabei verwundert es nicht, daß gerade am Rande des mondänen Baden-Baden sich ab 1880 eine Zigarettenfabrik etabliert.

Für den gesamten Südwesten bildet die *Metallindustrie* einen weiteren und wichtigen Schwerpunkt der industriellen Produktion. Es ist hier vor allem der metallverarbeitende Sektor, der zudem auf eine meist lange Tradition zurückblicken kann. In der *Edelmetallbranche* herausragend sind Schwäbisch Gmünd (Silberwarenfabrik Pauser) und die Goldstadt Pforz- Taf 48, 49 heim. Einen bedeutenden Faktor stellen *Spezialmaschinen* namhafter Firmen dar. So beispielsweise die Turbinen von Voith in Heidenheim (→ Hermaringen) Taf 19 oder die Werkzeuge von Dick in Esslingen oder etwa Taf 9 die Ausrüstungsmaschinen der Firma Arbach in Pful- Taf 47 lingen für die Trikot- und Strickwarenindustrie. Mit den »Deutschen Waffen- und Munitionsfabriken« Taf 50, 51 von 1915–1918 in Karlsruhe (heute IWKA) begegnet uns erneut ein hochwertiger Industriekomplex, für den Philipp Jacob Manz verantwortlich zeichnete. Der für Baden-Württemberg geradezu klassische *Automobilsektor* ist durch einen Hallenbau der Mercedes Benz AG in Mannheim-Waldhof aus den zwanziger Jahren repräsentiert sowie durch zwei Fabrikbauten des prominenten Architekten Rolf Gutbrod aus den fünfziger Jahren in Stuttgart-Zuffenhausen (Porschewerk) und Fellbach (VW-Hahn, Achsenproduktion).

In der Gruppe *»Sonstige Industriezweige«* fallen immer wieder hochwertige Spezialprodukte auf, mit denen Firmen im Südwesten Weltruf erlangten: seien es nun Stofftiere aus Giengen, Schwarzwalduhren aus Schramberg oder Mundharmonikas aus Trossingen. Weit ab von großen Ballungszentren überrascht dabei zusätzlich die oft hohe Qualität der Firmenarchitektur. Mit dem avantgardistischen Stahl-Glasbau der Taf 10, 66 Firma Steiff von 1903 und dem Terrassenbau der Taf 61 Firma Junghans von 1918 wurde sogar Weltniveau erreicht.

Tafel 47
Pfullingen.
Maschinenfabrik Arbach

Tafeln 48, 49
Schwäbisch Gmünd.
Silberwarenfabrik Pauser

Lichthof 6

Tafeln 50, 51
Karlsruhe. IWKA,
links Lichthof 6

Tafel 52
Riedlingen.
Posamentenfabrik

Tafel 53
Albstadt-Tailfingen.
Textilfabrik Alber

Tafeln 54, 55
Gutach.
Textilfabrik Gütermann, Shedhallen,
links Arbeitersiedlung

Tafel 56
Weil am Rhein.
»Glashaus« im Industrieareal Schetty

Tafel 57
Albstadt-Ebingen.
Textilfabrik Haux

Fußgänger
Rauchverbot

Tafel 58
Mannheim-Rheinau.
Siedhaus der Sunlicht AG

Tafel 59
Kornwestheim.
Salamanderwerke

Tafel 60
Rottweil.
Pulverfabrik

Tafel 61
Schramberg.
Uhrenfabrik
Junghans

Tafel 62
Rottenburg.
Schlachthof

Tafel 63
Karlsruhe.
Gaststätte der Brauerei Hoepfner

Tafel 64
Heilbronn.
Lebensmittelfabrik von
Kaiser's Kaffeegeschäft

Tafel 65
Mannheim.
Kampffmeyer Mühlen

Tafel 66
Giengen a. d. Brenz.
Firma Steiff, Detail der Fassadenverglasung

Denkmale der Versorgung

So selbstverständlich scheint dem Menschen des ausgehenden 20. Jahrhunderts die jederzeitige Verfügbarkeit unbegrenzter Mengen von Wasser und Strom, daß er sich kaum je Rechenschaft darüber ablegt, wie das Wasser zu seinem Wasserhahn oder der Strom in seine Steckdose gelangt, und was – im Falle des Wassers – nach seinem Gebrauch damit geschieht. Noch viel weniger dürfte die jahrhundertelange Entwicklungsgeschichte bewußt sein, die zu dem heutigen Standard geführt hat. Wäre sie präsent – und mit ihr die technischen Probleme und der Aufwand, die mit ihr verbunden waren –, so wäre das wohl ein Denkanstoß zu größerer Wertschätzung von Wasser und Strom und damit auch zu sparsamerem Umgang mit ihnen.

Zu den urtümlichsten Anlagen der *Wasserversorgung* zählen die Hülen auf der Schwäbischen Alb: offene runde Becken zur Sammlung und Vorratshaltung von Oberflächenwasser. Die zweifelhafte Qualität der *Taf 72* grünbraunen Flüssigkeit in diesen Hülen illustriert ein Ausspruch, der einem Bauern zugeschrieben wird: »Für uns gings scho no, aber's Vieh saufts nemme.« Gebräuchlicher als diese Sonderform in einem besonders wasserarmen Gebiet waren indessen Zisternen und Brunnen. Mittelalterliche Siedlungen, die gerade auch unter dem Aspekt der Versorgung mit Wasser typischerweise an einem Fluß oder einem Bachlauf entstanden, hatten in aller Regel das mit der Zeit und mit der Bevölkerungszunahme immer dringendere Problem, daß das unmittelbar erreichbare Fluß- und Grundwasser durch menschliche Abfälle und Fäkalien unbrauchbar wurde: Ursprünglich als Zisternen zur Wasserversorgung angelegte Hohlräume wurden folgerichtig als Abfall- und Fäkaliengruben zweitgenutzt. So entstand bald das für das Mittelalter neue, wenn auch schon von den Römern im großen Stil gelöste Problem des kontinuierlichen Transportes von Trinkwasser über größere Strecken aus dem Gebiet des natürlichen Vorkommens in bestehende Siedlungen. Eine Vorreiterfunktion hatten dabei die Klöster, in deren Bibliotheken und Skriptorien die einschlägigen antiken Traktate studiert und kopiert wurden. Besonders bekannt ist das wassertechnische Knowhow der Zisterzienser; in unserem Bereich ist aber auch auf die Wassersysteme des Benediktinerklosters Weingarten und des Prämonstratenserstiftes Obermarchtal hinzuweisen. *Taf 67*

Seit dem Spätmittelalter sind komplexe und leistungsfähige Systeme zur Versorgung ganzer Städte mit frischem Trinkwasser bekannt; die Endpunkte waren beispielsweise öffentliche Laufbrunnen, die über hölzerne Deichelleitungen, später auch Metallrohre mit Wasser beschickt wurden.

Erwähnt seien einige Sondersysteme, die über die Versorgung von Siedlungen hinaus die wassertechnischen Möglichkeiten des Mittelalters und der frühen Neuzeit andeuten: etwa die ausgeklügelten Wiesenwässerungsanlagen im Rinschbachtal und das bis ins *Taf 68* 14. Jahrhundert zurück nachweisbare Bewässerungssystem bei Schelklingen-Schmiechen. Den Schritt über die nüchterne Bedarfsdeckung der Menschen und ihrer Landwirtschaft hinaus machen dagegen Anlagen wie die Pumpwerke und Wasserleitungssysteme der barocken Schloßkomplexe von Schwetzin- *Taf 70 b, 71* gen und Rastatt: Über Wasserräder betriebene Pumpwerke erzeugten hier unter anderem den Druck für die Zierfontänen in den Schloßgärten.

Bei allen diesen Anlagen war die Kapazität deutlich und spürbar beschränkt und starken jahreszeitlichen Fluktuationen unterworfen, sei es durch das eng begrenzte Sammelgebiet, sei es durch die geringen Querschnitte der Deichel- oder Metallrohre. Die Kapazität wuchs über Jahrhunderte nur langsam. In der Stadt Freiburg beispielsweise ist ein erster Laufbrunnen im Jahr 1318 erwähnt, 1535 bestanden 31 Brunnen, 1732 waren es 57 und 1890 gab es 91 öffentliche Brunnen. Lieferte die Wasserleitung während der ersten Hälfte des 19. Jahrhunderts noch 18 Sekundenliter in die Stadt, so wurde dagegen diese Leistung in den siebziger Jahren erst um 73 und Ende der achtziger Jahre um weitere 200 Sekundenliter gesteigert – ein Zuwachs von täglich 1500 Kubikmeter (bis 1860) auf 25 000 Kubikmeter im Jahr 1895. Die oberirdisch sichtbaren Bauten dieser Anlagen wurden – voller verständlichem Stolz auf das Geleistete und in Weiterführung der Tradition der Brunnenstöcke des Mittelalters und der Renaissance – ansprechend und repräsentativ gestaltet: So ist der Freiburger Hochbehälter im Sternwald eine monumentale Nachbildung der Torburg auf dem mittelalterlichen Stadtsiegel. Die sichtbarsten Bauten der Wasserversorgung sind indessen die Wassertürme, die – vor allem im flachen Rheintal – zur Erzeugung des notwendigen Leistungsdruckes und als Reservebehälter dienen: Meist *Taf 74, 75* verhüllt – gerade bei den städtischen Wassertürmen – eine repräsentative und der Fernwirkung angemessene Stein-, Ziegel- oder Putzarchitektur die nach verschiedenen technischen Systemen aufgebaute innere Struktur.

Die *Entsorgung des Abwassers* wurde jahrhundertelang nicht als Problem gesehen: Man ließ es einfach im Boden oder in Gruben versickern, oder leitete es in den Stadtgraben oder in den nächsten Fluß. Das explosive Wachstum der Städte im letzten Drittel des 19. Jahrhunderts erforderte auch in diesem Punkt neue Lösungen, da das nun in großen Mengen anfallende Schmutzwasser zusammen mit dem sich auf der großen Stadtfläche sammelnden Regenwasser *Taf 15, 78, 79* beispielsweise in einer Stadt wie Mannheim erhebliche Stauungen und Überschwemmungen auslösen konnte. Mangels natürlichen Gefälles mußten hier komplexe Leitungssysteme und große Pumpanlagen für den Transport des Abwassers in die Kläranlage und von dort über eine weitere Leitung in den Rhein sorgen.

Das Feuer, das ein Gebäude oder eine Esse heizt, und das Wasserrad, das eine einfache Mechanik antreibt, kommen mit überschaubarem technischem Aufwand aus. In ganz anderen Größenordnungen spielt *Taf 80, 87* sich die großtechnische Erzeugung von *Energie* seit dem 19. Jahrhundert ab. Auch hier geht die Entwicklung von kleinen Anlagen für den Eigenbedarf von Fabriken und Manufakturen zu Großkraftwerken, die im Verbundsystem eine flächendeckende Versorgung speisen.

Von großer Bedeutung war zunächst das Leuchtgas oder Stadtgas. Es wurde durch die trockene Destillation, also durch das Erhitzen von Steinkohle, gewonnen. Große zylindrische *Gasbehälter,* die sich teleskopartig je nach aktuellem Rauminhalt zwischen einem filigranen Stützgerüst ausdehnen und wieder zusammenschieben konnten, waren die hervorstechendsten und heute nur noch selten erhaltenen Mo- *Taf 82* numente dieser Energietechnik. Im Jahr 1808 waren in einer Londoner Straße die ersten Gaslaternen installiert worden. In Berlin, auf der Straße Unter den Linden, brannten die ersten Gaslaternen im Jahr 1826, in Karlsruhe wurde die Neuerung 1846 eingeführt. Ab der Jahrhundertmitte wurde die Gasbeleuchtung zum allgemeinen städtischen Standard; bald folgte im großen Stil die private Verwendung in den Häusern und die Versorgung von Gasmotoren für die Industrie.

Elektrischer Strom, obwohl als Phänomen schon sehr lange Gegenstand wissenschaftlicher und technischer Überlegungen, begann erst in den letzten Jahren des 19. Jahrhunderts eine nennenswerte technische und wirtschaftliche Bedeutung zu erringen. Elektrische Energie konnte zwar durch Umwandlung von Wasserkraft erzeugt und lokal verwendet werden; ein zunächst ungelöstes Problem war jedoch der Transport des Stroms an einen entfernteren Ort, da der produzierte Gleichstrom sich dazu nicht eignete. Im Jahr 1891 gelang jedoch, mit einem bis dahin unerreichten Wirkungsgrad, die Übertragung von Drehstrom vom Wasserkraftwerk Lauffen am Neckar nach Frankfurt. Nach diesem bahnbrechenden Datum entstanden allenthalben Wasserkraftwerke. Die erste Anlage zur Stromerzeugung in großem Stil war das Laufwasserkraftwerk in Rheinfelden, welches das *Taf 83* starke natürliche Gefälle und die großen Wassermengen des Rheines an dieser Stelle ausnutzt. Andere Anlagen erforderten immer mächtigere Staustufen und *Taf 20* Staudämme. Aber auch Brennstoffe, die anderweitig kaum brauchbar waren – wie bestimmte Kohlesorten *Taf 88, 89* und schweres Heizöl – konnten nun zur Stromgewinnung genutzt werden. Zu den eindrucksvollsten Anlagen dieser Art gehört das (in jüngerer Zeit leider entstellte) Großkraftwerk in Mannheim aus den zwanzi- *Taf 84* ger Jahren unseres Jahrhunderts.

Tafel 67
Obermarchtal.
Brunnenstube des
Prämonstratenser-
klosters

Tafel 68
Osterburken.
Wiesenwässerungs-
anlage im
Rinschbachtal

Tafel 69
Schwäbisch Hall.
Aquädukt
Teuchelsbrücke

Tafel 70 a
Heilbronn.
Cäcilienbrunnenhaus

Tafel 70 b
Schwetzingen.
Pumpwerk des Schlosses,
Schaufelräder

Tafel 71
Schwetzingen.
Pumpwerk des
Schlosses

Tafel 72
Ehingen-Tiefenhülen.
Hüle

Tafel 73
Bad Überkingen.
Pumpwerk der Gruppe V
der Albwasserversorgung, unten Detail
der Kolbenpumpe

Tafel 74
Mannheim.
Wasserturm

Tafel 75 a
Edingen-
Neckarhausen.
Wasserturm

Tafel 75 b
Karlsruhe.
Wasserturm des
ehemaligen
Hofwasserwerks

Tafel 76
Mannheim-Käfertal.
Städtisches Wasserwerk,
Rückansicht des Rieslergebäudes

Tafel 77
Weil am Rhein-Haltingen.
Wasserturm der Eisenbahn

Vorsichtig
rangieren

Tafel 78
Mannheim-Neckarau.
Abwasserpumpwerk mit Kläranlage

Tafel 79
Mannheim-Neckarau.
Maschinenraum des Pumpwerks

Tafel 80
Mannheim.
Städt. Kläranlage
und Pumpwerk
auf der
Friesenheimer
Insel

Tafel 81
Langenburg.
Windrad-
Wasserpump-
Anlage

Tafel 82
Stuttgart.
Gasbehälter II

Tafel 83
Rheinfelden.
Laufwasserkraftwerk

Tafel 84
Mannheim.
Kraftwerk des
Städt.
Krankenhauses

Tafel 85
Stuttgart-Untertürkheim.
Wasserkraftwerk,
Kaplan-Turbine

Tafel 86
Metzingen-Neuhausen.
Industriekraftwerk »Wasserschlößle«

Tafel 87
Dettingen/Erms.
Textilwerk Eisenlohr,
Kraftwerk

Tafel 88
Marbach am Neckar.
Kohlekraftwerk Marbach I der EVS

Tafel 89
Marbach am Neckar.
Kohlekraftwerk Marbach I der EVS,
Maschinenhaus

Tafel 90
Tübingen.
Fernheizwerk
der
Universität

Denkmale der Verkehrserschließung

Jede Zivilisation ist auf ein funktionierendes Transportwesen angewiesen. Wo auch immer Menschen auf Reisen gingen und Waren transportierten: Stets wurde in entwickelten Gesellschaften versucht, die Reisezeit zu verkürzen und die Reisebedingungen zu erleichtern. Die ersten, die dies im Südwesten Deutschlands in bewundernswert rationeller Weise taten, waren die Römer. Noch heute zeugen im Gelände ablesbare *Römerstraßen,* hier und da erhaltene *Meilensteine* oder bei Ausgrabungen entdeckte *Straßenstationen* davon. Die sog. Peutingersche Karte gibt uns vom entwickelten römischen Straßennetz ein anschauliches Bild. Auch Reisewagen kannten die Römer bereits und damit ein Verkehrsmittel, das erst 1500 Jahre später mit der Postkutsche wieder aufleben sollte.

Mit der Besiedlung des Landes durch die Alamannen ging dieses Transportsystem zugrunde. Die im Mittelalter benutzten *Reichsstraßen* besaßen einen weitaus niedrigeren technischen Stand. Einige dazugehörende Brücken sind erhalten. Sie gehören zu den ältesten auf uns gekommenen technischen Kulturdenkmalen, und mit ihnen beginnt auch die für dieses Kapitel getroffene Auswahl. Bei wichtigen Flußübergängen wurden schon früh *Holzbrücken* – Vorgänger der Rheinbrücke von Säckingen lassen sich bis in das 14. Jahrhundert zurückverfolgen – durch *Steinbrükken* Taf 92 ersetzt. Die Neckarbrücke zu Esslingen, erbaut um die Mitte des 13. Jahrhunderts, gehört zu den wenigen romanischen Brücken in Deutschland und muß trotz schwerster Eingriffe als eines der technischen Denkmale von nationaler Bedeutung gelten. Von etwas einfacherer Bauart ist die 1491 datierte Brücke über die Itter in Eberbach. Die Tradition der Steinbogenbrücken Taf 91 wird in der Neuzeit durch die in Köngen, Taf 21 Heidelberg und Alpirsbach erhaltenen fortgesetzt. In ländlichen Gebieten, vor allem im württembergischen Allgäu und im Bodenseegebiet, hielt sich aber auch der Holzbrückenbau in Form der *gedeckten Holzbrücke* Taf 93 bis in das 19. Jahrhundert hinein.

Verhältnismäßig einfach gestaltete sich mittels der *Flößerei* der Abtransport des im Schwarzwald geschlagenen Holzes, das seit dem 17. Jahrhundert vor allem für den holländischen Schiffsbau gefragt war. Doch mußten auch hierfür technische Einrichtungen zur Hebung des Wasserstandes für die Holztrift, Schwallungen genannt, und Spannplätze für das Zusammenbinden der Flöße in den Gebirgsflüssen eingerichtet werden.

Im Barock griffen Fürsten und Prälaten mit der von Baumreihen begleiteten *Allee* die römische Idee gradliniger Verbindungen wieder auf, wobei weniger verkehrliche Verbesserungen als repräsentative Ansprüche an die Verbindungswege von einer Residenz zur anderen oder von der Residenz zum Park bzw. zum Jagdrevier im Vordergrund standen. Aber auch *Chausseen* wurden erneuert und auf herzoglichen Befehl mit Obstbaumreihen zu beiden Seiten bepflanzt. Bekannt sind die Straßenarbeiten anläßlich der Brautfahrt Marie Antoinettes 1770 von Wien nach Paris, so z. B. die Neutrassierung der Straße nördlich von Riedlingen oder der Ausbau der bis dahin nicht befahrbaren Wegstrecke im Höllental. Auch andere »Paßstraßen« wie z. B. die im Seeburger Tal bei Urach auf die Schwäbische Alb hinaufführende Strecke, wurden im 18. Jahrhundert (hier 1786) angelegt. Diese Entwicklung der Straßenbautechnik setzte ein entwickeltes Vermessungswesen voraus, – unerläßliche Voraussetzung auch für die 1817 begonnene Oberrheinkorrektion und die bald darauf einsetzende Projektierung der Eisenbahnstrecken.

Die Faszination, die von der Eisenbahn als neuem Verkehrsmittel ausging, darf nicht vergessen lassen, daß die nachnapoleonische Zeit zunächst einen kräftigen Aufschwung der *Schiffahrt* brachte. 1818 fand die erste Probefahrt eines Dampfschiffes auf dem Bodensee statt, womit auch die Dampfmaschine ihren Einzug in das Land hielt. Bis 1841 wurde die regelmäßige Dampfschiffahrt auf dem Bodensee, dem Rhein und dem Neckar eingeführt. Die Rheinschiffahrtsakte von 1831 beseitigte allen Stapelzwang und eröffnete damit die freie Schiffahrt. Neue *Häfen* entstanden wie der 1840 vollendete großzügige Rheinhafen in Mannheim und der zur gleichen Zeit modernisierte in
Taf 94, 95 Konstanz. *Kanäle* wie der 1819/21 erbaute Wilhelmskanal in Heilbronn brachten weitere Erleichterungen für den Schiffsverkehr. Der Anschluß der Häfen an den Landverkehr führte auch zu einem Aufschwung im Straßenbau, der sich als Ergänzung des bald darauf entstehenden *Eisenbahnnetzes* noch weiter steigerte.

Dieses nimmt mit den Strecken Mannheim – Heidelberg 1840 und Cannstatt – Untertürkheim 1845 seinen Anfang. Streckenbautechnisch hervorzuheben sind der Albanstieg der Geislinger Steige (1850), die erste Gebirgsüberquerung auf dem Kontinent, und zwei den Schwarzwald durchquerende Linien: die von Robert Gerwig geplante tunnelreiche Schwarzwaldbahn Offenburg – Singen (1873) mit der ersten Anwendung von »Doppelschleifen« (bei Triberg) zur Höhengewinnung, Vorbild für eine ganze Reihe von Gebirgsstrecken. Aber auch die von Georg von Morlok erbaute Linie Freudenstadt – Schiltach mit ihrem steilen, viele Tunnel- und Dammbauten erfordernden Abstieg ins Kinzigtal (1886) gehört zu den bedeutenden Leistungen. Die technisch interessanteste Ge-
Taf 97 birgsstrecke bietet jedoch die Wutachtalbahn, die als Teil einer strategischen Umgehungsbahn 1890 zur Vermeidung einer Durchquerung schweizerischen Gebiets in Betrieb genommen wurde und auf einer Entfernung von nur 9,5 km eine Höhendifferenz von 230 m überwindet.

In die neunziger Jahre des 19. Jahrhunderts fällt auch der Aufschwung der *Schmalspurbahnen.* Bei der 1894 eröffneten Strecke Marbach – Beilstein kam nach sächsischem Vorbild erstmals die Spurweite von 750 mm zum Einsatz wie später auch bei der Jagsttal- Taf 96
bahn, während andere Strecken wie die von Amstetten nach Laichingen die Ein-Meter-Spur verwendeten. Normalspurige Wagen mußten zur Weiterfahrt auf den schmalen Gleisen auf Rollböcke umgesetzt werden.

Die steilen Berghänge am Rand vieler Städte des Landes weckten schon früh den Gedanken, diese Höhenunterschiede mit *Zahnrad-* oder *Seilbahnen* zu überwinden. Vorläufer war 1876 die (nicht erhaltene) erste deutsche Zahnradbahn – die zugleich die erste Schmalspurbahn in Württemberg war – im Hüttenwerk Wasseralfingen. Sie verwendete Zahnstangen nach dem System des schweizerischen Ingenieurs Niklaus Riggenbach wie auch alle folgenden Bahnen: die Höllentalbahn (1883), die ausdrücklich für Vergnügungsreisende erbaute und als einzige, wenn auch in veränderter Form, noch betriebene Filderbahn Stuttgart – Degerloch (1884) und die mit einem Verhältnis von 1:10 besonders steile Strecke Honau – Lichtenstein (1893).

Unter den *Seilbahnen* sind die Heidelberger Berg- Taf 99
bahn nach ihrer Erweiterung 1905/07 und die weitgehend im ursprünglichen Zustand erhaltene Bahn zum Stuttgarter Waldfriedhof von 1929 hervorzuhe- Taf 98
ben. Beide sind Standseilbahnen, während die Freiburger Schauinslandbahn von 1930 zum ersten Mal überhaupt nach dem Prinzip des Umlaufsystems konstruiert wurde.

Die zahlreichen zum *Bahnbetrieb* gehörenden techni- Taf 100,
schen Anlagen und Hochbauten konnten in diesem 23, 24
Band nur als kleiner exemplarischer Ausschnitt berücksichtigt werden. Wer sich breiter informieren möchte, sei auf die zahlreich vorliegenden Fachpublikationen verwiesen.

Es war selbstverständlich, daß im Eisenbahnbau die neuen Möglichkeiten des Gußeisen- und später des Stahlbaus angewendet wurden. Eindrucksvollste Zeugnisse dieser Technik sind *Brückenbauwerke.* Raritäten der »ersten Generation« sind die gußeiserne Brücke von 1845 in Staufen und die Gitterträger- Taf 102
brücke über den Rhein bei Waldshut aus dem Jahr Taf 22
1859. Doch wurden nach wie vor auch Natursteinbrücken wie das Enztalviadukt (1851/53) oder die Taf 103
Gutachtalbrücke bei Neustadt (1899/1900) errichtet. Taf 104

Aus der Zeit nach der Jahrhundertwende datieren die ersten Betonbrücken wie die Neckarbrücke der Ammertalbahn in Tübingen (1909/10). *Taf 105*

Auch der wachsende *Straßenverkehr* in den Großstädten erforderte den Bau neuer Brücken, nicht nur um Flüsse, sondern auch um Bahntrassen zu überqueren. Die Hirschbrücke in Karlsruhe und die Neutorbrücke in Ulm sind sehr verschiedene Beispiele dafür. *Taf 106, 107* In Langenargen entstand 1896/97 die erste Kabelhängebrücke Deutschlands; das gleiche Konstruktionsprinzip lag auch dem Hängesteg über das Argental bei Achberg zugrunde. *Taf 108* Das rasche Wachstum Stuttgarts ließ den Plan entstehen, zwischen Stuttgart-West und Heslach durch den Hasenberg einen Tunnel zu bauen: So entstand 1895/96 der Schwabtunnel als erster Straßentunnel einer deutschen Großstadt. *Taf 109*

Zu Beginn des 20. Jahrhunderts sah es so aus, als sei dem *Luftschiff* als Verkehrsmittel eine große Zukunft beschieden. Mit lebhaftem Interesse wurden die Fahrten der Zeppeline von der Bevölkerung begleitet, an den Landungsstellen wurden oftmals Gedenksteine gesetzt. Während sich die Hallen der Luftwerft in Friedrichshafen nicht erhalten haben, blieb in Auggen-Richtberg eine aus Metallfachwerkbindern konstruierte Halle aus dem Jahr 1909 infolge der Privatisierung und Umsetzung derartiger Bauten nach dem Ersten Weltkrieg bewahrt. *Taf 110*

Statt des Luftschiffs war es das Flugzeug, das zwischen den Weltkriegen steigende Verkehrbedeutung erhielt. Aus der Bauzeit der ersten *Flughäfen* sind einige Gebäude erhalten, so z. B. in Karlsruhe.

Zum stärksten Verkehrsmittel der Zukunft wurde jedoch das *Kraftfahrzeug*. Mit seiner rasanten technischen Entwicklung hatte der Ausbau der Straßen keineswegs Schritt gehalten. So waren 1933 nur 30 Prozent der Landstraßen breiter als 5 m, und ebenfalls 30 Prozent waren überhaupt nicht befestigt. So wird der Plan verständlich, für das neue Verkehrsmittel auch ein völlig neues Straßensystem zu entwickeln. Nach dem Vorbild der AVUS in Berlin (1913/21) und italienischer Autostraßen sollten kreuzungsfreie Straßen mit doppelten, nach Fahrtrichtung getrennten Fahrbahnen entstehen: die *Autobahnen*. Ihr Baubeginn fällt mit der nationalsozialistischen Herrschaft zusammen, doch waren die Planungen bereits in der Weimarer Republik weit gediehen. So lagen für die Strecken Viernheim – Karlsruhe und Mannheim – Heidelberg baureife Entwürfe vor. Diese Abschnitte konnten daher sofort begonnen werden. 1939 wurde die Strecke Karlsruhe – Stuttgart mit ihren 51 Brücken eröffnet. Eine technische Hochleistung stellt der Bau des 93,5 km langen und 1937 bis auf die Gegenfahrbahnen am Aichelberg und am Drackensteiner Hang nach nur vier Jahren Planung und Bauzeit beendeten Abschnitts Stuttgart – Ulm dar. Dabei gelang es, durch die Trassentrennung bei Mühlhausen eine besonders landschaftsschonende Linienführung für den Albaufstieg zu erreichen.

Eine denkmalpflegerische Würdigung der *Verkehrsbauten der Nachkriegszeit* steht noch aus. Die sich dabei aus der Verwendung von Spannbeton ergebenden Gestaltungsmöglichkeiten eröffneten schon kurz nach Kriegsende mit Bauten wie der Gänstorbrücke in Ulm neue Perspektiven.

Zu den Denkmälern der Verkehrerschließung gehören die Transportfahrzeuge nicht weniger als die stationären Einrichtungen. Der in der Einleitung begründete Verzicht auf alle »beweglichen« Denkmale erlaubte es jedoch nicht, diese mit aufzunehmen. Daß in der getroffenen Auswahl Denkmäler des Postverkehrs ganz fehlen, kann nur auf bislang mangelnder Kenntnis beruhen.

Tafel 91
Köngen.
Ulrichsbrücke

Tafel 92
Esslingen.
Pliensaubrücke, oben historische
Aufnahme um 1900

Tafel 93
Beuron.
Gedeckte Holzbrücke über die Donau

Tafel 94
Heilbronn.
Wilhelmskanal, Schleuse

Tafel 95
Heilbronn.
Wilhelmskanal, Handkran

Tafel 96
Dörzbach.
Jagsttalbahn, oben Lokschuppen,
unten Rollbock

Tafel 97
Blumberg.
Wutachtalbahn, Viadukt

Tafel 98
Stuttgart.
Standseilbahn zum Waldfriedhof

Tafel 99
Heidelberg.
Bergbahn

Tafel 100
Ulm.
Drehscheibe des Bahnbetriebswerks

Tafel 101
Stuttgart.
Hauptbahnhof

Tafel 102
Staufen i. Br.
Gußeisenbrücke

Tafel 103
Bietigheim-Bissingen.
Enzviadukt

Tafel 104
Lenzkirch-Kappel.
Gutachbrücke der Höllentalbahn

Tafel 105
Tübingen.
Eisenbahnbrücke über den Neckar

Tafel 106
Ulm.
Neutorbrücke

Tafel 107
Karlsruhe.
Hirschbrücke

Tafel 108
Achberg.
Flunauer Hängesteg

Tafel 109
Stuttgart.
Schwabtunnel

Tafel 110
Auggen.
Ehem. Zeppelinhalle

Denkmale der Wissenschaft und der Technik

Eine Einteilung in Kategorien, wie sie in den vorangehenden Kapiteln vorgenommen wird, hilft beim Überblick über die Bandbreite der Objekte und beim Verständnis der Zusammenhänge und der Entwicklungslinien. Aber manche Objekte entziehen sich der Einordnung in Kategorien: Sei es, weil sie in mehreren Kapiteln zugleich auftauchen müßten, sei es, weil sie zu speziell, zu eigentümlich sind. So ist etwa die
Taf 112 Rheinregulierung durch Tulla sicher die gigantischste technische Leistung des 19. Jahrhunderts in Baden, auch wenn der Nutzen dieser Tat heute teilweise von ihren nachteiligen ökologischen Folgen überschattet wird. Den Rhein schiffbar zu machen, eine leistungsfähige Wasserstraße zu schaffen, war sicher ein gewichtiger Aspekt; entscheidend war jedoch der Schutz der Ansiedler vor der Zerstörungskraft der periodischen Überschwemmungen, die frühere Generationen hilflos hingenommen hatten. Auch die Regulierung des Neckars ein Jahrhundert später diente dem Ausbau als Wasserstraße; die Staustufen ermöglichten es nun aber auch, die Wasserkraft des Flusses zum Antrieb von Kraftwerken zur Stromerzeugung zu nutzen.

Andere Objekte erscheinen gegenüber diesen Landdenkmalen winzig und insignifikant. So mögen die unansehnlichen Reste des Skiliftes in Schollach als Kuriosum wirken, aber es handelt sich um den Stammvater eines gewaltigen Geschlechtes, das sich auf den Gebirgen der Welt ausgebreitet hat. Auch
Taf 116 der Stuttgarter Fernsehturm ist ein Erstling; er allerdings wird seiner Rolle durch seine eindrucksvolle ästhetische Gestalt gerecht, die aber von seiner neuartigen und gewagten Konstruktionsweise abhängt.

Auch unter den anderen Objekten sind auffällig viele, die sich – bei aller Unterschiedlichkeit des Gehaltes – durch ihre Turmform zusammenfinden. Der Aussichtsturm in Pforzheim, die Sternwarte in Mannheim, die Benzgarage in Ladenburg und der Kamin *Taf 113*
des Vierordtbades in Karlsruhe: Neben ihrer eigent- *Taf 18*
lichen Zweckbestimmung sind sie immer auch bewußt als Zeichen, als Monument, als Landmarke gesetzt.

Gemeinsam ist ihnen aber auch – und dies trifft, bei aller Unterschiedlichkeit, auf fast alle der in diesem Buch vorgestellten Monumente zu – die Ernsthaftigkeit im gestalterischen und handwerklichen Umgang mit ihrem Gegenstand. Eine extreme Ausnahme von dieser Regel bildet allerdings der ehemalige Bierkeller in Haigerloch, der den Wissenschaftlern des 1943/44 von Berlin nach Hechingen verlagerten Kaiser-Wilhelm-Institutes noch in den letzten Kriegsmonaten als Laboratorium für ihre sehr weit gediehenen Kernspaltungsexperimente diente: Ihnen war – aus unmittelbar einleuchtenden Gründen – nicht an öffentlicher Sichtbarkeit gelegen. Doch bei den meisten übrigen Anlagen findet der Respekt vor dem Inhalt und der Funktion des Objektes seine Entsprechung in sorgfältiger Formgebung und gewissenhafter Ausführung. Daß diese Einstellung (trotz vieler unerfreulicher Gegenbeispiele aus jüngerer Zeit) auch nach dem Zweiten Weltkrieg nicht völlig verschwunden ist, wird besonders eindrucksvoll von dem Versuchskraftwerk der Technischen Universität Karlsruhe aus den fünfziger Jahren unseres Jahrhunderts dokumentiert.

Tafel 111
Ochsenhausen.
Sternwarte des Klosters

Tafel 112
Breisach.
Tulla-Denkmal

Tafel 113
Ladenburg.
Benzgarage

Tafel 114
Vöhrenbach.
Linachtalsperre

Tafel 115
Heidelberg.
Bonatz-Schleuse

Tafel 116
Stuttgart-Degerloch.
Fernsehturm

Technische Kulturdenkmale
195 Beispiele

Aalen-Wasseralfingen, Ostalbkreis
Erzbergwerk Tafel 25

Östlich Wasseralfingen liegt in Richtung Röthardt der Eingang zum Besucherbergwerk »Tiefer Stollen«. Die dortige Bergbautradition ist auf die im Braunjura anstehenden Stufeisenerzflöze zurückzuführen, von denen sich zwei – das Obere und das Untere Flöz – zum Abbau eigneten. Die 1610 auf damaligem Territorium der ellwangischen Fürstpropstei entdeckten Erzvorkommen wurden zunächst in steinbruchartig angelegten Gruben im Tagebau abgebaut. Zur Verhüttung wurde nach Zerstörung der ellwangischen Werke Abtsgmünd, Ober- und Unterkochen im Dreißigjährigen Krieg 1671 der Hochofen Wasseralfingen in Betrieb genommen und damit die Entwicklung der bekannten Wasseralfinger Eisenindustrie begründet. 1715 wurde mit dem Untertagebau im südöstlichen Teil der Grube begonnen, 1753 die Sprengtechnik eingeführt, zur Wetterführung und Wasserableitung wurden Hilfsstollen angelegt. Eine beträchtliche Weiterentwicklung erfuhr das Bergwerk, das 1803 an den württembergischen Staat kam, als 1811 der Bergrat Faber du Faur als Hüttenverwalter erstmals eine systematische Planung der Untertageanlagen einführte.

Darauf gehen die 1840/41 entstandene Tagesstrecke Nr. 1 und der »Tiefe Stollen« zurück. Die im 19. Jh. moderne Abbau-, Bewetterungs- und Sicherheitstechnik der Grube ist noch heute nachvollziehbar. Hervorzuheben ist insbesondere der hohe Sicherheitsstandard: Personenbegleitstrekken waren von Förderstrecken getrennt, Sicherung gegen Einsturz erfolgte durch den bis heute gut erhaltenen Stahlausbau. Darüber hinaus zeichnet sich die Grube durch die sinnvolle Planung für den Erztransport aus: Die Ausbaustrecken im Oberen Flöz waren durch Treppen und Förderschächte mit dem »Tiefen Stollen« verbunden, von dem aus das Erz (ab 1865 auf Gleisen) zutage gefördert wurde. Erzabbau und Verhüttung wurden bis 1925 betrieben; 1934–1939 wurde der Abbau im Nordteil der Grube reaktiviert.

Nachdem der hohe technikgeschichtliche Denkmalwert des Bergwerks erkannt worden war, wurde 1979 zunächst ein Bergbaupfad am Braunenberg eingerichtet und dank privater Initiative 1987 das Schaubergwerk eröffnet.

Lit.: Hans-Joachim Bayer, Gerhard Schuster, Besucherbergwerk »Tiefer Stollen«, Stuttgart 1988 – Julius Schall, Geschichte des königlichen württembergischen Hüttenwerks Wasseralfingen, Stuttgart 1896

Reiff

Abtsgmünd-Wildenhäusle, Ostalbkreis
Hafnerei Wild

Unweit Adelmannsfelden liegt am Ortseingang von Wildenhäusle die ehem. ländliche Hafnerei Wild. Aus Gründen der Brandgefahr wurde das freistehende Werkstattgebäude aus der 2. Hälfte des 19. Jh. am Rand der dazugehörigen Hofanlage in massiver Bauweise erstellt. Da an das Hafnerhaus darüber hinaus funktionsbedingt keine besonderen Anforderungen gestellt wurden, unterscheidet sich der bescheidene Bau mit Satteldach äußerlich nicht von anderen Kleinhandwerkerstätten.

Über rechteckigem Grundriß sind die Umfassungswände aus sorgfältig behauenen Sandsteinen aufgeführt. Ein Schutzdach an der Nordseite bildete wohl den Wetterschutz für gelagertes Brennholz. Im Innern weist das Hafnergebäude einen Vorraum auf, von dem aus der Ofen befeuert und die Feuerentwicklung beobachet werden konnte, sowie den eigentlichen Töpferraum, in dem der große gewölbte Hafnerofen mit Kamin (heute nach oben abgetragen) noch die alte Funktion belegt. Hier stand die Töpferscheibe (heute ausgelagert), und hier wurden die Rohstoffe und die halbfertigen Produkte auf Regalen gelagert. An den Wänden sind gut ablesbar die einstigen Bestellungen sowie Zeichnungen der Gefäßformen erhalten. Weitgehend vorhanden sind ebenfalls die alten Hafnerwerkzeuge. Den Ton bezog der Hafner aus einer eigenen Lehmgrube. Hergestellt wurden vorwiegend Schüsseln, Krüge usw. in einfachen Formen. Nach dem Glasieren wurden die Rohprodukte im Ofen eingestellt und die Öffnung zugemauert, um einen gleichmäßigen Brand zu gewährleisten. – Beispiele der hier entstandenen Arbeiten sind im Heimatmuseum Wasseralfingen ausgestellt.

Wenn auch die ursprüngliche Nutzung des Bauwerks inzwischen aufgegeben wurde, kommt seiner Erhaltung als einem seltenen Beispiel ländlicher Hafnereien heute eine überregionale Bedeutung zu. Darüber hinaus dokumentiert das Werkstattgebäude als einziges erhaltenes Beispiel die in Wildenhäusle um die Jahrhundertwende charakteristische Handwerkertradition.

Lit.: Heinz Schlebusch, Die Töpferscheibe dreht sich nicht mehr. In: Aalener Volkszeitung, 10. 9. 1982

Reiff

Achberg, Kreis Ravensburg
Flunauer Hängesteg Tafel 108

Wenige Kilometer nördlich von Lindau, auf einem Bergsporn hoch über dem Tal der Argen, liegt Schloß Achberg. Unmittelbar unter diesem einstigen Jagdschloß des Deutschen Ritterordens verbindet der »Flunauer Hängesteg« das steile Ostufer der Achberger Seite mit dem Weiler Flunau am flachen, westlichen Wiesenufer. Die Argen bildete hier ehemals die Grenze zwischen dem Königreich Württemberg und der preußischen Enklave Achberg, die zu Hohenzollern-Sigmaringen gehörte.

Im 18. Jh. ist an dieser Stelle eine Fähre nachweisbar, die von den drei Bauern in Flunau betrieben wurde. Da bei dem reißenden Fluß ein Fährverkehr nicht immer möglich war, errichtete man 1832 einen Steg auf Stützen. Mehrfach erneuert, wurde er schließlich 1882 von einem Hochwasser zerstört. Deshalb ließ Graf Friedrich v. Quadt den jetzigen Steg als Hängekonstruktion bauen. Wie auch vorher schon üblich, wurde Brückengeld erhoben. Noch die Oberamtsbeschreibung Tettnang von 1915 erwähnt ausdrücklich, daß dem Fußgänger die Benutzung »nur gegen Entrichtung von 5 Pfennigen für einen Übergang gestattet wird«.

Mit einer Länge von ca. 50 m und einer Breite von 1,20 m überspannt der schwankende Steg in einer Höhe von 6 m den Fluß. Dünne Eisenstäbe bilden im Windverband Geländer und Traggerüst für den Brettbelag. Das Ganze hängt an zwei doppelten Stahlseilen von je 35 mm Stärke, die im Uferbereich verankert sind und zwischen zwei aus Bruchsteinen gemauerten Pylonen frei durchschwingen. Die Seillänge zwischen den Auflagermitten beträgt ca. 52 m, die Durchhängung an der tiefsten Stelle knapp 3 m.

Der Steg wird heute im Rahmen des Argenrundwanderweges viel begangen. 1982/83 wurde er deshalb – auch mit Mitteln der Denkmalpflege – grundlegend instandgesetzt.

Brand

Adelberg, Kreis Göppingen
Leitungskontrollstation

An der von der Ortsmitte nach Osten führenden Börtlinger Straße steht ein kleines massives Rundtürmchen mit Zeltdach und einer niedrigen rundbogigen Öffnung zum Durchschlüpfen. Es wurde 1924 als »Schießhäusle« in das Landesverzeichnis der Baudenkmale in Württemberg eingetragen. Doch ein Schützenhaus war dieses Türmchen nie. Vielmehr ist es der letzte sichtbare Rest einer mittelalterlichen Wasserleitung, die einst das benachbarte Kloster Adelberg mit frischem Quellwasser versorgte. Gebaut wurde sie im späten 15. Jh. unter Abt Berthold Dürr (1460–1501), der das Kloster neu anlegen ließ, und der deshalb auch als sein zweiter Gründer bezeichnet wird.
Die wohl hölzerne Deichelleitung führte etwa 1,5 km vom früher Hundsholz genannten Ort zu Brunnen und Badhaus (Haus Nr. 14 mit großem Brunnenkeller) im Kloster. Dabei mußte ein Wiesental – die sog. Tobelsenke – zwischen Ort und Kloster überwunden werden, was durch eine steinerne Brücke – die sog. Dobelbrücke (1874 abgebrochen) – bewerkstelligt wurde. An der Wasserleitung befanden sich zu Kontrollzwecken in bestimmten Abständen ausgemauerte Brunnenkästen sowie Wassertürme. Der letzte von ihnen ist das »Schießhäusle«, dessen Name von einem benachbarten, 1810 abgebrochenen Schießhaus herrührt. Auf einem Gemälde in der Ulrichskapelle ist diese frühere Situation dargestellt.

Lit.: Karl Kirschmer, Chronik von Adelberg, Hundsholz und Nassach, 1964, S. 52/53

Aderhold

Albstadt-Ebingen, Zollernalbkreis
Ehem. Trikotwarenfabrik der Gebr. Haux

Tafel 57

Das Fabrikgebäude wurde 1913 als repräsentativer Hauptbau der Fabrik errichtet. Der Entwurf stammt von dem Stuttgarter Architekten Philipp Jacob Manz, der auch den Fabrikbau der Ulrich Gminder GmbH entworfen hat.
Am südlichen Stadtrand von Ebingen, unmittelbar an der Bahnstrecke Stuttgart–Sigmaringen gelegen und durch den von der Gleisanlage gewährten freien Raum weithin sichtbar, hat das mächtige Bauwerk von 78 m Frontlänge die ihm zugedachte städtebauliche Wirkung bis heute bewahrt.
Das eindrucksvolle Gebäude wirkt mit seinen fünf hohen Geschossen, 24 Fensterachsen und dem gewaltigen Walmdach nicht allein aufgrund seiner Abmessungen monumental; in gleicher Richtung wirken die ruhige Geschlossenheit des Baukörpers, die Akzentuierung der langen Front durch den nur schwach vortretenden, aber beherrschenden breiten Mittelteil mit Dachaufbau aus Fensterband, Dreiecksgiebel und einem das Hauptdach übergreifenden, eigenen Walmdach (ursprünglich mit dem Akzent eines Dachreiters mit Glockendach). Wandpfeiler zwischen den Fensterflächen der oberen Stockwerke rhythmisieren die Fassaden und verleihen dem Bauwerk zusammen mit den markanten Zierquadraten der Brüstungsfelder, die wie »Abzählpunkte« wirken, eine großartige Dynamik.
Die Architektur dieser Trikotwarenfabrik ist bezeichnend für den schnell wachsenden Einfluß des 1907 gegründeten Deutschen Werkbundes, der die Industriearchitektur 1910 durch seine hervorragendsten Vertreter nicht nur als eine der bedeutendsten architektonischen Aufgaben der Gegenwart ansah, sondern vor allem Lösungen einforderte, die keinerlei Rückbezüge auf historische Vorbilder anderer Funktion mehr aufweisen. Sie fehlen hier gänzlich. Nicht einmal der hervorgehobene Mittelteil des Bauwerks ist noch wirklich ein Pavillon, sondern es handelt sich um eine rein gestalterisch begründete Fassadengliederung: Hinter der Außenmauer laufen aus industrietechnischen Zwängen die großen Fabriksäle durch.
Stilistisch zeigt die Art und Weise, die Geschlossenheit des Baukörpers zu betonen, die Beziehung des Entwurfs zur Stilbewegung auf. Diesem künstlerischen Anliegen dient nicht nur das zu einer großen Gesamtform zusammengefaßte Dach, sondern ebenso die konsequent rundum auf gleicher Höhe geführten und so den Baukörper verklammernden horizontalen Bauelemente, die Runderker der Schmalseiten, die das Gebäude seitlich fassen, und schließlich die geringe Plastizität des Gliederungssystems, in das sich die großen Fenster mit ihrem Sprossennetz flächig einfügen.

Howaldt

Albstadt-Lautlingen. Eyach-Klappenwehr, Aufnahme 1990

Albstadt-Lautlingen, Zollernalbkreis
Eyach-Klappenwehr

Das Stauwehr in der Eyach, das zur Einspeisung des Mühlkanals der schon im Mittelalter bestehenden Herrschaftsmühle diente, zerstörte 1895 ein Hochwasser – eine der größten Naturkatastrophen des Landes, die 46 Menschenleben forderte.
Der Wiederaufbau dieses und anderer ebenfalls betroffener Eyachwehre erfolgte noch im gleichen Jahr nach dem Prinzip des sog. Tiroler Wehrs, eines Klappenwehrs einfacher aber zweckmäßiger Bauweise. Dabei werden in seitliche, bewegliche Stahlschienen an Ketten befestigte Holztafeln eingelassen. Bei hohem Wasserstand legen sich diese Schienen in Flußrichtung um, so daß das Wasser ungehindert abfließen kann. Durch die Ketten werden die Holztafeln am Wegschwimmen gehindert. Die übrigen Einfassungen des Wehrs sind betoniert. Klappenwehre dieser einfachen Bauart gibt es nur noch äußerst selten; die Erhaltung des Lautlinger Wehrs wird angestrebt.

Krins

Albstadt-Tailfingen, Zollernalbkreis
Textilfabrik Alber Tafel 53

Am Ortsende Richtung Onstmettingen steht in der Hechinger Straße 96 ein ehem. Bauernhaus. Dieses wurde schon vor dem 1. Weltkrieg zum reinen Wohnhaus umgenutzt, denn man war nun Fabrikbesitzer. Geht man links am Haus vorbei nach hinten, kommt man zu einem schmalen, dreigeschossigen, stark befensterten Hofgebäude. In diesem »Fabrikle« wird seit 1904 auf Rundstrickstühlen Trikotstoff hergestellt und hauptsächlich zu Unterwäsche weiterverarbeitet.
An diesem Betrieb läßt sich noch heute eine für die Wirtschaftsgeschichte der Region äußerst wichtige Entwicklungsstufe der Textilindustrie ablesen: der Wechsel von der Haus- zur Fabrikindustrie. 1836 wurde in Ebingen – vermutlich in einem Wohn- oder Bauernhaus – der erste Rundstrickstuhl aufgestellt. Mit steigendem Absatz wurde vergrößert, ein zweiter, dritter und weitere Strickstühle aufgestellt. Schließlich baut man, 1871 für die Ebinger Alb erstmals belegt, eigenständige Fabrikationsgebäude.
Bei der Firma Alber erfolgt dieser Schritt erst 1904 mit dem Bau eines zunächst zweigeschossigen Fachwerkgebäudes in sparsamer Bauweise: Ein seitliches Treppenhaus erschließt jeweils einen großen Saal. 1914, zu Beginn des 1. Weltkriegs und veranlaßt durch den damit verbundenen erhöhten Bedarf an Militärwäsche, wird um ein Stockwerk erhöht.
Von der Stoffherstellung bis zum Fertigprodukt wird hier, stockwerkweise nach den Arbeitsgängen, alles gemacht. Die Arbeiter werden je nach Auftragslage ein- und ausgestellt, bei Hochkonjunktur wird in Lohnarbeit auch außer Haus vergeben. Kennzeichnend für diese »Kleinstfabriken« ist auch, daß nur selten fabrikneue Maschinen erworben werden, in der Regel werden »gebrauchte« gekauft. Auf diese Weise haben sich bei der Firma Alber Rundstrickstühle von 1869 bis 1932 angesammelt. Schneider

Alfdorf, Rems-Murr-Kreis
Meuschenmühle

Von den einst zahlreichen Mühlen im Welzheimer Wald hat sich die Meuschenmühle – ein idyllisch im

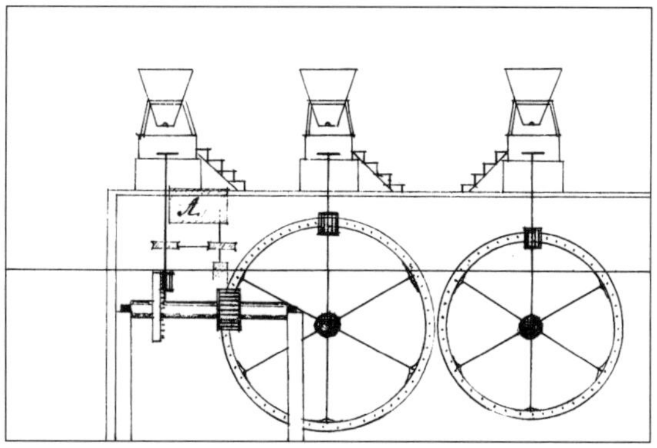

Alfdorf. Meuschenmühle, Plan von 1861 (Ausschnitt)

Eisenbachtal (zwischen den Dörfern Rienharz und Mannweiler) gelegenes Mühlgehöft – besonders anschaulich erhalten. Urkundlich belegt ist die Mühle seit dem 16. Jh., ihr heutiges repräsentatives Haupthaus entstand 1787.
Das Besondere an dieser Mühle ist die im gesamten Funktionsablauf erhaltene technische Ausstattung einer mit Wasserkraft betriebenen Mahlmühle, die in großen Teilen noch aus dem 18. bzw. 19. Jh. stammt (1970 stillgelegt). Aus der Bauzeit der Mühle bzw. kurz danach stammen, wie die Zierformen zeigen, z. B. noch der Tremmel (Trichter) des Schwarzgangs und der Kleie- und Grieskasten des Weißgangs. Änderungen der Technik erfolgten an den Verschleißteilen (ein hölzernes Mühlrad etwa muß alle 30 Jahre erneuert werden) sowie um 1860 und um 1910 zur partiellen Verbesserung der Anlage. Heute hat die Meuschenmühle ein Wasserrad und zwei Mahlgänge: den Weißgang für Weizenmehl und den Schwarzgang für Roggen, dazu Teile (Biet) eines Gerbgangs für Dinkel.
Im Mühlweiher wird Quellwasser gestaut (der Eisenbach-Mühlkanal ist verlandet) und von dort über ein hölzernes Radgerinne auf das sehr große oberschlächtige Wasserrad (Durchmesser 7 m) geleitet. Dieses treibt im Innern der Mühle das Getriebe an, dessen große Räder Holz-Eisen-Konstruktionen sind. Die Mahlgänge bestehen jeweils aus dem Biet, in dem der eigentliche Mahlvorgang vor sich geht; dem Sortierzylinder mit Mehlkasten, daran angebracht dem Abredder, einem Schüttelsieb zum Trennen von Gries und Kleie, und schließlich den Gries- und Kleiekästen. Da es sich um die Technik der sog. süddeutschen Hochmüllerei handelt, bei der die Mahlsteine nicht zu eng aufeinandergepreßt sind, muß der Mahlvorgang etwa sieben Mal wiederholt werden, bis das Getreide voll ausgewertet ist und die Mehle verschiedener Qualität voneinander getrennt sind.
Lit.: Adolf Schahl, Kunstdenkmäler in Baden-Württemberg, Rems-Murr-Kreis, S. 118 f. – Stuttgarter Zeitung, 18. 7. 1986 – Mühlenwanderweg Rems-Murr-Kreis
Wichmann

Allmendingen, Alb-Donau-Kreis
Zementofen und Zementmühle

Die für die Region so bedeutsamen Anfänge der Zementindustrie setzten bald nachdem der Ulmer Apotheker Dr. Gustav Leube 1839 die Eigenschaften der hier auftretenden Kalkmergel publiziert hatte ein. Bereits 1842 richtete Carl Stiehle an der Schmiech ein »Stampfwerk mit Mahlgang zur Bereitung hydraulischen Kalkes« ein und baute einen Brennofen. In der Folge wurden weitere kleinere Betriebe gegründet. Dies führte zu einem wirtschaftlichen Aufschwung des Ortes. Die Zeugnisse der beginnenden Zementindustrie sind bis auf wenige durch die weitere Ausdehnung der Steinbrüche und die Entwicklung der Betriebe verdrängt und beseitigt.
Neben dem Siegentalweg auf dem Galgenberg steht eine Schachtofenanlage, die noch heute »Leube-Ofen« genannt wird. Die ehemals doppelte Schachtofenanlage ist aus grobem Bruchsteinmauerwerk gefügt und an den Ecken rustikaartig durch große Blöcke gefaßt. Der mit Schamotte ausgekleidete Ofen wurde durch die Öffnung des aus Klinker gemauerten quadratischen Schachtkopfes beschickt, wo sich auch die Luftschlitze befanden. Durch die Öffnung am Fuß des Ofens wurde das gebrannte Material entnommen und zur Zerkleinerung in die Mühlen gebracht. Im Typ folgte der Ofen den Anlagen, die, von Anton Fischer um 1855 entwickelt, für die Zementindustrie bis in das beginnende 20. Jh. bestimmend waren.
Am Heilenberg stehen die Überreste der 1876 errichteten »Kneer'schen Cementmahlmühle«, wo angetrieben durch ein Wasserrad von 14 m Höhe, das gebrannte Gut zerkleinert wurde. Der im Grundriß 13 × 19 m messende zweigeschossige Bau ist aus grobem Gußmauerwerk gefertigt. Im Innern ist der Mahlraum von dem schmalen Radhaus getrennt, in dem das Rad, dessen Nabe sich auf

dem heutigen Bodenniveau befand, lief. Die Größe des Rades gewährleistete die notwendige Antriebskraft bei dem nur beschränkt zur Verfügung stehenden Wasser, das bei einer Quelle an der Altheimer Straße gestaut und an der Hangseite des Tales bis zur Produktionsstätte geführt wurde.

Beide Denkmäler dokumentieren die frühindustrielle Zementproduktion, die weitgehend noch die Maßstäbe ländlicher Handwerksbetriebe einhielt.

Lit.: Gerhard Schäuble, Die Entwicklung Allmendingens als Industriegemeinde, in: Allmendingen, Ulm 1961, S. 161–177. – Eckart Hannmann, Technische Kulturdenkmale im Alb-Donau-Kreis, in: Denkmalpflege in B.-W. 1984, S. 152–159.

Wilhelm

Alpirsbach, Kreis Freudenstadt
Sandsteinbrücke

Die Brücke wurde als Ersatz für ein baufällig gewordenes Vorgängerbauwerk von dem Landesoberbauinspektor Joh. Adam Groß d. J. (1728–1794) im Jahr 1774 entworfen und 1778 unter Leitung des Steinhauers und Maurerpoliers Georg Andreas Cluß in fünf Monaten gebaut.

Die Steinbrücke ist auf drei Pfahlrosten mit 248 Eichenstämmen gegründet. Sie überspannt die Flußläufe von Kinzig und Mühlkanal mit zwei unterschiedlich breiten Korbbögen. Die Sandsteinbrüstungen steigen zum Mittelauflager an. Das Bauwerk besteht aus mächtigen massiven Sandsteinquadern; die Brüstungselemente sind in Rechteckfelder gegliedert und sorgfältig profiliert. Beide Innenseiten sind durch Radabweiser dreifach geschützt.

Die Brücke ist eines der wenigen erhaltenen Beispiele dieser Gattung im süddeutschen Raum, die den hohen Stand barocker Ingenieurtechnik im Geiste der »schönen Baukunst« dokumentieren.

Lit.: Eckart Hannmann, Die Alpirsbacher Kinzigbrücke, Nachrichtenblatt des Landesdenkmalamtes Baden-Württemberg 1/1973.

Ungerer-Heuck

Altheim → Walldürn

Amstetten, Alb-Donau-Kreis
Technische Anlagen der Schmalspurbahn nach Laichingen

Die einspurige Strecke Laichingen–Amstetten-Bahnhof, eine von der Württembergischen Eisenbahngesellschaft erbaute, schmalspurige Nebenlinie mit einem Meter Spurbreite, wurde 1901 angelegt und war bis 1985 in Betrieb.

Um die Jahrhundertwende war der Bau der Hauptlinien im Königreich Württemberg vollständig abgeschlossen, und es begann ein intensiver Ausbau der Nebenstrecken. Die Erschließung der vom Hauptverkehrsstrom abgelegenen Albgebiete wurden von den Gemeinden mit besseren Absatzmöglichkeiten ihrer Produkte wie Kartoffeln, Rüben und vor allem Holz begründet. Auch die Stadt Laichingen bemühte sich mit den umliegenden Gemeinden um einen Eisenbahnanschluß an die Hauptbahn Ulm–Stuttgart. Die Stadt Ulm war bereit, sich am Bau einer normalspurigen Nebenlinie von Laichingen nach Beimerstetten finanziell zu beteiligen, da sie die Arbeitskräfte der Albhochfläche, im wesentlichen die Leinenweber, durch einen Anschluß an die Hauptstrecke nahe der Stadt Ulm enger an den Ulmer Markt binden wollte. Wegen der Mehrkosten für die normalspurige Linie und wegen der schwierigen Streckenführung wäre eine Fertigstellung der Linie Laichingen–Beimerstetten nicht vor 1904 möglich gewesen. Daher verzichteten die Gemeinden auf die Ulmische Unterstützung und wählten die kostengünstigere schmalspurige Linie mit der kürzeren Strecke über Machtolsheim, Merklingen, Nellingen, Oppingen und dem Anschluß an die Hauptstrecke östlich von Amstetten.

Auf dem Bahnhofsgelände von Amstetten haben sich die schmalspurigen Gleisanlagen mit den zugehörigen Handweichen sowie eine der äußerst selten gewordenen schmalspurigen Drehscheiben noch erhalten. Darüber hinaus finden sich auf dieser Parzelle noch jene Objekte, die zur technischen Besonderheit einer Schmalspurbahn gehören wie Rollböcke und Rollbockgruben.

Rollböcke sind schmalspurige, kurze, zweiachsige Plattformwagen mit einem Halter für die Achse eines normalspurigen Eisenbahnwagens und dienten zum Transport dieser normalspurigen Wagen auf der Schmalspurbahn. Die Übernahme der Wagen auf Rollböcke erfolgt in sog. Rollbockgruben, wo das schmalspurige Gleis, auf dem der Rollbock fährt, vertieft unter das normalspurige Gleis geführt wird.

Die in das Bahnhofsgelände eintreffende Spur verzweigt sich zu den beiden Rollbockgruben und der Drehscheibe über Weichen, die unmittelbar durch einen Hebel mit Gegengewicht an einem Bock umgestellt werden.

Rollböcke und Rollbockgruben, um die Jahrhundertwende schon relativ selten, sind inzwischen nahezu sämtlich verschwunden. Drehscheiben werden heute kaum mehr benötigt, handbetriebene Weichen sind meist fernbedienten gewichen. In Amstetten sind diese technischen Einrichtungen der Jahrhundertwende noch funktionstüchtig erhalten. Die übrige Strecke ist inzwischen aufgelassen.

Kraume-Probst

Amtzell, Kreis Ravensburg
Hammerschmiede

Am nördlichen Ortsausgang von Amtzell in Richtung Waldburg liegt im Wiesengelände unterhalb des Kapellenberges die sog. »Voglersche Hammerschmiede«. In der Anlage geht sie wohl auf das 17. Jh. zurück. Das heutige Aussehen erhielt sie jedoch erst 1923, als der Schmiederaum erweitert wurde und der Vordertrakt, der mit seiner großflächigen Fensterverglasung das Gebäude prägt, als

Amtzell, Hammerschmiede, Aufnahme 1990

Hufschmiede angefügt wurde. In der Hammerschmiede selbst wurden landwirtschaftliche Werkzeuge (vor allem Äxte), Pflugscharen und Türbänder hergestellt.

Wenige Meter hinter dem Gebäude liegt der Stauweiher (vor 1950 bildeten zwei Weiher das Wasserreservoir). Der kurze Mühlkanal treibt das große, mittelschlächtige Wasserrad an der Ostfassade. Es sitzt unmittelbar auf dem Wellbaum auf, dessen Nockenkranz das Kernstück der Schmiede, die beiden mächtigen Schwanzhämmer, hebt und auf den Amboß schlagen läßt. Ein Eisenkopf (sog. Bär) trägt eine Datierung, die wohl als »1818« zu lesen ist.

Es handelt sich hier um eine vorindustrielle Antriebstechnik, die noch ohne Transmissionen auszukommen sucht. Die Geschwindigkeit der Hammerschläge wird ausschließlich durch die Menge des Wasserzuflusses reguliert; verschiedene Stufen werden möglich, indem man durch Seilzüge von der Werkstatt aus die Öffnung des Fallenstocks am Mühlkanal verändert.

Obwohl die Voglersche Hammerschmiede ein technik-geschichtliches Dokument von besonderem Rang ist und deswegen auch 1987/88 mit Mitteln aus dem »Mühlenprogramm des Landkreises Ravensburg« und Unterstützung der Denkmalpflege instandgesetzt wurde, ist sie doch keine »Museumsschmiede« geworden. Voll funktionsfähig, wird sie immer noch von ihrem Besitzer, einem Hammerschmiedemeister, zeitweise betrieben.

Brand

Aspach-Kleinaspach, Rems-Murr-Kreis
Kelter Tafeln 44, 45

Die Kleinaspacher Kelter liegt weit außerhalb des Dorfes am Fuße der Weinberge (an der Straße nach Vöhrenberg). Urkundlich belegt ist ihre Erbauung 1793/94 an der Stelle einer älteren Kelter. Das stattliche Gebäude selbst ist sehr gut erhalten und gilt mit seinem massiven Erdgeschoß und dem mächtigen Walmdach als exemplarisch für die Bauaufgabe Kelter.

Hervorragend erhalten ist auch die technische Einrichtung mit zwei großen Baumpressen (Länge 11 m, Höhe 4,80 m, Breite 3,40 m). Sie bestehen aus jeweils sechs miteinander verzapften Eichenbalken, die im hinteren Teil von den zwei Stützenpaaren des Stuhls bzw. den Querriegeln getragen werden. Zwischen diesen Stützen befindet sich das Biet, der Ort des eigentlichen Preßvorgangs. Im vorderen Teil hält die aus Hainbuche oder Esche (Verschleißteil) sorgfältig hergestellte Spindel den Kelterbaum. Sie dient dazu, den Baum hoch- und runterzudrehen. Während des sechsstündigen Preßvorgangs wird der Baum unter Ausnützung der Hebelkraft auf das Preßgut gesenkt. Er drückt mit seinem Eigengewicht von ca. 7,5 t (größere vordere Presse) bzw. zusätzlich mit dem an der Spindel befestigten Gewichtstein (ca. 3 t) auf die Maische (zerstampfte Trauben), von denen der erste Saft, der sog. Vorlaß, bereits gesondert aufgefangen ist. Ihren hohen Stellenwert gewinnt die Kleinaspacher Kelter aus dem Zusammenspiel von eindrucksvoller Architektur, ihrem Standort in einer Weinbaulandschaft und der funktionsfähigen technischen Ausstattung. Beeindruckend ist darüber hinaus ganz besonders die Authentizität dieser Anlage (bis 1936 in Betrieb), die ihren Erhalt dem Engagement der örtlichen Wengerter verdankt.

Lit.: Karl Lachenmaier, Kleinaspach, 1988 (bei Gemeinde Aspach) – Adolf Schahl, Kunstdenkmäler in Baden-Württemberg, Rems-Murr-Kreis, 1983, S. 158 ff.

Wichmann

Auggen, Kreis Breisgau-Hochschwarzwald
Ehemalige Zeppelinhalle Tafel 110

Nur wenige Zeugnisse sind im Land erhalten geblieben, die an die große Zeit der Luftschiffahrt und deren Hauptförderer, den Grafen Zeppelin, erinnern. Seine Vaterstadt Konstanz hat ihm beim Hafen ein Denkmal errichtet, Friedrichshafen besitzt ein Museum, das die Zeit der Zeppeline wiederaufleben läßt. Das wohl imposanteste Zeugnis aus der Zeit der Luftschiffahrt dürfte jedoch im Markgräflerland bei dem Winzerort Auggen stehen: die heutige Sägehalle der Firma Karl Richtberg KG. Bei diesem Gebäude handelt es sich um eine ehem. Zeppelinhalle, den versetzten Rest einer ursprünglich dreimal so langen Halle auf dem Flugplatz Baden-Oos.

Charakteristisches Merkmal der Halle ist das hohe, mehrfach geknickte, weitgespannte Dach. Die Traufwände sind in Eisenfachwerk mit Ziegelsteinausfachungen ausgeführt. Die Längswände haben eine Höhe von 4,6 m, die Giebelwände von 17,5 m. Die Länge des Gebäudes beträgt 55,2 m, seine Breite 30,3 m. Eine ungewöhnlich filigrane und feingliedrige Eisenarchitektur beherrscht das Halleninnere. Die tragende Konstruktion besteht aus sechs weitmaschigen Metallfachwerkbindern, die ihrerseits aus feindimensionierten Stäben, welche rechtwinklige Dreiecke bilden, aufgebaut sind. Im Firstbereich ist ein etwa 40 m langer Teil als Oberlicht ausgebildet.

Diese Zeppelinhalle war Ergebnis eines Wettbewerbs im Jahre 1909. Ausgeführt wurde der Entwurf der Maschinenfabrik Augsburg-Nürnberg, der den 3. Preis erhalten hatte. Der Grund für die Umsetzung nach dem 1. Weltkrieg war der Versailler Vertrag, in dem bestimmt worden war, daß Luftschiffhallen entweder an die Alliierten ausgeliefert oder an private Käufer auf Abbruch verkauft werden mußten.

Lit.: Elisabeth Essner, Über die Herkunft einer ehemaligen, umgesetzten Zeppelinhalle, in: Denkmalpflege in B.-W. 1981, S. 61 f.

Kaiser

Backnang, Rems-Murr-Kreis
Spinnerei Adolff Tafel 6

Im Süden der Backnanger Altstadt führt die nach Osten abbiegende Eugen-Adolff-Straße in das Werksareal der Spinnerei Adolff, einem Fabrikensemble von außerordentlicher Komplexität. Hier stehen um die Weissachmündung nicht nur Fabrik- und Werksgebäude aus sieben Jahrzehnten, sondern auch Verwaltungsgebäude, die Unternehmervilla, Direktorenvillen, Meister- und Arbeiterhäuser sowie ein ehemaliges Arbeiterinnenwohnheim dicht beieinander.

Das Unternehmen wurde 1832 als »Mechanische Wollspinnerei« anstelle einer früheren Ölmühle und Hanfreibe gegründet und entwickelte sich im Laufe des 19. und frühen 20. Jh. zur bedeutendsten Streichgarnspinnerei Württembergs.

Aus dem baulichen Gesamtzusammenhang heben sich insbesondere die charakteristischen mehrgeschossigen Spinnereigebäude ab, von denen der 1906/07 errichtete Bau (an der »Spinnerei« Nr. 48) den architektonischen Höhepunkt der Werksanlage bildet. Entworfen hat ihn wie den Großteil der übrigen Werksgebäude seit der Jahrhundertwende der Stuttgarter Architekt Philipp Jacob Manz

Backnang. Spinnerei Adolff, Ansichtszeichnung nach 1957 (Ausschnitt)

(1861–1936), der sich vor allem als Industriearchitekt einen Namen gemacht hat.
Über eine Länge von ca. 100 m erstreckt sich der auf einem Grundriß von 4,50 × 7,10 m basierende viergeschossige Backsteinbau. Seine Fassade ist streng axial gegliedert, aufgelockert durch das Attikageschoß, Naturstein-Fensterstürze und -Gesimse sowie durch Backsteingitter in den Brüstungsfeldern des vierten Obergeschosses. Diese Front bildete den Hintergrund für das vorgelagerte Maschinen- und Kesselhaus (1991 abgebrochen). Gestalterisch hervorgehoben sind zwei den Hauptbau überragende Treppenhaustürme, die für die architektonische Konzeption sowie als Träger repräsentativen Anspruchs eine ganz entscheidende Rolle übernehmen. Die in den sechziger und siebziger Jahren unseres Jahrhunderts einsetzende Krise in der Textilbranche wirkte sich auch auf das Backnanger Unternehmen aus, wo die Firmenleitung 1989 entschied, die Produktion aufzugeben. In den nicht mehr benötigten Firmengebäuden soll nun ein Gewerbepark eingerichtet werden.

Lit.: Einhundertfünfundzwanzig Jahre J. F. Adolff Aktiengesellschaft in Backnang/Württemberg 1832–1957

Geiger-Schmidt

Bad Dürrheim, Schwarzwald-Baar-Kreis
Ludwigssaline

Das Dürrheimer Salzvorkommen wurde 1822 entdeckt. Für den badischen Staat war es von großer Bedeutung, da es einen erheblichen Teil des Salzbedarfs deckte. Zum Baumeister der Saline wurde der Militärbaudirektor Friedrich Arnold bestimmt, ein Neffe und Schüler Friedrich Weinbrenners. Unter seiner Leitung entstanden 1823–1827 die wesentlichen Bauten der Anlage.
Arnold ging von einer fächerförmigen, axialsymmetrischen Grundrißkonzeption aus, in die er die Salinengebäude als freistehende Baukörper einfügte. Als Mittelpunkt sah er einen runden Platz vor, an dem er die beiden zweigeschossigen, konkav geformten Baukörper der Salinenverwaltung und des Kassenhauses einander gegenüberstellte. Zu beiden Seiten des Kassenhauses ordnete er strahlenförmig die langgestreckten Bauten der drei Siedehäuser und des großen Salzmagazins an. Die dazwischenliegenden trapezförmigen Freiflächen schloß er gegen Süden durch eingeschossige Beamtenwohnhäuser ab. Die Mitte dieser Höfe nahm je ein pavillonartiger Solebehälter ein. Der Kern der Anlage mit den beiden Verwaltungsgebäuden und zwei Siedehäusern ist erhalten geblieben und vermittelt noch anschaulich den ursprünglichen Baugedanken.
Die langgestreckten Siedehäuser bestanden aus einem zweigeschossigen Giebelbau und einem eingeschossigen Vorbau mit Pultdach. Um 1840 verlängerte man die beiden heute noch erhaltenen mittleren Gebäude, wobei die Vorbauten an den Giebelseiten in den höheren Mittelteil einbezogen wurden. An den Längsseiten betonen Wiederkehren die Eingänge. Im Erdgeschoß befanden sich die vom Keller aus beheizten Siedepfannen, im Obergeschoß waren die Trockenräume untergebracht. Trotz der Feuergefahr wurden die Siedehäuser aus Fachwerk gebaut. Nur der Keller mit den Heizgewölben und die Innenwände unter dem erhöhten Mittelteil waren gemauert. Je eine geschlossene Brücke über einer korbbogigen Durchfahrt verbindet die Siedehäuser mit den kleinen, rechtwinklig zu den Hauptbauten angeordneten Magazingebäuden, in denen das frische Salz gelagert wurde. Die Bohrhäuser, in denen mittels Pumpen die Sole gefördert wurde, lagen außerhalb der regelmäßigen Anlage. Zwei dieser verschindelten Bauten mit ihren markanten Turmpaaren sind erhalten geblieben.

Lit.: Arnold Tschira, Die Werkbauten der Saline Dürrheim, in: Die Baar. Badische Heimat, 25. Jg. (1938), S. 361–369 – Gertrud Lukert, Baugeschichte der Salinen in Baden-Württemberg. Diss. Tübingen 1970, bes. S. 78–84 – Slotta, Technische Denkmäler in der BRD, Band 1, Bochum 1975, S. 94–95

Roth

Bad Friedrichshall-Kochendorf, Kreis Heilbronn
Glockengießerei Bachert Tafeln 2, 3

Nahe dem Eisenbahnhaltepunkt Kochendorf-Nord der 1907 eröffneten Nebenstrecke Jagstfeld – Neuenstadt wurde 1906 ein gemeindeeigenes Gaswerk erbaut. In den 1932 aufgelassenen Anlagen richtete sich die Firma Bachert ein, die als ältestes bestehendes Unternehmen zur Herstellung von Feuerwehrgeräten in Deutschland gilt und deren Glockenguß noch heute einen wichtigen Fabrikationszweig des Betriebs darstellt.
Die Gründung der Firma in Kochendorf geht auf das Jahr 1827 zurück, als sich der aus einer Rotgießer-Familie stammende Adam Bachert am Ort niederließ und beim bald darauf erworbenen Andréschen Schlößchen die Produktion von Löschspritzen und Glocken aufnahm.
Der heutige Glockenguß im Haupttrakt des ehem. Gaswerks erfolgt noch immer als ausschließlich handwerklicher Vorgang, wie er seit Jahrhunderten tradiert wurde: Die Errechnung des Glocken-Schnittprofiles (sog. Rippe) ist eine der wichtigsten Arbeiten vor dem Guß. Die Doppelkontur der Rippe wird auf ein Brett übertragen und zunächst nach der inneren Kontur ausgesägt. Diese Schablone wird – im Lot drehbar – in der Gießgrube aufgestellt. Nach deren Profil erfolgt das Aufmauern des »Kernes« mit feuerfesten Ziegelsteinen und die Glättung mit Lehm. Auf den mit einem Pottascheanstrich isolierten Kern wird die »falsche Glocke« aus Lehm geformt und mit Rindertalg geglättet. Das Maß dieser Modellglocke entsteht nach der ausgesägten äußeren Kontur. Inschriften, Schmuckformen und die Glockenkrone werden in Wachs gegossen und auf die Modellglocke aufgeklebt. Der nächste Arbeitsgang ist das Aufbringen des »Mantels«, der nach Trocknung durch ein Holzkohlenfeuer im Innern des Kernes abgehoben wird. Die falsche Glocke wird entfernt und der Mantel wieder über den Kern gestülpt. In der Gießgrube werden immer mehrere Glockenformen gleichzeitig hergestellt, der Raum zwischen ihnen wird bis zu den Kronen mit Sand aufgefüllt. Zum Abschluß erfolgt das Mauern der offenen Gußrinnen.
Altem Brauch entsprechend wird nun nach einer Gebetsfeier der Ofen angestochen: Das im ölbefeuerten Schmelzofen von 1932 bei etwa 1100° C zur Weißglut erhitzte Metall – 78% Kupfer und 22% Zinn – fließt in den vorgeheizten Rinnen zu den einzelnen Glockenformen. Erst nach mehreren Tagen des langsamen Abkühlens werden die Glokken ausgegraben, gereinigt und poliert.
Diese Glockengießkunst wird heute nur noch in ganz wenigen Betrieben Deutschlands ausgeübt.

Lit.: Otto Lueger, Lexikon der Gesamten Technik, 2. A. 1904 Stuttgart und Leipzig; Stichworte: Bronze, Glocke, Eisengießerei – Firmeneigene Broschüren

Goer

Steinsalzwerk Tafel 30

Dem auf der B 27 von Neckarsulm kommenden Autofahrer fällt in Fahrtrichtung links der Gebäudekomplex der Südwestdeutschen Salzwerke AG ins Auge. Die Anlage wird geprägt von Backsteinbauten der Zeit des ausgehenden 19. Jh. mit vielfältigen Zierformen wie Pilastergliederung, Gurtgesimse, Rundbogenfenster u. a. Das auf Repräsentation angelegte Erscheinungsbild veranschaulicht die Bedeutung dieser staatlichen Industrieanlage für das damalige Königreich Württemberg. Am Hauptgebäude, überragt vom imposanten Förderturm, prangt in goldenen Lettern die Aufschrift »Schacht König Wilhelm II.«.
Die Entdeckung von Steinsalzlagern im Jahre 1816 erregte großes Aufsehen; mit der Förderung ab 1859 in Jagstfeld stand Württemberg an vorderster Stelle in Deutschland. 1895 zwang ein Wassereinbruch in Jagstfeld zur Neuanlage an besser geeignetem Standort: Im nahen Kochendorf, in günstiger Lage am Neckarkanal, wurde 1899 die Förderung aufgenommen.
Abgesehen von notwendigen Erweiterungen hat sich ein wesentlicher Teil der die Anlage von jeher prägenden Gebäude erhalten, z. B. das Verwaltungsgebäude mit dem Uhrtürmchen, das Schachtgebäude, das Maschinenhaus usw. Der durch den Salzstaub stark korrodierte Förderturm wurde in den Jahren 1986/88 erneuert.
In einer Tiefe von ca. 180 m beginnt eine bis zu 40 m mächtige Salzschicht. Heute wie damals werden im Zuge der Gewinnung des Steinsalzes Abbaukammern von 15 m Breite, 4 m Höhe und 200 m Länge angelegt. In diesen unterirdischen Hallen war im 2. Weltkrieg ein Rüstungsbetrieb untergebracht und konnten wertvolle Kunstschätze vor dem Untergang bewahrt werden, u. a. der Isenheimer Altar.
Dem Besucher ist das Bergwerk in Form eines Rundgangs durch das Salz zugänglich. Den Höhepunkt bildet der Ende der zwanziger Jahre als Prunk- und Festsaal angelegte Kuppelsaal, der mit 25 m Höhe und 25 m Durchmesser die gesamte Salzschicht durchmißt. In drei Seitennischen sind überlebensgroße Reliefs mit Szenen aus der Bergmannswelt und der Sage in das Salz gehauen.

Lit.: Bad Friedrichshall, Durch Vergangenheit und Gegenwart der jungen Stadt im Neckartal, Bad Friedrichshall 1961 – Slotta, Technische Denkmäler in der BRD, Band 3, Bochum 1980, S. 758–761

Weyrauch

Bad Rappenau, Kreis Heilbronn
Ludwigssaline

In der damals noch ländlichen badischen Gemeinde Rappenau wurde im Jahre 1821 mit Erfolg nach Salz gebohrt, und dies ist ein wichtiger, bis in die Gegenwart nachwirkender Wendepunkt in der Geschichte des Ortes geworden: Die gleich hierauf entstandene Saline leitete den Wandel zu einem noch heute blühenden Badeort ein. Da wesentliche Teile der Salinenbauten des frühen 19. Jh. noch gut überliefert sind, zählt Rappenau zu den wichtigsten Dokumenten einer planmäßig angelegten Saline. Ihre Bedeutung wird unterstrichen durch die Tatsache, daß der Architekt der Bauten Friedrich Arnold gewesen ist (Neffe und Schüler Friedrich Weinbrenners, ab 1811 Professor an der Universität in Freiburg i. Br.).
Diese 1823 errichteten Salinenbauten sind am Ostrand des heutigen Kurbezirks konzentriert: Um einen fast quadratischen Platz angeordnet, stehen dort am Westrand die beiden eingeschossigen Arbeiterwohnhäuser, davor die laternenbekrönte ehem. Trafostation (1925 erbaut, erinnert sie an die bedeutende Phase der Umstellung von Dampf- auf Stromkraft), am Ostrand des Platzes schließlich die Gebäudegruppe mit dem Verwaltungshaus in der Mitte, flankiert vom Kassenhaus und dem Wohnhaus des Mechanikus. Die noch heute in Betrieb befindlichen Soleförderungsanlagen sind südlich im Tal errichtet worden. Als technikgeschichtliche Rarität steht dort u. a. das hölzerne, zum Bohren bestimmte Tretrad von 1822, der fahrbare Bohrturm

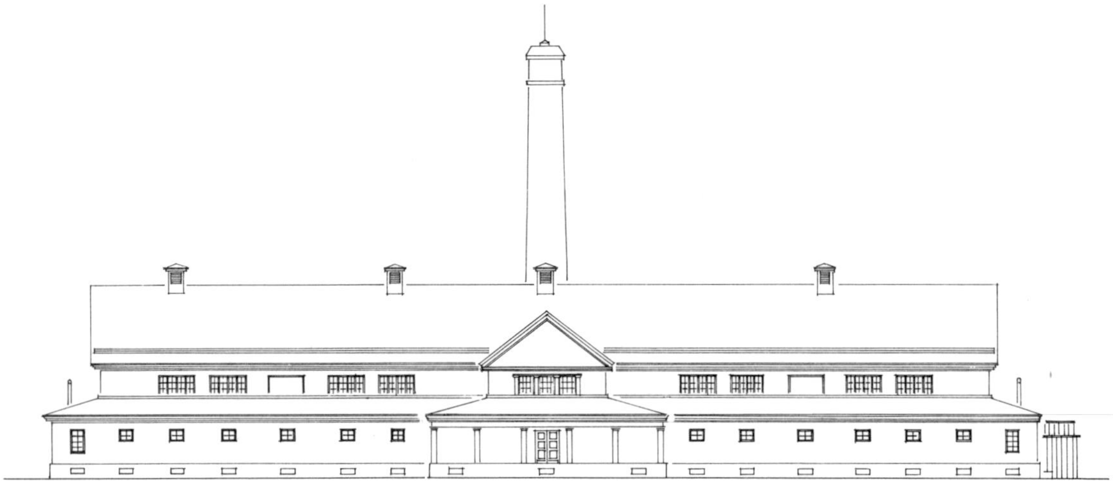

Bad Rappenau. Ludwigssaline, Vorderansicht eines abgegangenen Siedhauses, Umzeichnung eines Bestandsplans von 1849

(von 1905) und die Pumphäuschen, die von dem auf Schienen bewegten Bohrturm überfahren werden können.

Die Anlage liefet heute Sole für die Kur- und Badebetriebe des Ortes. Diese setzen die 1833 begonnene Bädertradition fort. Von den Badebauten der Anfangsphase ist noch das ehem. Ökonomiegebäude des Salinenwirtshauses überliefert (heute Kurklinik).

Lit.: Michael Konnerth: Die Saline Bad Rappenau, 1990 – Slotta, Technische Denkmäler in der BRD, Band 1 Bochum 1975, S. 97 ff.

Fekete

Bad Säckingen, Kreis Waldshut
Rheinbrücke

Die über 200 m lange gedeckte Holzbrücke über den Rhein in Säckingen erhielt ihre heutige Gestalt im Laufe einer mehr als vierhundertjährigen Baugeschichte. Vorgängerbauten sind bis ins frühe 14. Jh. zurückzuverfolgen, sie wurden aber immer wieder durch Hochwasser oder Kriegseinwirkungen zerstört. 1570–1630 ersetzte man die zwölf hölzernen Pfeiler durch sieben steinerne und bestimmte damit auf Dauer den Verlauf der Brücke über den Fluß. Zu dieser Zeit dürfte auch die erste Brückenkapelle eingerichtet worden sein; die zweite kam um 1700 hinzu.

Nach weiteren schweren Schäden durch Krieg und Hochwasser wurde die Brücke vom Zimmermeister Baldischwiler aus Laufenburg ab 1785 und nach weiterer Zerstörung 1799 bis 1810 grundlegend erneuert. Inzwischen war der Rhein zur Staatsgrenze geworden. Weitere Maßnahmen wurden 1843 unter Leitung des Zimmermeisters Fridolin Albietz von Niedergebisbach durchgeführt, der wohl umfangreiche Auswechslungen und Verstärkungen vornahm, das Tragsystem aber beibehielt. Eine umfassende Instandsetzung der Holzkonstruktion erfolgte 1990.

Die Brücke überquert den Rhein nicht geradlinig. Vom deutschen Ufer führt sie in leichtem Bogen nach Norden, knickt dann aber auf der Schweizer Seite nach Süden ab. Die Tragwerke wurden – wie bei den großen Schweizer Holzbrücken des 18. Jh. – als Hängewerke ausgebildet. An den Hängesäulen sind die Querträger mit der Fahrbahn aufgehängt. Die Lasten werden über die diagonal verlaufenden Streben auf die Untergurte und von dort auf die Brückenpfeiler geleitet. Die Hauptkonstruktionsglieder sind aus Eichenholz gezimmert, die übrigen Holzteile aus Fichtenholz.

Lit.: Hermann Schilli, Die hölzerne Rheinbrücke zu Säckingen, das Werk und seine Meister, in: Badische Heimat, 36. Jg. (1956), S. 259–267 – Scheidegger, Die Geschichte der Säckinger Rheinbrücke; H. Dölz, Die Rettung der Rheinbrücke von Säckingen, in: Hoch- und Tiefbau / L'Entreprise, 62. Jg. (1963), S. 78–90 – Slotta, Technische Denkmäler in der BRD, Band 1, Bochum 1975, S. 401

Roth

Bad Überkingen, Kreis Göppingen
Albwasserversorgung Tafeln 16, 73

Zwischen Bad Überkingen und Hausen liegen unterhalb der Bundesstraße einige Gebäude, aus denen ein zweigeschossiger gegliederter Backstein-Werkstein-Bau mit »Schweizerdach« herausragt. Nach den gußeisernen Tafeln an den Giebelseiten handelt es sich um das Pumpwerk der Gruppe V der Albwasserversorgung von 1881 mit einer Wärterwohnung im Obergeschoß. Errichtet wurde die Anlage als letzte und größte der neun Albgruppen, die der spätere Baudirektor Dr. Karl v. Ehmann 1866 als erste Gruppenwasserversorgung entwickelt hatte. Damit ging für die betroffenen Gemeinden auf der Albhochfläche eine entbehrungsreiche Zeit zu Ende, in der die Wasserversorgung von Zisternen (Schöpfbrunnen), »Hülben« und Wasserfuhrwerken aus den Tälern geprägt war.

Die 1910 erweiterte Wassergewinnungsanlage erschließt das Wasser in einer 115 m langen tiefgründigen Sickergalerie in der Filstalsohle und sammelt es dann in einem Kesselbrunnen. Das Pumpwerk befördert es nach Norden in den Hochbehälter Oberböhringen und nach Süden 310 m hoch in den Haupthochbehälter Aufhausen. Von dort wird es über ein Netz von 130 km Rohrleitungen, Haupt- und Zwischenbehältern auf – ursprünglich – 51 öffentliche Ventilbrunnen, 434 Hydranten für die Feuerwehren und etwa 1400 Hausanschlüsse in 24 Gemeinden verteilt.

Neben Filswehr, Hauptkanal und Wasserschacht sind auch wesentliche Teile der technischen Ausstattung des alten Pumpwerkes und seiner späteren Erweiterungen erhalten. Dazu gehören die von einer in den zwanziger Jahren ersetzten Turbine über ein Zahnradgetriebe bewegten beiden Doppelplungerpumpen von 1881 mit einer Förderleistung von 11 l in der Sekunde sowie die 1913/14 in einem separaten Gebäude zusätzlich aufgestellte, von einem Generator angetriebene Kolbenpumpe.

Lit.: Oskar Groß, Die Albwasserversorgung Gruppe V (Untere Filsgruppe), Denkschrift zur Feier ihres 50jährigen Bestehens 1881–1931

Weitere hervorzuhebende Pumpwerke der Albwasserversorgung:

– Schelklingen – Hütten – Teuringshofen, Alb-Donau-Kreis, Gebäude Nr. 7, erstes Pumpwerk der Albwasserversorgung von 1870, mit jüngerer Maschinenausstattung.

– Blaubeuren, Alb-Donau-Kreis, Mühlweg 2+3, mit Vierzylinderpumpe von 1875.

Aderhold

Baden-Baden
Zigarettenfabrik Batschari

Fabrikbauten gehören in den Industriezentren Deutschlands seit der Gründerzeit zum gewohnten Bild der Städte. In ihrer Gestaltung drücken sich Bedeutung und Selbstbewußtsein der jungen Industrie in der Gesellschaft aus. Neben den Anlagen der Groß- und Schwerindustrie entstanden Fabrikgebäude, in denen für den täglichen Bedarf der Massen ebenso produziert wurde wie – aufgrund des steigenden Wohlstandes – für die Luxus- und Konsumbedürfnisse der wohlhabenden Gesellschaftsschichten. Dazu gehörte auch die neue Mode des Zigarettenrauchens als Attitüde, die Weltläufigkeit signalisierte.
So verwundert es nicht, daß am Rande von Baden-Baden, das sich seit der Mitte des 19. Jh. gern als Sommerresidenz Europas apostrophiert sah, eine »Cigarettenfabrik« etablierte, die sich ab 1880 unter dem Namen des Schwiegersohns des Gründers, A. Batschari, rasch Weltruf erwarb. Das Unternehmen nahm einen solchen Aufschwung, daß um die Jahrhundertwende für die Lager- und Produktionsräume ein Neubau notwendig wurde. Im Jahr 1902 entstand ein für die Verhältnisse der kleinen Kur- und Bäderstadt stattliches Fabrikgebäude in modernster Stahlbetonbauweise hinter Fassaden, die allen Ansprüchen der Repräsentation und der Funktion gerecht wurden.
Ein schlanker, hoher Uhrturm mit Stockwerksgliederungen, der die stattliche Bauanlage wirkungsvoll überragte, trug, weithin sichtbar, das Firmenzeichen ABC als vierseitige Pyramide. Rund 500 Beschäftigte fanden hier samt der Firmenleitung ihren Arbeitsplatz. Das Gebäude, dessen Turm vor rund zehn Jahren wegen zu hoher Bauunterhaltungskosten leider abgebrochen wurde, dient heute als Kleiderkammer der Bundeswehrverwaltung.

Ohr

Balingen-Engstlatt, Zollernalbkreis
Maschinenhaus mit Lokomobile

Unmittelbar beim inzwischen aufgelassenen Haltepunkt Engstlatt an der Bahnstrecke von Hechingen nach Balingen liegt, mit Industriegleis angeschlossen, das Säge- und Sperrholzwerk Georg Schneider. Mit seinen hohen Fenstern und der Lisenengliederung markiert das sonst schlichte kunststeingemauerte Maschinenhaus seine Eigenständigkeit innerhalb der Werksanlage. 1942 wurde es gebaut, um eine Lokomobile (Kesseldampfmaschine) aufzunehmen.
Die Lokomobile, ursprünglich als fahrbare Kraftmaschine (daher der Name) für die Landwirtschaft um 1840 entstanden, erwies sich bald als geradezu ideale, nun meist stationäre Kraftmaschine für viele Betriebe. Dazu trug nicht nur die bauliche Einheit von Kessel und Maschine bei, sondern vor allem ihr günstiger Wirkungsgrad und die Befeuerung mit Abfällen von niederem Heizwert. Langlebigkeit,

Balingen-Engstlatt. Lokomobile, Aufnahme 1991

Robustheit und laufende konstruktive Verbesserungen waren weitere Vorzüge.
Augenfällig wird diese Ingenieurleistung durch die Engstlatter Lokomobile belegt. 1942 von der renommierten Firma Assmann & Stocker in Stuttgart-Münster gebaut, treibt sie seitdem über Riemenübersetzung und Unterflurtransmission das Gatter des Sägewerks an. Mit Schmidtschem Rauchrohrüberhitzer ausgestattet, leistet sie bei 15 atü und auf 320° C überhitztem Dampf 240 PS bei 210 Umdrehungen pro Minute. Vom zweiten Schwungrad wird über Riemen ein 160 kW-Generator angetrieben, der einen Teil des Strombedarfs des Werkes deckt, abhängig vom Leistungsbedarf des Gatters. Die ursprüngliche Schrägrostfeuerung mit Sägespänebeschickung wurde inzwischen auf Einblasfeuerung mit Sauggebläse umgestellt.
Die Maschine gehört zu den wenigen noch betriebenen Lokomobilen und zu den größeren Anlagen des Herstellers, der noch in den fünfziger Jahren allein in Baden-Württemberg über 100 Maschinen in seiner Referenzliste nachwies.

Münzenmayer

Beimerstetten, Alb-Donau-Kreis
Weberdoppelselde

Die Leinenweberei war auf der Schwäbischen Alb, wo wegen des kargen Bodens viel Flachs angebaut wurde, der wichtigste Nebenerwerb der Kleinbauern, der sog. Seldner. Der gewonnene Flachs wurde wohl unter dem großen Dach der Weberselde gedroschen und gehechelt und in der Wohnstube gesponnen, gespult und gezettelt. In der Donk, einem halbunterirdischen, üblicherweise flach gedeckten und mit Naturboden belassenen Kellerraum, in dem der Flachs die zu seiner Verarbeitung nötige Feuchtigkeit behielt, webten die Seldner schließlich das Leinen.
Eines der letzten architektonischen Zeugnisse dieser regionalen Handwerks- und Wirtschaftsgeschichte hat sich in Beimerstetten, Bernstadter Str. 12, erhalten. Bei dem um 1800 errichteten, langgestreckten, eingeschossigen und traufständig erschlossenen Massivbau mit Satteldach handelt es sich um eine Weberdoppelselde. (Die Ökonomie ist in diesem Fall nicht unter demselben Dach untergebracht, sondern in einer separaten, sog. Stallscheuer parallel zum Wohnhaus).
Die nördliche, dem Dorf zugewandte Wohnung besitzt Stube, Küche und zwei Kammern (weitere Kammern im Dach), außerdem eine Weberdonk, die sich bis unter die rückwärtige Wohnung erstreckt. Letztere ist mit Stube, Küche und Kammer bescheidener als die Vorderwohnung. Dies sowie die Tatsache, daß im Gebäudeverzeichnis des Urkatasters 1826 nur ein Eigentümer genannt wird, spricht dafür, daß es sich um Haupt- und Nebenwohnung (wahrscheinlich Altenteil) gehandelt hat.
Das Gebäude in Beimerstetten ist außerordentlich gut erhalten und hat noch originale Ausstattungselemente wie Wandtäfer und Stabfelderdecken in den Stuben, Sprossenfenster mit Klappfenstern

Beimerstetten. Dunk in einer Weberselde, historische Aufnahme

u. a., so daß dieses Gebäude in anschaulicher Weise die Wohn- und Arbeitsverhältnisse der Weberseldner auf der Schwäbischen Alb widerspiegelt.

Kraume-Probst

Beuron, Kreis Sigmaringen
Donaubrücke Tafel 93

Bei der Benediktinerabei Beuron findet sich ein seltenes, besonders eindrucksvolles Beispiel für eine vergangene Epoche des Brückenbaus. Eine langgezogene gedeckte Holzbrücke spannt sich hier über die Donau, harmonisch in die Tallandschaft eingefügt.

Einst war dieser Typus im ganzen Alpen- und Voralpenraum weit verbreitet. Für die älteste noch erhaltene Brücke dieser Art, die Kapellbrücke in Luzern, steht das Baudatum 1333 fest; die berühmteste, die Brenta-Brücke in Bassano del Grappa, geht auf ein Modell Andrea Palladios von 1569 zurück. Das Dach hatte wohl immer die Aufgabe, das konstruktionsbedingt hochstehende hölzerne Tragwerk vor der Witterung zu schützen.

Schon seit Mitte des 16. Jh. ist der Donauübergang bei Beuron urkundlich belegt. Als 1799 wieder einmal ein Hochwasser die alte Brücke zerstört hatte, ließ 1801 der Prälat Dominik Maier das jetzige Bauwerk errichten. Die Benützung war auch noch im 19. Jh. gebührenpflichtig, wie eine Tafel von 1830 mit dem sorgsam gestaffelten »Brückengeld-Tarif« zeigt, die vor dem südseitigen Zugang (als Faksimile) aufgestellt ist.

Bis 1975 mußte die Brücke auch dem Autoverkehr dienen. Deshalb wurde 1953 an ihrer Westseite ein Fußgängersteg angebaut. 1976 erfolgte eine grundlegende Instandsetzung. Seither ist die Brücke nur noch für Fußgänger zugelassen.

Das 4,20 m (ohne Fußgängersteg) breite Bauwerk hat die erstaunliche Länge von 73 m. Ein fast 6 m breiter, mächtiger Pfeiler aus Kalksteinquadern stützt es in der Mitte. Den beiden symmetrischen Brückenhälften liegt das gleiche Konstruktionsprinzip zugrunde. Es ist eine komplizierte Kombination von drei doppelten Hängewerken, zusätzlich abgestützt durch Streben nach Art eines Sprengwerks. Die Seitenwände sind vollständig mit Holzschindeln verkleidet, das Satteldach heute mit Biberschwanzziegeln gedeckt (ursprünglich wohl eine Holzschindeldeckung). An den beiden Eingängen ragt das Dach auf schön behauenen Flugsparren vor; das Giebeldreieck auf der dem Kloster zugewandten Seite ist zudem noch als reiches Schmuckfachwerk gestaltet.

In Baden-Württemberg hat sich nur noch eine Handvoll von Brücken dieses Typs erhalten. In Nordwürttemberg sind die Archenbrücke über die Jagst bei Unterregenbach und die beiden Fußgängerbrücken, die in Schwäbisch Hall über den Kocher führen, der »Sulfer Steg« und der »Rote Steg«, zu nennen. Im württembergischen Allgäu überspannen im Gebiet von Wangen drei gedeckte Holzbrücken die Argen (bei Neumühle, Hiltensweiler und Föhlschmitten), im Bodenseekreis führen zwei – bei Eriskirch und bei Oberbaumgarten – über die Schussen. Die größte, heute noch bestehende gedeckte Holzbrücke verbindet → Bad Säkkingen mit dem schweizerischen Rheinufer.

Lit.: Die Kunstdenkmäler Hohenzollerns, 2. Bd.: Kreis Sigmaringen, Stuttgart 1948 – Trude Horn, Gedeckte Holzbrücken. Zeugen alter Holzbaukunst, Klagenfurt 1980

Brand

Biberach
Weißgerberwalk Tafel 42

Etwa einen halben Kilometer nördlich der Altstadt von Biberach liegt rechter Hand an der Straße nach Warthausen/Ehingen an dem sich aus den Stadtbächen bildenden Bleicherbach die Weißgerberwalk. Nach Zerstörung im Dreißigjährigen Krieg ließ die Stadt sie (wohl 1673) instand setzen und 1699 vergrößern oder neu bauen. Jahrhundertelang wurde sie von den Biberacher Weißgerbern genossenschaftlich genutzt und unterhalten, bis 1950 die alteingesessene Gerberfamilie Kolesch die Walk übernahm. Im wesentlichen gehen Bau und Mechanik auf das Jahr 1699 zurück. Die Fachwerkreste im Eingangsbereich, deren Achsen von den Gefachen des Obergeschosses abweichen, mögen älter sein.

Das große Walmdach des zweigeschossigen, einst wohl auch im Erdgeschoß in Fachwerk ausgeführten Baus hebt ihn hervor, die Lage außerhalb am Bach weist ihn als Mühle aus, die großen Öffnungen an Obergeschoß und Gauben lassen auf das Gerbergewerbe schließen. Zierformen beschränken sich auf die Profilierung der Obergeschoßschwelle und die geschweiften Andreaskreuze unter den Obergeschoßluken.

Das eiserne, unterschlächtige Wasserrad von 5 m Durchmesser und 1,30 m Breite liegt samt der Leerschußfalle im verbretterten Radhaus an der Ostseite. Die Übertragung erfolgt (zumindest seit 1900) nicht direkt vom Stirnrad mit seinen hölzernen Zähnen, sondern über eine weitere Welle und mittels einer Transmission auf die eiserne Daumen- oder Nockenwelle. Heute besteht auch ein Antrieb mit Elektromotor. Die Daumenwelle und der Walkstock sind mit 16 Daumen bzw. 8 Loch für 8 Hammerpaare vorgesehen. In Betrieb sind nur 5 Paare. Die Hämmer weisen unten je 3 Zähne auf. Die beiden äußeren Wangen – zusammen mit den 7 Scheidewangen zur Führung der Hämmer bestimmt – sind mit kräftiger, barocker Schweifung geziert.

In dem um fünf Stufen erhöht gelegenen Südteil des Erdgeschosses liegen zwei Stuben, eine größere mit gußeisernem Ofen zum Trocknen der Häute bei konstanter Temperatur, eine kleinere daneben für die Walkknechte. Die durchgehenden Hallen in Obergeschoß und Dach dienen dem

Trocknen, soweit dies nicht im Freien geschieht. Die breiten Lüftungsöffnungen haben im Obergeschoß Schiebe- an den Gauben nach innen aufstellbare Klappläden.
Noch heute wird in der Biberacher Walk durch das Hammerwerk Dorschtran in die Häute eingearbeitet, der sich dann an der Luft durch Oxydation in einen Gerbstoff verwandelt. Die etwa 20 weiteren Arbeitsgänge vor und nach dem Walken bzw. Gerben werden wie früher im Betrieb in der Stadt verrichtet.

Lit.: Richard Preiser, Biberacher Bau-Chronik, Biberach 1928 (Nachdruck Biberach 1984), S. 79/80 – Lutz Dietrich Herbst und Bruno Winghart, Frühe Wasserkraftnutzung zwischen Riß, Umlach und Rottum, in: Heimatkundliche Blätter für den Kreis Biberach 11. Jg., 1988, S. 69

Wortmann

Bietigheim-Bissingen, Kreis Ludwigsburg
Enzviadukt Tafel 103

Von weither sichtbar ist der Enzviadukt in Bietigheim eines der Wahrzeichen der Stadt. Die Bahnfahrer schätzen den Blick vom Viadukt auf die Altstadt von Bietigheim.
Der zweigleisige Eisenbahnviadukt überspannt das Enztal in 32,1 m Höhe über den Fundamenten und auf 286 m Länge. Der bekannte Brückeningenieur Karl von Etzel und A. Beck erbauten 1851–1853 den Viadukt, nachdem durch württembergischen Regierungsbeschluß von 1843 und dem 1851 geschlossenen Staatsvertrag mit Baden die Entscheidung zum Bau der Eisenbahnstrecke Stuttgart–Pforzheim bzw. Bruchsal gefallen war.
Der steinerne Viadukt ist aus Quadermauerwerk in Keupersandstein errichtet. Die Böschungskegel sind in Kalkstein ausgeführt. Darauf sitzen halbkreisförmige flache Traggewölbe mit einer Scheitelhöhe von nur 0,84 m auf, die in Höhe der Kämpfer durch flache Verspannungsbögen stabilisiert sind. Die gesamte Brücke ruht auf 16 Pfeilern.
1928 wurde die Krone des Viadukts verbreitert und damit zugleich das ursprüngliche Geländer entfernt. Zu Ende des 2. Weltkrieges wurden sieben Bögen gesprengt. 1947 waren die Instandsetzungsarbeiten abgeschlossen. Im Zuge der Elektrifizierung dieser Bahnlinie kamen 1951 Oberleitungsmasten hinzu, die das Erscheinungsbild der Brücke heute mitprägen.
Zu den Vorbildern Etzels dürften Eisenbahnbrücken wie die Geul-Tal-Brücke (um 1840) oder die Obertal- und Neißebrücke der Sächsisch-Schlesischen Bahn (1846/47) zählen. Die Anregungen früherer Brückenkonstruktionen wurden von Etzel in künstlerisch und technischer Hinsicht weiterentwickelt, so daß der Viadukt trotz großer statischer Ansprüche leicht und gut proportioniert wirkt. Der Viadukt gehört als technischer Großbau um 1850 mit zu den wichtigen technischen Bauvorhaben seiner Zeit. Er ermöglichte Württemberg die moderne Verkehrsanbindung an das Rheintal und trug damit ganz wesentlich zur industriellen Erschließung und Entwicklung entlang der Bahnlinie bei. Für Bietigheim bedeutete der neue Bahnknotenpunkt wirtschaftlichen Aufschwung bis hin zum Entstehen neuer Stadtteile.

Lit.: Allgemeine Bauzeitung 21/1856, S. 315–317, Tafel 60–62 – Emil Klett, Einige bemerkenswerten Wiederherstellungen von Ingenieurbauten der Eisenbahndirektion Stuttgart, 4. Enzviadukt bei Bietigheim, in: Beton- und Stahlbetonbau 45, 1950, 203–207

Gräf

Bissingen → Bietigheim-Bissingen
Bittelbronn → Möckmühl

Blumberg, Schwarzwald-Baar-Kreis
Taschentuchweberei

Östlich der Stadt Blumberg stehen die Bauten der Taschentuchweberei, die in den Jahren 1949–1951 nach Plänen des Karlsruher Architekturprofessors Egon Eiermann errichtet wurde. Der Fabrikkomplex setzt sich zusammen aus dem eigentlichen Fabrikationsgebäude und dem rechtwinklig dazu angeordneten Kesselhaus mit zwei freistehenden Schornsteinen. Von dem möglichst stützenfreien Fabrikationssaal, in dem nur bei künstlichem Licht gearbeitet werden sollte, versprachen sich die Auftraggeber eine gleichmäßigere und günstigere Belichtung der Webstühle sowie eine einwandfreie Klimatisierung. Dem Produktionsablauf entsprechend beherbergt das Erdgeschoß das Lager sowie die für die Weberei nötigen Vorbetriebe. Der Webereisaal selbst liegt im ersten Obergeschoß. Die den Dachraum tragenden Bundstützen sind innerhalb des Websaales an einem Mittelgang aufgereiht. Zudem sind jedem Dachbinder an den Traufseiten freistehende Kastenstützen auf eigenem Fundament zugeordnet. Die schmalen Fensterbänder an den Längsseiten des Saales dienen nicht in erster Linie der Belichtung, sondern sind als Aussichtsfenster gedacht, um das Gefühl der Abgeschlossenheit für die Arbeiter zu mildern.
Mit dem Fabrikationsgebäude der Taschentuchweberei verwirklichte Eiermann den Idealtyp für die Trennung von Stütze und Wand, die Verselbständigung der Bauteile. Eine Weiterentwicklung – auch im Hinblick auf das Hallenbindersystem – stellt der Entwurf für das Sende- und Verwaltungsgebäude des Süddeutschen Rundfunks in Stuttgart dar. Einem zeitgenössischen Kommentar zum Fabrikgebäude in Blumberg ist auch heute nichts hinzuzufügen: »Diese Fabrik gehört ohne Zweifel zum Besten, was Westdeutschland seit dem Kriege an Bauten hervorgebracht hat. Nicht nur weist sie ganz für den Menschen – den Arbeiter – ausgedachte räumliche, klimatische und psychologische Arbeitsbedingungen auf, sondern sie zeugt auch von großer Sicherheit und Eleganz in der Formgebung.«

Lit.: Immo Boyken u. a., Egon Eiermann 1904–1970, Bauten und Projekte, Stuttgart 1984

Reinhardt-Fehrenbach

Wutachtalbahn (ehem. Strategische Umgehungsbahn) Tafel 97

Die 1890 in Betrieb genommene Wutachtalbahn war Teil einer »Strategischen Umgehungsbahn«, mit der im Kriegsfall das Gebiet der neutralen Schweiz umfahren werden konnte. Als eisenbahntechnisch interessantester Bereich gilt das Teilstück zwischen den Bahnhöfen Weizen und Zollhaus-Blumegg. Die beiden Bahnhöfe, die nur 9,5 km Luftlinie voneinander entfernt liegen, haben eine Höhendifferenz von 230,5 m. Um diesen gewaltigen Höhenunterschied zu überwinden, war eine bedeutende Längenausdehnung der Bahn mit zahlreichen Kunstbauten notwendig.
Fünf große Brücken und Talübergänge mit insgesamt 834 m Länge, dazu 40 Brücken, Unter- und Überführungen, 70 z. T. gewölbte Durchlässe, 50 Seitendurchlässe sowie sechs Tunnels mit einer Gesamtlänge von 4560 m waren erforderlich. Der 1700 m lange, einen Radius von 360 m aufwei-

sende »Große Stockhaldentunnel« ist der einzige Spiral- oder Kehrtunnel in Deutschland. Der Talübergang bei Epfenhofen ist 264 m lang. Die Stahlbrücke weist acht Öffnungen von 30 bis 36 m Spannweite, sieben eiserne Pfeiler auf Steinsokkeln, durchlaufende Parallelfachwerkträger und zwei steinerne Widerlager auf. Wegen Dehnungen aufgrund von Temperaturschwankungen wurden die Durchlaufträger der Brücke in der Mitte des Bauwerks unterbrochen und die Enden auf einen festen Pyramidenpfeiler gestützt.
Nach Stillegung der Bahn setzten sich die Stadt Blumberg und die Vereinigung der schweizerischen Eisenbahnfreunde Eurovapor für den Erhalt der ungewöhnlich kühn geführten Gebirgsstrecke ein. Als Ergebnis dieser Bemühungen wurde im Mai 1977 die »Museumsbahn Wutachtal« eröffnet.

Lit.: Ulrich Müller, Die Wutachtalbahn, Inzlingen 1978

Kaiser

Breisach, Kreis Breisgau-Hochschwarzwald
Rheinkorrektur unter Tulla und Tulla-Turm
Tafel 112

Johann Gottfried Tulla, geboren 1770 in Karlsruhe, wurde im Januar 1817 zum Ober-Wasser- und Straßenbaudirektor des Großherzogtums Baden ernannt. Ein Blick auf eine Rheinkarte jener Zeit zeigt einen Fluß, der sich in unzähligen kleinen und großen, regellosen Seitenarmen seine Bahn suchte und der nur mit kleinen Schiffen befahrbar war. Viele Überschwemmungen richteten jährlich große Schäden an. Früh schon nahmen die Menschen den Kampf gegen die Fluten des Rheins auf; so erfolgten schon im ausgehenden 14. Jh. große Rheindurchstiche bei Liedolsheim und Germersheim. Der Plan für eine umfassende Regulierung des Oberrheins blieb jedoch dem Ingenieur Tulla vorbehalten. Drei Hauptgründe waren für die Verwirklichung dieses Plans ausschlaggebend: Den Schäden des Hochwassers sollte vorgebeugt werden, Schifffahrt sollte auf dem Rhein möglich und zusätzlich Ackerland gewonnen werden. Verhandlungen mit den verschiedenen Rheinangrenzern waren die Voraussetzung für den ersten Durchstich 1817 bei Knielingen. Die Bevölkerung setzte der Regulierung starken Widerstand entgegen. Diese mußte sogar mit Militärgewalt durchgesetzt werden.
Den geographischen Gegebenheiten entsprechend wurden verschiedene Methoden zur Rheinkorrektur angewandt. Hatte der Rhein bereits ein breites Bett gegraben, konnten an den Seitenschleifen zur Zeit des Niedrigwassers Durchstiche angelegt und der Strom so in sein Hauptbett gebracht werden. Dieses wurde daraufhin durch Uferdämme befestigt. Suchte sich der Fluß jedoch nach fast jedem Hochwasser ein neues Bett, legte man den gewünschten Stromverlauf nach genauem Studium der örtlichen Gegebenheiten fest und verbaute durch zahlreiche Längsbauwerke und Querriegel die vielen Seitenarme: Der Hauptrhein wurde so gezwungen, das gewünschte Flußbett selbst zu graben. Auf den 120 km Stromlänge zwischen Basel und Straßburg z. B. wurden in 40jähriger Bauzeit rund 200 km Querriegel und Leitwerke mit ca. 4 Mio. m^3 Dammkörper sowie abschließend 240 km Rheindamm mit ca. 5 Mio. m^3 Dammkörper errichtet. Diese Flußbauarbeiten wurden großenteils in Handarbeit geleistet. Johann Gottfried Tulla erlebte die Fertigstellung seines Lebenswerks nicht mehr, er starb am 27. März 1828 in Paris.
1867 erließ der Großherzogliche Rheinschiffahrtsinspektor und Inspektor des Rheinschiffahrtsbezirks Offenburg, August Sprenger, einen Spendenaufruf für die Errichtung eines Tulladenkmals. Großherzog Friedrich I. übernahm das Protektorat in dieser Angelegenheit. Gemeinden, die unter den Nachteilen der Rheinkorrektur – Absenken des Grundwassers, Niedergang der gewerblichen Fischerei – stark litten, waren naturgemäß schwerer für Spenden zu gewinnen. Dennoch, an Tullas 104. Geburtstag wurde der Grundstein zu dem Denkmal gelegt, und am 25. Oktober 1874 weihte man den 54 Fuß hohen, aus rotem Sandstein gefertigten Wartturm in Anwesenheit des Großherzogs ein. Der Sockel des Turms trägt die Inschrift: »Dem Bändiger des wilden Rheins«. Heute bildet das Denkmal zusammen mit einer dauerhaften Kulissenarchitektur den Hintergrund für die jährlich stattfindenden Breisacher Freilichtspiele.

Lit.: E. Reinhard, Die Veränderung der Kulturlandschaft durch die Rheinkorrektion seit 1817 = Beiwort zum Historischen Atlas von Baden-Württemberg, Erläuterungen IV, 18–19

Reinhardt-Fehrenbach

Breitnau, Kreis Breisgau-Hochschwarzwald
Großjockenmühle
Tafel 37

Am Eingang zur Ravennaschlucht steht die Großjockenmühle, die, wie eine eingeritzte Datierung am Türsturz ausweist, 1883 erbaut wurde. Der kleine verblattete Ständerbohlenbau mit beidseitig abgewalmtem Schindeldach ist auf einem niedrigen Bruchsteinsockel errichtet.
Etwa 10 m oberhalb des Mühlengebäudes wird das Wasser der Ravenna abgeleitet und zum oberschlächtigen Wasserrad aus Metall geführt. Das Wasserrad ist mit dem sog. Wellbaum verbunden, der im Innern über ein Kammrad das Stockrad antreibt. Das durch das Stockrad in Drehung versetzte Mühleisen greift in den Läuferstein ein und setzt diesen in Bewegung. Über einen Trichter, den sog. Trimmel, gelangt das Korn zwischen den Läuferstein und den feststehenden Bodenstein, zwischen welchen es gemahlen wird. Im großen Mehlkasten, der dem sog. Mühlstuhl mit den Mühlsteinen vorgelagert ist, werden Mehl und Kleie voneinander getrennt. Die Kleie fällt durch den sog. Kleiekotzer in den Kleiekasten, während das in einem Beutel gesiebte Mehl im Mehlkasten verbleibt. Neben dem Mahlen von Getreide war es bei der Großjokkenmühle auch möglich, über einen Seiltrieb, der zum Hofgebäude gespannt war, dort Dresch- oder Futterschneidmaschinen zu betreiben.
Die Großjockenmühle, in der einst das zum Hausgebrauch nötige Getreide gemahlen wurde, ist nicht nur ein aussagekräftiges Zeugnis des Erfindungsreichtums der Mühlenbauer des Schwarzwaldes, sondern auch ein Beleg für die einstmals weitgehend autarke Lebens- und Wirtschaftsweise auf einem abgeschiedenen Schwarzwaldhof.

Lit.: Herbert Jüttemann, Schwarzwaldmühlen, Karlsruhe 1985

Kaiser

Höllentalstraße, -Alte Steige, -Gewölbebrücke

Vor der Eröffnung der markanten Straßenkehren zwischen dem Gasthaus »Sternen« und Hinterzarten im Jahre 1857 fand im Höllental ein jahrhundertealtes Verkehrssystem Anwendung, nämlich die Überwindung großer Höhendifferenzen auf kurzen, aber steilen Steigen mit Hilfe vorgespannter Pferde. Die »Alte Steige« nahm ihren Ausgang

Breitnau. Alte Höllentalstraße, Straßenbrücke, Aufnahme von 1989

beim Gasthof »Sternen« – dort standen die Pferde für den Vorspann. Gleich oberhalb, wo die Steige den alten Galgenbühl umrundet, ist sie gut erhalten geblieben und zeichnet sich im ansteigenden Wiesengelände deutlich ab. Wie die meisten derartigen Steigstraßen bildet sie weiter oben einen tief ausgefahrenen Hohlweg. Teile der Steilrampe sind durch die Höllentalbahn und durch Aufschüttungen der immer wieder kreuzenden Landesstraße heute verdeckt.

Eines der interessantesten Bauwerke dieser um die Mitte des 19. Jh. als Ersatz für die Steige gebauten Landesstraße ist eine nahegelegene Brücke, die den Höllenbach überquert. Sie ist 1857 datiert und aus kräftigen Granitquadern errichtet. Das eigentliche Bogenstück wird durch schwer rustizierte, pilasterartige Vorlagen eingerahmt. Hervorzuheben ist die Konzeption des Brückengewölbes. Da der Bach den Straßenverlauf schräg schneidet, ergibt sich eine versetzte Hintereinanderstaffelung der einzelnen, das Gewölbe aufbauenden Bogenscheiben. Die Fahrbahn selbst wird an den Landfesten durch Blöcke, die geländerähnlich durch einen Metallstab verbunden sind, auf dem Bogenstück durch unterschiedlich hohe Granitquader begleitet.

Mit der Steige und der Bogenbrücke haben sich zwei wichtige Dokumente der verkehrsmäßigen Erschließung des Südschwarzwaldes erhalten. Sie geben Zeugnis, mit welch unterschiedlichen Mitteln der Straßenbau im Laufe der Jahrhunderte die Aufgabe bewältigte, ein Gebirge wie den Südschwarzwald zu überqueren.

Lit.: Ekkehard Liel, Hinterzarten, Konstanz 1969, S. 52 f.

Kaiser

Höllentalbahn

Die am 23. Mai 1883 eröffnete Höllentalbahn nimmt ihren Ausgang in Freiburg und führt über das Dreisam- und Höllental hinauf in den Schwarzwald und weiter über die Baar nach Donaueschingen. 14 Tunnelbauwerke mit einer Gesamtlänge von 2894 m sowie eine Vielzahl von Brücken ermöglichen der Bahnlinie die gebirgigen Schwarzwaldhöhen und zerklüfteten Täler zu überwinden. Schon zu Beginn der Planungen war zur Bewältigung der immensen Höhendifferenz von 626 m eine Zahnstange im Bereich des Höllentals vorgesehen. Unterschiedliche Projektvarianten lieferten Karl Müller von der Schweizerischen Zentralbahn (11,5 km Stange) und Robert Gerwig, der Erbauer von Schwarzwald- und Gotthardbahn (4,6 km Stange). Das schließlich verwirklichte Projekt benutzte eine Zahnstange von 7,9 km Länge nach dem System Riggenbach (Stangenstücke von jeweils 3 m Länge mit je 30 Zahnlöchern). Mit der Einführung der schweren Tenderlok der Baureihe 85 – ein Exemplar hat sich im Bahnbetriebswerk Freiburg erhalten – konnte im Höllental auf Adhaesionsbetrieb, d. h. Reibungsbetrieb, übergegangen und somit seit Oktober 1933 auf die Zahnstange verzichtet werden. Im Zusammenhang mit einem Großversuch von überregionaler Bedeutung erfolgte im Jahre 1936 die Elektrifizierung der Bahnlinie. Die neuartige Verwendung von 50-Hertz-Wechselstrom ermöglichte die Stromabnahme aus dem allgemeinen Elektrizitätsnetz.

Aus wirtschaftlichen und betriebstechnischen Gründen kam am 20. Mai 1960 das Ende des 50-Hertz-Betriebes; damit fanden die eisenbahntechnischen Versuche auf der Höllentalbahn ihren Abschluß. Durch das Einführen eines Stundentakts auf der Höllentalstrecke scheint die befürchtete Stillegung dieser traditionsreichen Gebirgsbahn zumindest in naher Zukunft abgewendet.

Lit.: Hans Wolfgang Scharf, Burkhard Wollny, Die Höllentalbahn, Freiburg 1987

Kaiser

Breitnau und Lenzkirch-Kappel,
Kreis Breisgau-Hochschwarzwald
Ravenna- und Gutachbrücke der Höllentalbahn
Tafel 104

Zu den imposantesten Bauwerken der Höllentalbahn sind die Ravenna- und die Gutachbrücke zu rechnen. Die Ravennabrücke ersetzt seit 1927 einen alten Viadukt, der wegen der erhöhten Achslasten schwerer Lokomotiven den Anforderungen des Bahnbetriebs nicht mehr genügte. Für den Bau der 224 m langen und 40 m hohen Ravennabrücke mußten 8500 m^3 Erdreich und Steine, fast die Hälfte davon im Fels, ausgehoben werden. 12 000 m^3 Beton und Mauerwerk wurden verbaut und 1600 m^3 Gewölbe errichtet. Mit neun Bögen von je 20 m Weite überspannt die Brücke das Tal der Ravenna. Die Pfeilerschäfte bestehen aus einem Betonkern und sind mit Granitschichtmauerwerk verkleidet. Aufgrund der starken Steigung der Bahnlinie von 52,6‰ (= 1 : 19) sind die Kämpfer von zwei aufeinanderfolgenden Bögen um jeweils 1,29 m in der Höhe gegeneinander versetzt. Nach Sprengungen 1945 konnte die weitgehend rekonstruierte Brücke ab 1948 wieder befahren werden. An Länge übertrifft die in ihrer Buckelquaderverkleidung aus Granit schön reliefierte und elegant wirkende Ravennabrücke alle Eisenbahnbrücken der Schwarzwald- und Gotthardbahn, zwei berühmte Gebirgsbahnen mit kühnen Eisenbahnviadukten.

Östlich von Neustadt, am zerklüfteten Eingang zur Wutachschlucht, steht die größte Natursteinbrücke der Höllentalbahn. Sie ist 141 m lang, 35 m hoch und wurde 1899/1900 erbaut. Mit einem gewaltigen Bogen, auf dem jeweils bergseitig eine Folge hoher, schlanker Bogenöffnungen ruht, überspannt das Bauwerk das Tal. Für den mittleren, großen Bogen mit einer Spannweite von 64 m verwendete man Quader aus rotem Vogesensandstein, für die jeweils kleineren Gewölbebögen seitlich des Hauptbogens wählte man Pfälzer Sandstein. Mit ihrem weiten Hauptbogen war die Gutachbrücke für lange Zeit die größte in Stein gewölbte Brücke in Deutschland. Durch ihre rote Sandsteinfarbe hebt sie sich wirkungsvoll gegen das dunkle Grün der umliegenden Tannenwälder ab.

Lit.: Hans-Wolfgang Scharf, Burkhard Wollny, Die Höllentalbahn, Freiburg 1987

Kaiser

Bruchsal, Kreis Karlsruhe
Städtischer Schlachthof Tafel 13

Der Standort für die Anlage des städtischen Schlachthofes von Bruchsal am westlichen Stadtausgang zwischen der Württemberger Straße und dem Salbach zeichnet sich durch verkehrstechnisch wie auch wasserwirtschaftlich günstige Gegebenheiten aus. Erst 1907 wurde die Planung für das Vorhaben umgesetzt, das damit gleichsam am Ende der großen Schlachthausneubauten dieser Zeit im Südwesten steht. Als Architekt wurde Stadtbaudirektor a. D. Gustav Uhlmann (1851–1916) aus Mannheim gewonnen, der sich durch viele öffentliche Bauaufgaben, darunter auch mehrere Schlachthofbauten, für diese Aufgabe qualifiziert hatte.
Das Areal umfaßt drei Gebäudekomplexe, den zentralen Schlachthof, im Westen den Krankenviehstall und Notschlachtraum und im Osten, an der Straßenfront gelegen, das ehem. Wirtschaftsgebäude. Als übergreifende Gestaltung wurde für alle Gebäude eine reiche mehrfarbige Backsteinarchitektur gewählt, deren Formensprache viele Elemente des Historismus besitzt, obwohl sie bereits deutlich durch den Jugendstil geprägt wird. Der Schlachthofbau erhielt gegen die Straße eine mächtige Schaufassade, wogegen die Seitenfronten klar die funktional gruppierten Einzelabschnitte erkennen lassen. Im regelmäßig gegliederten Kopfbau befinden sich die Verwaltungs- und Personalräume; von zwei Türmen flankiert, öffnet sich die große zentrale Verbindungshalle mit eisernem Portalelement. Seitlich dieser Halle, die durch die Lichtbänder des von leichten Stahlkonstruktionen getragenen Daches erhellt wird, schließen sich im Westen die in Sektionen unterteilten Schlachträume, im Osten die Kühlräume mit Eisfabrik und Maschinenräumen an. Der Transport des Schlachtgutes wird durch ein ausgedehntes Schienensystem von Laufhaken gewährleistet. Im Norden steht der Wasserturm mit auskragendem Reservoirgeschoß. In den Bau des Wasserturms integriert ist der Kamin der Maschinenhalle.
Die Anlage des Bruchsaler Schlachthofes, die bislang nur unbedeutende Veränderungen erfahren hat, dient noch heute ihrem ursprünglichen Zweck. Die rückläufige Zahl der Schlachtungen und die geringe Auslastung der Anlage weisen auf die anstehende Problematik einer eventuellen Umnutzung hin. Als Beispiel repräsentativer Profanarchitektur im versorgungstechnischen Bereich setzt die Anlage Maßstäbe, die sich in so reiner Form nur noch selten finden lassen.

Lit.: Fritz Winzer (ed.), Kulturgeschichte Europas von der Antike bis zur Gegenwart, Braunschweig-München o. J., S. 648 f.

Wilhelm

Büchenbronn → Pforzheim

Crailsheim, Kreis Schwäbisch Hall
Wasserturm Tafel 17

Südlich des Bahnhofs in Crailsheim, auf dem zugehörigen Betriebsgelände steht ein im Jahre 1912 erbauter Wasserturm. Es handelt sich um einen von der Dortmunder Stahlbaufirma August Klönne entwickelten Stahlbehälter in Kugelform auf einem in Sichtmauerwerk aufgeführten Kegelstumpf. Dieser ist durch Muschelkalksockel, Portal mit Dreiecksgiebel, kleine segmentbögige Fenster und ein Konsolgesims gegliedert.
Der Behälter wird am »Äquator« von einer Galerie umfaßt. An ihr können zwei Leitern zur Wartung der beiden Kugelhälften bewegt werden. Den oberen Abschluß bildet die Belüftungslaterne mit Kegeldach, Knauf, Kugel und Fahnenstange.
Der Klönne-Behälter ist die ausgereifteste Form der stählernen Wasserbehälter jener Zeit. Er ist relativ unkompliziert und wirtschaftlich zu erstellen. Die Kugel aus doppelt gekrümmten Stahlblechen besitzt hohe Beulfestigkeit und erlaubt es, das Auflager nicht an der Stelle des größten Umfangs, sondern auf einem tiefer liegenden Stützring zu wählen. Auch sein Fassungsvermögen von maximal 500 m³ erwies sich für die Bedürfnisse der Eisenbahn – Versorgung der Dampflokomotiven mit Brauchwasser – als besonders geeignet.
Diese Gründe mögen u. a. dazu geführt haben, daß der Klönne-Behälter zum Prototyp des Wasserbehälters bei der Eisenbahn wurde. Die meisten seiner Art sind heute außer Dienst gestellt, dem Verfall preisgegeben oder bereits abgebaut.
Der Crailsheimer Wasserturm konnte bis heute – wenn auch umgenutzt – als Dokument für die Entwicklung der Eisenbahn erhalten werden.

Lit.: Axel Föhl, Manfred Hamm, Die Industriegeschichte des Wassers. Transport, Energie, Versorgung. Düsseldorf 1985 – Slotta, Techn. Denkmäler in der BRD, Band 2, Bochum 1977 – Karl Heinrich Koepf. Der Wasserturm in Crailsheim. Ein technikgeschichtliches Kulturdenkmal. Denkmalpflege in B.-W. 1982, S. 50 f.

Lohkamp

Crailsheim. Wasserturm, Aufnahme 1990

Dettingen/Erms, Kreis Reutlingen
Ehemalige Papierfabrik »Zum Bruderhaus«

Zwischen Dettingen/Erms und Bad Urach liegt linksseitig der Bundesstraße das Gelände der ehem. Papierfabrik »Zum Bruderhaus«. Zum eigentlichen Produktionsgebäude mit eigenem Wasserkraftwerk an der Erms gehören noch ein nahezu gleich großes Wohnhaus für die Arbeiterinnen und Arbeiter der Stiftung und ein kleineres Gästehaus. Initiator dieser Stiftung war Gustav Werner (1809–1887), ein evangelisch-pietistischer Pfarrer. Seine Fürsorge galt zur Zeit der beginnenden Industrialisierung bedürftigen Menschen, besonders Kindern und Jugendlichen, die verwaist, geistig oder körperlich behindert waren. Ihnen wollte er durch das Leben in einer christlich geprägten Gemeinschaft und durch das Hinführen zu einer Arbeit – und hier besonders zur Fabrikarbeit – entsprechend ihren Fähigkeiten ein menschenwürdiges Leben gewährleisten. Zusammen mit Gleichgesinnten und finanziell unterstützt von Gönnern wie z. B. dem württembergischen König, gründete er 1860 in Reutlingen eine Maschinenfabrik, 1862 die Dettinger Papierfabrik und 1874 eine Möbelfabrik. Das dreigeschossige sandsteinquadersichtige Fabrikgebäude steht parallel zum Fluß. Typisch für die erste Industrialisierungsphase wählte man einen alten Mühlenstandort, einmal wegen der Wasserkraft zur Energieversorgung, zum anderen wegen der für die damals übliche Verfahrensweise zur Papierherstellung benötigten großen Wassermengen. Das Wohnhaus ist ebenfalls dreigeschossig und hat einen flachen Mittelrisalit.

1981 wurde die Papierfabrik von der Stiftung »Zum Bruderhaus« verkauft und einer neuen Fabriknutzung zugeführt.

Schneider

Dörzbach, Hohenlohekreis

Jagstmühle Tafel 35

Die Jagstmühle in Dörzbach stellt zusammen mit Nebenwerk, Jagstwehr, Mühlkanal, Übereichwehr und Gerinne ein eindrucksvolles Mühlenensemble dar, zu dem als besondere Rarität die noch vollständig erhaltene Einrichtung einer alten Ölmühle gehört.

Die um 1660 wieder neu errichtete Mahlmühle wurde vor allem 1896 um zahlreiche Dienstleistungsgänge erweitert, um dem starken Konkurrenzdruck durch die damals florierenden sog. Kunstmühlen standzuhalten. Aus dieser Zeit stammt noch das große Wasserrad, eine Holz-Eisen-Konstruktion mit 5,5 m Durchmesser und 1,9 m Schaufelbreite, einer von damals drei steinernen Mahlgängen (heute Schrotgang), der Gerbgang zum Dinkelputzen (ohne Läufer), der Trieur zur Getreidereinigung und die Dynamoanlage mit inzwischen erneuertem Dynamo, mit der Dörzbach noch bis 1928 mit Strom versorgt wurde.

Die 1798 als Nebenwerk neu errichtete benachbarte »Loh-, Walk-, Öl- und Reibmühle« wurde 1854 eigentumsmäßig von der Mahlmühle getrennt, 1864 wesentlich vergrößert und zu einem Krüppelwalmgebäude aufgestockt. 1909 wurde sie um eine Sägmühle mit älterem Hochgang erweitert.

Den wertvollsten Teil der heutigen Gebäudeausstattung stellt neben einer Quetsche mit gußeisernen Walzen zur Vorbehandlung von Lein- und Rapssamen wohl aus der 1. Hälfte des 19. Jh. vor allem die mit sämtlichem Zubehör überkommene, zuletzt über Treibriemen bewegte Ölmühle von 1798 dar. Sie besteht aus dem Öltisch mit zwei mächtigen steinernen Läufern zum Quetschen und Zerreiben der Ölfrucht, dem Wärmeofen mit Rührwerk und der Ölpresse aus einem eichenen Preßblock mit (ursprünglich) drei Stämpferpaaren. Noch bis 1932/33 wurden hier Lein-, Mohn- und Rapssamen, vereinzelt auch Bucheckern, Walnüsse und versuchsweise Haselnüsse zu Öl verarbeitet. Der Typus dieser schon im 17. Jh. entwickelten »holländischen« Ölmühle hat sich seit dem späten 18. Jh. auch im süddeutschen Raum wegen der wesentlich höheren Ölausbeute gegen die »deutsche« Ölmühle immer mehr durchgesetzt.

Lit.: Siegfried Mezger, Die Jagstmühle in Dörzbach – ein technisches Kulturdenkmal, in: Denkmalpflege in B.-W. 1982, S. 97–103

Aderhold

Jagsttalbahn Tafel 96

Die Jagsttalbahn Möckmühl–Dörzbach ist mit 39,1 km Länge eine der längsten in ihrer Substanz erhaltenen Schmalspurbahnen in Deutschland und eine der letzten mit 750 mm Spurweite. Erbaut wurde sie um die Jahrhundertwende auf der Grundlage eines Staatsvertrages zwischen den von der Strecke mehrfach durchschnittenen Ländern Baden und Württemberg. Die Inbetriebnahme erfolgte am 18. 12. 1900.

Ab 1890 war es zum Bau zahlreicher kleinerer Nebenbahnen zur Ergänzung des Hauptstreckennetzes der damaligen Staatsbahnen gekommen. Aus Kostengründen wurden sie öfters als Schmalspurbahnen mit unterschiedlichen Spurweiten ausgeführt und häufig privaten Betriebsgesellschaften übertragen, so auch im Falle der Jagsttalbahn.

Von Anfang an wurde der Güterverkehr auf der Strecke durch einen im Laufe der Zeit immer mehr ausgeweiteten Rollbockbetrieb durchgeführt: Normalspurige Güterwaggons wurden ohne Umladen der Güter an entsprechenden Gruben auf sog. Rollböcke aufgesetzt, die dann im Schmalspurbetrieb weiterfuhren. Vor allem zur Erntezeit wurden so bis 1976 in jährlichen Kampagnen allein bis zu 20 000 t Zuckerrüben transportiert. 1965 wurde der Dampflokbetrieb durch Diesellok- und Triebwagenbetrieb abgelöst, 1971 als Museumsbahn wieder aufgenommen.

Dörzbach. Jagsttalbahn, Rollbock in Funktion, Aufnahme von 1985

Zur Sachgesamtheit Jagsttalbahn gehören neben den noch erhaltenen Bahnhöfen, kleineren Stationshäuschen, Lokomotiv- und Wagenschuppen auch die Gleisanlagen mit vier Brücken, Nebengebäuden, Rampen und Rollbockgruben, das Zubehör und ein großer Teil der beweglichen Betriebsteile wie Rollböcke, Lokomotiven und Wagenpark.

Lit.: Hans Wolfgang Rogl, Die Jagsttalbahn, in: SWEG-Südwestdeutsche Eisenbahnen AG, 1981, S. 56, 79–84, 122 – Jagsttalbahn-Freunde e. V. (Hrsg.), Die Fahrzeuge der Jagsttalbahn, 1984

Aderhold

Drackenstein, Kreis Göppingen

Autobahn-Albaufstieg

Der Abschnitt der Autobahn Stuttgart – Ulm zwischen Mühlhausen und Hohenstadt wurde nach endgültiger Fertigstellung des Albaufstiegs 1957 als Deutschlands schönste Autobahnstrecke bezeichnet. Die Planung für diesen Abschnitt begann 1933/34 und führte wegen der schwierigen topographischen Verhältnisse am Steilhang der Schwäbischen Alb zu einer unkonventionellen Lösung mit Teilung der Fahrstrecken. Erbaut wurde zunächst 1936/37 der Albabstieg, der sog. Drackensteiner Hang. Mit dem Bau des Albaufstiegs wurde 1939

Drackenstein. Autobahn, Drachenlochbrücke, Aufnahme von 1989

begonnen, nachdem man bereits seit 1937 den Lämmerbuckeltunnel vorgezogen hatte. Dieser wurde 1940 für die Rüstungsindustrie umfunktioniert, die übrigen Bauarbeiten kriegsbedingt bald eingestellt.

Nach dem Wiederaufbau der 1945 gesprengten Drachenlochbrücke am Albabstieg, deren eindrucksvolle Trümmer unterhalb der neuen Brücke noch heute am Steilhang der Alb liegen, wurde 1955–1957 mit wenigen Veränderungen der früheren Planung der Albaufstieg fertiggebaut.

Die wichtigsten Bauwerke am Albabstieg sind die Drachenlochbrücke (185 m, 10 Bögen, 42 m hoch), die Himmelsleiterbrücke (82 m, 7 Bögen, 22 m hoch) und die Fischerhäuslebrücke (128 m, 9 Bögen, 25 m hoch). Am Albaufstieg sind es die Todsburgbrücke (371 m, 17 Bögen, 25 m hoch bei bis zu 25 m Gründungstiefe), die Malakoffbrücke (120 m, 7 Bögen, 27 m hoch) und der Lämmerbuckeltunnel (640 m). Alle Brücken wurden als Stampfbetonbogenbrücken mit bearbeiteter Oberfläche ausgeführt. Durch Beibehaltung der jeweiligen Fahrbahnneigungen und Kurvenradien der Strecke auch bei den Bauwerken wurde eine optimale landschaftliche Einfügung der Autobahntrasse erreicht, was u. a. auch der ideologischen Vorstellung des Nationalsozialismus vom »Autowandern« entgegenkam.

Maßgeblichen Einfluß auf Konzeption und Gestaltung dieses Autobahnabschnittes hatte Paul Bonatz, der ab Anfang 1935 im Auftrag des direkt Hitler unterstellten Generalinspektors für das Straßenwesen Fritz Todt alle wichtigen Entwürfe zu begutachten hatte.

Lit.: Autobahnamt Baden-Württemberg (Hrsg.), Albaufstieg der Bundesautobahn München-Stuttgart, 1957 – Paul Hafen, Das Schrifttum über die deutschen Autobahnen, Forschungsarbeiten aus dem Straßenwesen, Neue Folge Band 19, 1956 – Rainer Stommer (Hrsg.), Reichsautobahn, Pyramiden des Dritten Reichs, 1982

Aderhold

Eberbach, Rhein-Neckar-Kreis
Brücke über die Itter

Die aus Sandsteinquadern errichtete dreibogige Itterbrücke ist 1491 datiert und gehört damit zu den wenigen erhaltengebliebenen frühen Verkehrsbauten dieser Art. An den Zustand vor der Erbauung der Brücke erinnert ein nahegelegenes Steinkreuz von 1416, das an einen „Erbar Contz Kobel" erinnert, der an dieser Stelle ertrank.

Die 1982 instandgesetzte Brücke dient heute nur noch den Fußgängern. Die jüngste Reparatur, bei der u. a. das durch eine verbreiterte betonierte Fahrbahndecke entstellte Erscheinungsbild wiederhergestellt wurde, fügt sich ein in die Reihe der immer wieder notwendigen Erhaltungsmaßnahmen, etwa nach den inschriftlich belegten Hochwasserschäden der Jahre 1733 und 1851. Besonders beachtenswert sind die noch originalen, spätmittelalterlichen Mauerteile unterhalb der Scheitelzone in den Bogenzwickeln: Die mit Preßfugen versetzten Steine mit Greifzangenlöchern unterscheiden sich deutlich vom jüngeren Mauerwerk mit seinen breiten Fugen.

Lit.: Karlfriedrich Ohr, Die steinerne Brücke über die Itter. Zu den Instandsetzungsarbeiten von 1982, in: Eberbacher Geschichtsblatt, Folge 83, 1984, S. 108f.

Laun

Ebingen → Albstadt

Edingen-Neckarhausen, Rhein-Neckar-Kreis
Wasserturm des Wasserversorgungsverbandes »Neckargruppe« Tafel 75a

Der etwa 42 m hohe Wasserturm wurde 1908 erbaut. Zunächst war ein eiserner Wasserbehälter auf Mauerwerksunterbau vorgesehen. Der sich nach oben verjüngende Mauerwerkschaft (unten 9,80 m Durchmesser, oben 7 m) aus Ziegelmaterial mit Verblendklinkern war bereits fertiggestellt, als man sich für das damals neuartige System eines Eisenbetonbehälters entschloß. Auf den Schaft betonierte man einen 1,90 m hohen Eisenbetonring, in den zehn Eisenbetonkonsolen einbinden. Diese tragen nach oben sich verjüngende Eisenbetonstützen, die durch Riegel ausgesteift werden. Die Flächen dazwischen wurden mit 12 cm starkem Ziegelmauerwerk ausgemauert und verputzt und mit Zwillingsfenstern bzw. liegenden Ovalfenstern unter der Traufe versehen.

Der auskragende Wasserbehälter im Turmkopf mit etwa 7 m Höhe (über dem Schaftmauerwerk) hat einen Boden aus nach oben gewölbter Kugelkalotte nach dem System Intze. Der Eisenbetonbehälter zählt mit 450 m³ zu den größten seiner Art in Deutschland.

Bis 1970 wurde der Wasserturm genutzt. 1980 wurde der Abriß des Turmes wegen bedenklicher

Schäden im Betonbereich und Risse am Schaft erwogen. Der Wasserversorgungsverband hat ihn jedoch 1984/85 renoviert ebenso wie die beachtlichen Bauten des Wasserwarthauses von 1908.

Lit.: Jan Werth, Ursachen und technische Voraussetzungen für die Entwicklung der Wasserhochbehälter, in: Bernhard u. Hilla Becher: Die Architektur der Förder- u. Wassertürme, Studien zur Kunst des 19. Jhs, Bd. 13, München 1971 S. 385 f. – Slotta, Technische Denkmäler in der BRD, Band 2, Bochum 1977, S. 446 f. – Bernd Gockel, Historische Wassertürme, München 1985

Schubart

Efringen-Kirchen-Kleinkems, Kreis Lörrach
Rohmehlsilo des Portlandzementwerks

Der hoch aufragende Silobau des Zementwerks in Kleinkems am Hang über der Rheinebene bildet ein von weitem sichtbares Merkzeichen. Es handelt sich um eine Anlage zur Homogenisierung und Lagerung von Rohmehl, eines Zwischenprodukts bei der Zementherstellung. Der klar gegliederte Baukörper wurde 1959 von den Architekten Preschany entworfen, nach deren Plänen einige Jahre zuvor schon die Verladeanlage für Zement im Rheinvorland errichtet worden war.

Neben einem rechteckigen Turm mit den Aufzugsanlagen stehen die Behälter – eine breite Trommel, darauf drei kleine Zylinder, als Abschluß eine Kanzel auf elliptischem Grundriß. Der konsequente klare Aufbau unter Verwendung einfacher geometrischer Körper entspricht Gestaltungsprinzipien, die an konstruktivistische Architekturentwürfe der zwanziger Jahre anknüpfen, hier aber auf eine eigenständige Weise eingesetzt wurden.

Roth

Efringen-Kirchen. Rohmehlsilo des Portlandzementwerks, Aufnahme 1989

Ehingen-Tiefenhülen, Alb-Donau-Kreis
Hüle Tafel 72

Die Hüle in der Mitte des mittelalterlichen Ortes, dessen Name bereits auf die Tradition derartiger Wasserstellen verweist, liegt im Zentrum des Ortswegenetzes innerhalb des als »Hülengärtle« bezeichneten, zur Allmende gehörenden Grundstükkes.

Die Hülen, zisternenähnliche Weiher, die künstlich angelegt, mit Lehmschlag gedichtet, überwiegend durch Oberflächenwasser gespeist wurden, stellten neben den »Dachbrunnen«, welche das Regenwasser auffingen, die übliche Wasserversorgung auf der Alb in vorindustrieller Zeit dar. Das damit aufgefangene Wasser versorgte in erster Linie das Vieh und stellte im Brandfall das Löschwasserreservoir.

So gehören die Einrichtungen des Gemeindefeuerschutzes, das hölzerne Spritzenhäuschen und der langgestreckte offene Leiterstand, welche hier nachweislich 1885 errichtet wurden, zu der im 19. Jh. üblichen Ausstattung der dörflichen Wasserstelle.

Die Tiefenhülener Hüle, die nicht wie viele ähnliche Anlagen dieser Art der Flurbereinigung oder der gestaltenden Dorfsanierung zum Opfer fiel, stellt mit ihrer Vollständigkeit von Wasserstelle und Feuerwehreinrichtungen des 19. Jh. ein inzwischen seltenes Dokument des in der Zeit vor der Errichtung der Albwasserversorgung weit verbreiteten landschaftsprägenden Typus eines Oberflächenbrunnens dar.

Lit.: Winfried Müller, Vom Schöpfbrunnen zum Wasserwerk, Stuttgart 1981, S. 30 – Eckart Hannmann, Technische Kulturdenkmale im Alb-Donau-Kreis, in: Denkmalpflege in B.-W. 1984, S. 152–159

Wilhelm

Eisenbach-Schollach,
Kreis Breisgau-Hochschwarzwald
Erster Skilift der Welt

In der Schwarzwaldgemeinde Eisenbach stehen im Schollachtal beim Gasthof Schneckenhof die Reste des ersten patentierten Skilifts der Welt. Attraktion des Schneckenhofs war eine Mühle, die im Winter einen Schlepplift betreiben konnte. Den Lift hatte 1906/07 der Schneckenwirt Robert Winterhalter erbaut.

Das zum Antrieb der Anlage notwendige Wasser staute man in einem 120 m langen und 8–10 m breiten, in den Berghang eingegrabenen Becken. Durch eine unterirdisch verlegte Eisenröhre gegen das Einfrieren im Winter geschützt, wurde das Wasser zur Mühle (Talstation) geleitet. Hier ist die technische Einrichtung der Talstation des Lifts noch im wesentlichen erhalten: Das Wasserrad mit dem Wellbaum trieb das Kammrad an, welches einst mit Hilfe von zwei Kegelrädern das Treibrad des Lifts in Bewegung setzte. In einer Entfernung von 280 m und einer Höhendifferenz von 32 m lag die Bergstation mit dem Läuferrad. Auf Läuferrad und Treibrad spannte sich ein über fünf Holzmasten geführtes endloses Seil, an dem Zangen für die Schleppvorrichtungen befestigt waren.

Robert Winterhalter hatte zwischen 1908 und 1909 in drei Reichsgebrauchsmustern und fünf Auslandspatenten für Norwegen, Schweden, Schweiz, Österreich und Frankreich seine »Vorrichtung zum Aufziehen von Schneeschuhläufern« bestätigen lassen. Aus der Erfahrung mit seinem eigenen Lift beim Schneckenwirtshaus konstruierte Winterhalter 1910 einen elektrisch betriebenen Lift für die internationale Wintersportausstellung in Triberg, wofür ihn der Großherzog von Baden mit einer Goldmedaille auszeichnete.

Lit.: Elisabeth Essner, Der »erste Skilift der Welt«, in: Denkmalpflege in B.-W. 1981, S. 58 f.

Kaiser

Eislingen, Kreis Göppingen
Mineralöl- und Chemiewerk Tafel 11

Das Mineralöl- und Chemiewerk der Firma Zeller & Gmelin an der Schloßstraße wird zur südlich vorbeiführenden Bahnlinie teilweise von hohen Brandwänden aus Ziegelmauerwerk abgeschirmt. Errichtet wurde es in den Jahren 1898/1901 von Edmund Bostel, ab 1906 von Karl Kübler bzw. 1922 von dessen Mitarbeiter Otto Cziossek.

Die erste Bauphase wird geprägt durch einfache eingeschossige Gebäudeketten mit stichbogigen Wellblechdächern. Technisch bemerkenswert ist die in Gebäude Nr. 20b untergebrachte, 1930 etwas veränderte Kläranlage.

Die zweite Bauphase bis zum 1. Weltkrieg besteht aus aufwendiger gegliederten Backsteinbauten, teilweise mit Putzfeldern und Anklängen an den Jugendstil.

In der dritten und dominierenden Bauphase entstanden 1922 Bauten meist mit knappen, flachen Satteldächern, deren Backsteinfassaden vor allem durch eine reiche und strenge Vertikalgliederung auffallen. Bei den Gebäuden Nr. 50 (ehem. Ölschieferdestillation) und Nr. 74 (Extraktionsgebäude) wurden Dächer von Zeppelinhallen aus Friedrichshafen wiederverwendet.

Ausgangspunkt für die Entstehung des Werkes war das mit über 150 km Längenausdehnung am Albrand mächtigste Ölschiefervorkommen Deutschlands, das bereits von 1854 bis 1872 verschiedentlich zur Schieferölherstellung herangezogen worden war, so auch von der 1866 gegründeten Schieferölfabrik und späteren bedeutenden Mineralölraffinerie Zeller & Gmelin. Jahrhundertelang hatten immer wieder teilweise sogar mehrjährige »Erdbrände« des Ölschiefers auf den hohen Bitumengehalt von etwa 20% hingewiesen, aus dem sich allerdings nur 2–5% Schieferöl gewinnen ließen. Auch die nach dem 1. Weltkrieg wieder aufgenommene Ölschieferdestillation mußte deshalb wegen mangelhafter Rentabilität schon bald wieder eingestellt werden. Der dafür benötigte Ölschiefer wurde mit einer inzwischen abgegangenen Seilbahn aus einem außerhalb Eislingens gelegenen Schieferbruch direkt zum Destillationsgebäude befördert.

Lit.: H. Mayer, Ortsgeschichte von Boll, 1948, S. 73 – Willi A. Boelcke, Wirtschaftsgeschichte Baden-Württembergs von den Römern bis heute, 1987, S. 366/367

Aderhold

Ellwangen, Ostalbkreis
Maschinenhalle des
Ueberlandwerkes Jagstkreis AG (UJAG)

Die Firma Bergmann Elektrizitäts-Unternehmungen AG Berlin errichtete ab 1911 in der Talaue der Jagst ein mit Kohle betriebenes Elektrizitätswerk. Nach einer finanziellen Krise des Bergmann-Konzernes kam das Werk 1913 an die Ueberlandwerke Jagstkreis.

Von den verschiedenen Bauten des Elektrizitätswerkes beansprucht die Maschinenhalle ein besonderes denkmalpflegerisches Interesse. Als dreigeschossiger Putzbau mit Mansardwalmdach überragt sie die anschließenden Betriebsgebäude und zeigt auch in der äußeren Gestaltung ihre Dominanz. Die beiden gleichen Stirnseiten nach Osten und Westen werden durch je sechs Pilaster einer Kolossalordnung rhythmisch gegliedert. In den Details wie Relieftiefe der Pilaster, Ausbildung der Gesimse und Sprossenteilung der hohen schmalen Fenster ist ein relativ hoher architektonischer Anspruch zu erkennen. Gegenüber einer ursprünglich geplanten verkürzten Ausführung, bei der die Stirnseite teils verglaste, teils ausgemauerte und verputzte Felder eines Stahlskelettes hätte zeigen sollen, geht der realisierte Putzbau nachweisbar auf Gedanken der Heimatschutzbewegung zurück.

Der Innenraum der Maschinenhalle ist zweigeschossig angelegt: Der eigentliche Maschinensaal erhebt sich über dem Erdgeschoß und reicht bis unter den First. Die oberste Fensterreihe befindet sich über einer Kranbahn und zieht sich von den Stirnseiten auch über die Längsseiten hin, die ab dieser Höhe über die Dächer der Nebengebäude hinaufragen. Die Längsseiten der Maschinenhalle werden durch Pfeiler, auf denen die Kranbahn aufliegt, in sieben Felder unterteilt, die sich unter Korbbögen zu den angrenzenden Räumen öffnen. Aus den Funktionsbedürfnissen (Grundfläche, Höhe, Kraneinsatz, Lichtverhältnisse) abgeleitet und mit zweckentsprechenden konstruktiven Mitteln (stützenfreie Stahlfachwerkbinder) ausgeführt, bekam der Maschinensaal durch eine prägnante Gestaltung der Wandflächen und durch das Zeigen der Dachkonstruktion seine beeindruckende Wirkung.

Mit dem Wegfall der Kohleverfeuerung zur Stromerzeugung ergab sich für die UJAG die Frage nach einer sinnvollen Weiterverwendung der Maschinenhalle. Nachdem das Landesdenkmalamt 1983 in einem Gutachten die Denkmaleigenschaft begründet hatte, konnten die Denkmalschutzbehörden die UJAG zu einer Planung veranlassen, die der Maschinenhalle die denkmalverträgliche Nutzung als EDV-Leitstelle zuwies. Die dafür notwendigen

Ellwangen. Maschinenhalle der UJAG, Ansicht von Osten, Aufnahme um 1980

baulichen Maßnahmen wurden in reversibler Form ausgeführt.

Lit.: »Spurensuche«, Publikation der Ueberlandwerke Jagstkreis AG zum 75jährigen Bestehen, Ellwangen 1988

Koepf

Engstlatt → Balingen

Elztal-Dallau, Neckar-Odenwald-Kreis
Tuch- und Knopffabrik

Die ehem. Tuch- und Knopffabrik ist auf heutigen Karten unter dem Namen Mariental westlich von Dallau im Tal der Trienz verzeichnet. Sie gehört zu den zahlreichen Fabriken und Manufakturen, die unter Kurfürst Karl Theodor gegründet wurden. Initiatoren des Unternehmens waren drei Mannheimer Bürger. Für die Dauer von zwölf Jahren mit Freiheiten und Privilegien ausgestattet, blühte der Betrieb schnell auf. Schon kurz nach der Gründung wurden der Stoff und die Messingknöpfe für das gesamte kurpfälzische Heer geliefert. Ein Hauptgrund für die Ansiedlung in Dallau dürfte das dort blühende Weberhandwerk gewesen sein.
Trotz des erfolgreichen Beginns geriet die Fabrik schon bald durch Mißwirtschaft in Schwierigkeiten. Sie fiel leer, wurde wieder genutzt und diente vorübergehend zum Wohnen. Im Jahr 1797 wurde die Fabrik samt Zubehör versteigert. Damals bestand die Siedlung aus Messinggießerei, Dreherei, Leinen- und Wollfabrik, Ölmühle, Hanfreibe, Kalkofen, Wohnhäusern und Nebengebäuden. 1835 folgte ein neuer Eigentümer, der eine Papierfabrik einrichtete. Auch ihm war kein Erfolg beschieden. Von den Gebäuden, die im Kaufvertrag von 1797 erwähnt sind, läßt sich eines mit Sicherheit identifizieren. Der große Bau von 1767 dient heute hauptsächlich als Wohnung. Das dreistöckige, massive Gebäude zeichnet sich durch einen Staffelgiebel und strenge Achsengliederung aus. Im rückwärtigen Teil findet sich eine Halle, die sich über zwei Geschosse erstreckt. Ursprünglich lief ein Wasserkanal quer durch das Erdgeschoß des Gebäudes. 1887 wurde die Fabrik zum Wohnhaus umgebaut und erhielt den hölzernen Altan und die Wetterfahne an der Giebelseite.

Lit.: Bruno König, Dallau im Elztal, 1200 Jahre, Ortsgeschichte 772–1972, Gemeinde Elztal-Dallau 1974, S. 224–227

Fahrbach

Esslingen
Pliensau- und Innere Brücke Tafel 92

In Esslingen entstand ab 1286 – teilweise anstelle eines 1259 genannten Vorgängers – ein steinerner Brückenschlag außerordentlicher Größe: Denn hier war der Neckar nicht nur breit und flach, sondern auch in zwei Arme geteilt. Daher fiel die hiesige Brückenanlage besonders lang aus und umfaßt zwei deutlich voneinander entfernte Brücken, die größere Äußere oder Pliensaubrücke und die etwas kleinere Innere Brücke.
Beide Brücken sind heute noch erhalten, doch sind sie im Lauf der Jahrhunderte in ihrer mittelalterlichen Substanz wesentlich reduziert und ihrer alten Funktion teilweise beraubt worden bzw. nur noch sehr eingeschränkt erfahrbar. Der noch vorhandene Bestand ist dennoch eindrucksvoll genug. Über breiten eisbrecherverstärkten Widerlagern baut sich auf fünf von ehemals acht eher flachgedrückten steinernen Bögen von etwa 13 m Spannweite die Pliensaubrücke auf. Von ihren ehemals drei Türmen zur Sicherung des Verkehrs steht heute nur noch der stadtseitige Torturm. Die am Gegenufer ehemals vorhandene kurze Vorland-Brücke mit beweglicher Zugbrücke konnte archäologisch nachgewiesen werden, ist dem Straßenverkehr 1975 aber ebenso zum Opfer gefallen wie 1837 die Brückenkapelle und der angrenzende Zugbrückenturm. Der Kanalisierung des heute zwischen Betonmauern eingezwängten Neckars, fielen drei der großen Bögen zum Opfer.
Die Innere Brücke zwischen Altstadt und der mittelalterlichen (Pliensau-)Vorstadt ist dagegen weit kompletter erhalten, aber durch seitlich angebaute Häuser, z. T. auf den Eisbrechern hockend, so dicht gesäumt, daß nur wenige Bögen sichtbar sind – einige dienen als erweiterte Keller angrenzender Häuser – und der Übergang von einem zum anderen Ufer nicht mehr vollständig nachvollziehbar ist: Sie wurde zum schwäbischen »Ponte Vecchio«. Auf ihrem mittleren Pfeiler ist, wenngleich stark restauriert, die gotische Nikolauskapelle erhalten geblieben.
Beide Brücken verdanken ihr Überleben der zweimaligen Verlagerung des Durchgangsverkehrs seit dem 19. Jh. Heute dienen sie vorrangig dem Fußgängerverkehr. Die Reste der Pliensaubrücke stehen neben dem schiffbaren Fluß auf dem Trockenen über dem Verkehrsfluß der vielspurigen Bundesstraße 10.

Lit.: Otto Borst, Die Esslinger Pliensaubrücke, Esslinger Studien Bd. 3, 1971 – Norbert Bongartz, Hartmut Schäfer, Not-Untersuchung der Esslinger Pliensaubrücke, Denkmalpflege in B.-W. 1975, S. 60–66 – Esslinger Studien 25, 1986, S. 1–68.

Bongartz

Werkzeug- und Feilenfabrik Dick Tafel 9

Das nordwestlich des Bahnhofs gelegene Fabrikgelände ist in ein rechtwinklig angelegtes Stadterweiterungsgebiet des späten 19. Jh. eingebunden. Mit dem achtgeschossigen Wasserturm und vor allem mit dem 69 m hohen Schornstein bildet die Dicksche Fabrik einen Bestandteil der Esslinger Stadtsilhouette.
Das bereits 1778 gegründete Unternehmen gehört zu den ältesten der Stadt und ließ 1889 ff. auf seinem Grundstück umfangreiche Fertigungs-, Lager- und Verwaltungsgebäude samt Kesselhaus und Gaswerk erstellen. Den Aufrag erhielt der Esslinger Architekt Hermann Falch (1859–1940), der später neben Folgeaufträgen aus der heimischen Industrie auch mit repräsentativen Wohnhäusern seine Vielseitigkeit und sein Können bewies.
Die bis zu fünf Geschosse zählenden Fertigungsgebäude (Ostbau ab 1899) sind in Sichtbackstein ausgeführt und erhalten durch regelmäßig angeordnete, außergewöhnlich große Längsrechteckfenster reichlich Licht. Die Fensterbrüstungen sind mit geschoßweise unterschiedlichen Blenden verziert. Zweierlei Ziegeltöne unterstreichen den Schmuckwillen ebenso wie die detailreichen Wandanker. Letztere unterteilen die durchgehenden Wandvorlagen, die innen hohl sind und teilweise noch für Lüftungszwecke benutzt werden. Die Nordfassade des Ostbaus wird vom Wasserturm beherrscht, der von einem goldenen Pfeil, dem Wahrzeichen der Fabrik, bekrönt wird. Das aus einem eigenen Brunnen gewonnene Wasser wird in den siebten Stock in Reservoirs gepumpt, um den erforderlichen Wasserdruck zu erhalten. Im Turm findet ferner ein geräumiges Treppenhaus Platz, das die Erschließung des Ost- und Nordbaus getattet. Auf der Westseite des Turms wurde später ein Aufzugsschacht angebaut, um die Verbindung zwischen den einzelnen Produktionsebenen schneller zu bewerkstelligen. Am Fuß des Turms an der Martinstraße sitzt ein kas-

settiertes zweiteiliges Zugtor, dessen Seile samt den Rollen gut zu erkennen sind. Das Gaswerk wurde stillgelegt und seine technische Einrichtung demontiert. Im ehemaligen Kesselhaus hat sich die ursprüngliche Kohlentransportanlage teilweise erhalten. Mit Schnecken und Becheraufzügen wurden die Kohlen vom Keller bis in das Dachgeschoß transportiert, wo sie in große Silos fielen. An der Nordseite des Westbaus befindet sich ein außengelegener Langholzaufzug für die Schreinerei im dritten Stock. Die mit einem Gleisanschluß versehene Verlade- und Lagerhalle bekommt von einem durchgehend verglasten Stahlbindersatteldach ausreichend Licht.

Um schnelle Verbindungen zu ermöglichen, waren die einzelnen Gebäude ehemals durch Schmalspurgleise und in den Obergeschossen durch zahlreiche Laufstege miteinander verbunden. Größere bauliche Eingriffe sind trotz der heutigen Fertigungsweisen – abgesehen von Hofüberdachungen u. ä. – nicht nötig geworden, so daß sich die Dicksche Fabrik, ein bedeutender Vertreter der Industriebaukunst der Jahrhundertwende, als weitgehend anpassungsfähig erwiesen hat.

Lit.: M. Maul, Wohnhaus- und Industriebauten von Architekt B.D.A. Hermann Falch, Berlin 1920 – Johannes Rath, Thomas Utsch, Bauaufnahme Werkzeugfabrik F. Dick Esslingen, o.A.

Roser

Fellbach. VW-Hahn, Längsansicht, Aufnahme von 1990

Fellbach, Rems-Murr-Kreis
VW-Hahn

Der Fabrik- und Verwaltungsbau von VW-Hahn an der Ringstraße (nahe des S-Bahnhofs) wurde 1957 nach Plänen des prominenten Architekten Rolf Gutbrod und seines Mitarbeiters Hermann Kiess im Auftrag von Fritz Hahn erstellt. Die statische Berechnung übernahm das innovative Büro Fritz Leonhard/W. Andrä.

Der große langgestreckte Baukörper (Länge 93 m) hat ein Keller- und vier Vollgeschosse sowie ein fünftes, penthouseartig zurückgesetztes Dachgeschoß. Die ursprünglichen Funktionen des in seinem Grundriß variablen Baus umfaßt Produktion von Achsen, Reparaturwerkstätte, Lager und Verwaltung. Konstruktiv handelt es sich um einen Stahlbetonbau, bei dem bemerkenswerterweise die einzelnen Stockwerke wannenförmig ausgebildet sind und von innenstehenden, betonummantelten Stahlstützen getragen werden. Die Außenwände der Langseiten sind durch die leicht nach innen schräggestellten Betonbrüstungen plastisch durchgeformt und durch die graphisch differenziert behandelten Fensterbänder gegliedert. An der Hofseite befindet sich der über eine Rampe erschlossene turmartige Autoaufzug.

Das Außergewöhnliche des Baus zeigt sich deutlich auch am Dachgeschoß. Nach einer ersten Planung sollte dort ein Erholungsbereich für alle Beschäftigten mit Kantine und Dachterrasse entstehen, dazu Büros der Verwaltungsspitze und Zeichenbüros. Die tatsächlich ausgeführte zweite Planfassung wurde unter Wegfall der Kantine von ihren Funktionen und vom Grundriß her vereinfacht. Trotzdem weist das Dachgeschoß auch noch in der reduzierten Form an den beiden Stirnseiten Räume mit asymmetrischen Grundrissen auf. Sie sind mit ihren großen Glaswänden sehr licht und werden von einem unregelmäßig-plastisch geformten, gegen die Kanten der Längsseiten ansteigenden Dach übergriffen.

Stilistisch hat dieser Fabrik- und Verwaltungsbau zwei Wurzeln, die rationalistische Moderne und die auf individuelle Formgebung zielende expressionistisch-anthroposophische Architekturtradition. Inhaltlich bestimmend ist ein von den Bedürfnissen des Menschen ausgehender Ansatz, der zu einer sich auch im Formalen ausdrückenden Trennung von Arbeits- und Erholungsbereich führte. Obwohl dieser Ansatz durch den – wohl vom Auftraggeber geforderten – Planwechsel letztlich Utopie blieb, ist hier eine zukunftsweisende Idee in eine hochwertige Fabrikarchitektur umgesetzt worden.

Wichmann

Fichtenberg, Kreis Schwäbisch Hall
Mühle mit Wasserkraftwerk

Einige Wassermühlen der Jahrhundertwende sind in Württemberg die Prototypen der späteren Wasserkraftwerke gewesen. Ermöglicht durch die Entwicklung der Turbine und der Elektrotechnik im 19. Jh. und gefördert auch durch den Konkurrenzkampf der kleinen Mühlen mit den fabrikmäßig arbeitenden Kunstmühlen setzte damals bei entwicklungsfähigen ländlichen Getreidemühlen der Wan-

del zu Universalbetrieben ein: zu Mühlen, die nicht nur Getreide mahlten, sondern auch Holz sägten, und vor allem auch elektrischen Strom für das ganze Dorf erzeugten. So ein Prototyp steht in Fichtenberg am Mittellauf des Flusses Rot.
Die Mühle wurde 1872 an der Stelle eines älteren, bis in das 15. Jh. zurückdatierbaren Vorgängers errichtet – zunächst als typische ländliche Mahlmühle mit zusätzlicher intensiver Landwirtschaft, deren Wirtschaftsbauten ebenfalls noch erhalten sind. Unter dem bereits angesprochenen innovativen Druck der industriellen Revolution rüstete der Fichtenberger Müller 1909 seinen Betrieb nach dem neuesten Stand der Technik um: Die Wasserräder wurden durch eine Francis-Turbine von Voith, Heidenheim, ersetzt; jenseits des Kanals entstand in einem separaten Bau eine moderne Säge mit einem Hochgang von der Firma Gaiser, Klosterreichenbach, mit Pendel- und Kreissäge etc. Über Kegelradgetriebe und Transmission trieb die Turbine dann sowohl die – ebenfalls modernisierte – Mahlmühle, die Säge als auch ein Dynamo der Firma C. & E. Fein aus Stuttgart zur Stromerzeugung an. Auch den Turbinenregler von 1909 lieferte Voith. 1937 wurde zusätzlich der Dynamo durch einen Dieselmotor ergänzt, den die Motorenwerke Mannheim lieferten und der ebenfalls an die Transmission angeschlossen wurde. Dieser Dieselmotor löste das allseits bekannte Problem der Energieschwankungen: Bei Niedrigwasser, Frost etc. konnte nunmehr mit Hilfe dieser starken Energiequelle der gesamte Betrieb aufrechterhalten werden.
In Fichtenberg ist nicht nur eine komplette Mühle mit allen auch landwirtschaftlichen Nebengebäuden weitgehend original überliefert, sondern auch die vollständige technische Ausstattung einer bedeutenden Umbruchphase in der Geschichte ländlicher Wassermühlen. Die gesamte Anlage ist betriebsbereit.

Lit.: Gerhard Luther, Die technische und wirtschaftliche Entwicklung des deutschen Mühlengewerbes im 19. Jh, in: Staats- und sozialwissenschaftliche Forschungen, 24. Bd., 4. H., Leipzig 1909 – Wolfgang Leiner, Geschichte der Elektrizitätswirtschaft in Württemberg Bd. 1, Stuttgart 1982 – Julius Fekete, Die Mahl- und Sägmühle in Fichtenberg, in: Denkmalpflege in B.-W. 1983, 184–192

Fekete

Forbach-Herrenwies, Kreis Rastatt
Schwarzenbachtalsperre

Markantes Datum der Stromerzeugung in Deutschland ist das Jahr 1892, als über eine Strecke von 175 km zwischen Lauffen am Neckar und Frankfurt am Main die erste weitreichende Stromleitung eingerichtet wurde. In der Folge begann der Siegeszug der Elektrizitätswirtschaft. Es entstanden zahlreiche Wasserkraftwerke, die den natürlichen Zufluß ausnutzten. Eine erheblich gesteigerte und zugleich von den Schwankungen der Natur unabhängige Stromerzeugung wurde durch die Anlage von Stauseen erreicht, für die gewaltige Sperrmauern errichtet wurden. Mit diesen Bauwerken – sinnreich verzahnt in einem System von unterirdischen Stollen, Druckleitungen, sog. Wasserschlössern, Ausgleichbecken und Turbinenhallen – werden Gebirgstäler abgeriegelt, um sie als regulierbare Wasserbecken zu nutzen.
Zu den wegen ihrer gewaltigen Eingriffe in die Natur besonders eindrucksvollen Staumauerbauten gehört die Schwarzenbachtalsperre bei Herrenwies in einem Seitental der Murg im nördlichen Schwarzwald. Mit einer größten Länge von 400 m an der Krone ist die Mauer rund 60 m hoch. An ihrem Fuß ca. 46 m dick, verjüngt sie sich oben auf 4 m Breite.
Das zwischen 1922 und 1926 mit hervorragender Logistik errichtete Bauwerk besteht aus Beton mit einem Mauerinhalt von 284 000 m³, in den rund 50 000 m³ Felsblockeinlagen aus Murgtäler Granit eingebracht wurden. Auf der Talseite ist die Staumauer mit demselben Granit, der diese Landschaft von Natur aus prägt, in einer lebendigen Mauertechnik verkleidet, mit der die Erbauer eine Versöhnung mit der natürlichen Umgebung suchten.
Die konkave Außenform des weiten Mauerbogens ist in der Mitte von hohen und schlanken Bögen, die als Durchlässe bei Hochwasser dienen, elegant gegliedert. Maßstab, Form und Einbindung des technischen Baudenkmals in die Waldlandschaft, die die Wasserfläche des Stausees bereichert, machen den Besuch der Schwarzenbachtalsperre zu einem eindrucksvollen Erlebnis.

Ohr

Schwallung im Schwarzenbachtal

Flößerei ist im Nordschwarzwald seit dem 14. Jh. archivalisch belegbar, es gibt jedoch Hinweise auf ein höheres Alter. Grundsätzlich sind Wildflößerei (Holztrift) und Langholzflößerei mit gebundenen Flößen zu unterscheiden. Letztere betrieb man vorwiegend auf Enz, Nagold und Murg, erstere auch auf kleineren Bächen. Im Murgtal kamen Holzhandel und Flößerei bis ins 18./19. Jh. zu überragender wirtschaftlicher Bedeutung, sie lagen in Händen der Korporation der Murgschifferschaft.
Vor der Floßbarmachung der mittleren und oberen Murg konnte hier nur Wildflößerei mit Brennholz und Sägeklötzen betrieben werden. Da der normale Wasserstand der Seitenbäche zur Trift oft nicht ausreichte, wurde das Wasser mit Schwallungen (andernorts auch Klausen oder Floßseen genannt) gestaut. Diese wurden meist an engen Stellen unterhalb von Talweitungen angelegt und bestanden zunächst aus Holz. Da sie große Unterhaltungskosten verursachten, sehr rasch faulten und bereits nach ca. 30 Jahren erneuert werden mußten, wurden sie im 19. Jh. z. T. durch steinerne Schwallungen ersetzt.
Das zweifelsohne eindrucksvollste Beispiel im Schwarzwald ist die heute als Brücke über den Schwarzenbach dienende Schwallung unterhalb Herrenwies. Das aus sorgfältig behauenen Buntsandsteinen und ohne Bindemittel gesetzte Bauwerk wurde 1847 in Betrieb genommen, jedoch nur bis 1864 betrieben. Die der Sperrung des Tales dienende mächtige Mauer ist 67 m lang und weist am Fuß eine Breite von ca. 20 m auf. Bis zu 25 000 m³ Wasser konnten so gestaut werden. Am Fuß der Schwallung befinden sich zwei Schleusentore. Hinter der Mauer liegt die Holzstube, wo das von den Bergen mit Pferden auf Lotwegen herbeigeschaffte Holz gelagert wurde. Wurden die Wasserpforten geöffnet, führte der entstehende Wasserschwall das Holz zu Tal. Die Öffnung der Durchlässe erfolgte zunächst mit einer eisernen Aufzugsmaschine, deren Technik jedoch offenbar nicht ausgereift war, weshalb es immer wieder Probleme gab. Sie wurde daher 1858 durch die einfachere Flöcklingsvorrichtung ersetzt, ein System, das sich schon bei den hölzernen Vorgängerbauten bewährt hatte.

Seidenspinner

Freiburg im Breisgau

Bächlesystem

Ein östlich der Stadt Freiburg von der Dreisam abgeleiteter und am Fuße des Schloßbergs entlanggeführter Kanal versorgte bereits im Mittelalter die auf Wasser angewiesenen Betriebe der Gerber, Färber, Müller und Schleifer in der »Schneckenvorstadt«. Von dieser vielerorts in ähnlicher Form anzutreffenden Einrichtung ist jedoch das Freiburger »Bächle«-System zu unterscheiden, ein im Mittelalter angelegtes, in dieser Form wohl einmaliges System kleiner offener Wasserläufe, die die Gassen der Altstadt durchfließen. Das nötige Wasser wird im oberen Abschnitt des erwähnten Gewerbebaches abgeleitet und tritt nach einer 400 m langen Tunnelstrecke unterhalb des Schloßbergs beim Schwabentor zutage. Das Geländeprofil erlaubt von dort aus die Verteilung und Leitung mittels Haupt- und Nebensträngen durch den gesamten Altstadtkern. Das primär zur Brauchwasserversorgung angelegte System trug auch bedeutend zur Reinlichkeit bei, wenn auch Ratsverordnungen den Mißbrauch als »Müllschlucker« untersagten. Die ehemals gepflasterten Rinnsale, oft in der Gassenmitte, wurden ab etwa 1860 in Sandsteinrinnen gefaßt und aus Verkehrsrücksichten z. T. überdeckt. Wegen seiner malerischen, stadtbildprägenden Wirkung, die bereits um 1900 geschätzt wurde, wird das Bächlesystem bis heute gepflegt und ausgebaut, wobei aber in neuerer Zeit Graniteinfassungen verwendet werden.

Schmidt

Wasserhochbehälter

Die Versorgung der Freiburger Brunnen war seit dem Mittelalter über ein hölzernes Deichelsystem aus Quellfassungen östlich der Stadt erfolgt, welches um 1840 auf eiserne Leitungen umgestellt wurde. Ein Leitungsnetz modernen Zuschnitts mit Hausanschlüssen gelangte ab 1872 zur Ausführung: Wasser aus den Kiesschichten des Dreisamtales wurde über einen Hochbehälter (4000 m³) am Schloßberg ins Verbrauchernetz eingespeist.
Stark steigender Wasserbedarf, verursacht durch den gründerzeitlichen Bevölkerungsanstieg und die Einführung der Schwemmkanalisation, führte zwischen 1888 und 1895 zur Errichtung einer parallelen Anordnung links der Dreisam, welche wie schon der ältere Abschnitt nach Plänen des Stuttgarter Ingenieurs Lueger entstand. Der zugehörige Hochbehälter im Sternwald, als Stampfbetonbau mit zwei separaten Kammern errichtet, war auf ein Fassungsvermögen von 3500 m³ ausgelegt. Sein Vorbau mit zwei Türmchen stellt eine architektonische Umsetzung des städtischen Siegelbildes dar und sollte zugleich als Zierde der Umgebung sowie als ein Aussichtspunkt für Spaziergänger dienen.

Schmidt

Schauinslandbahn

Die Vorgeschichte der Kabinenseilbahn auf den Schauinsland bei Freiburg reicht bis in die Zeit vor dem 1. Weltkrieg zurück, als man sich unter dem damaligen Oberbürgermeister Winterer bemühte, die Attraktivität Freiburgs für Fremde zu steigern. Nach Berufung eines mit Realisierungsstudien betrauten Ausschusses 1925 kristallisierte sich als überzeugende Lösung eine Seilschwebebahn zwischen dem sog. Bohrer und dem Schauinslandgipfel heraus, welche erstmals nach dem kontinuierlichen System funktionieren sollte: Auf einem umlaufenden Seil können hierbei mehrere Kabinen in Betrieb stehen, während die vorher gebauten Bahnen im gegenläufigen System nur zwei Kabinen zuließen. Planung und Ausführung lagen beim Ingenieurbüro Rudolph (Leipzig) und der Gesellschaft für Förderanlagen Ernst Heckel (Saarbrücken). Im Mai 1929 erging die Bau- und Betriebsgenehmigung und nach ausführlichen Tests und Messungen konnte die Bahn am 14. Juli 1930 eröffnet werden.
Sie hat eine Länge von 3600 m bei einem Höhenunterschied von 764 m. Bis zur Umrüstung auf eine größere Anzahl kleinerer Kabinen 1988/89 gab es zehn Gondeln, von denen bis zu acht gleichzeitig in Bewegung sein konnten. Von diesen neuen Kabinen abgesehen zeigt die Anlage mit Berg- und Talstation sowie den stählernen Stützmasten weitgehend den ursprünglichen Zustand.
Zur technikgeschichtlichen Bedeutung als erste Seilbahn der Welt im wegweisenden Umlaufsystem kommt der gestalterische Wert der beiden Stationsgebäude mit ihrer Ausstattung. Vorzüglich gelöst ist die nicht unproblematische Aufgabe, die Ingenieurkonstruktion mit einer sich in die Landschaft einfügenden Architektur zu verbinden.

Schmidt

Freiburg-Kappel, Oberried

Schauinsland-Bergbau

Das 1284 m hohe Schauinslandmassiv südwestlich von Freiburg ist das wohl bedeutendste historische Bergbaurevier des Südschwarzwalds. Blei-, Silber- und Zinkmineralien enthaltende Erzgänge durchziehen den Gneis des Berges, wobei dem Blei und Silber vom Mittelalter bis ins 18. Jh. das Hauptaugenmerk galt, von 1876 bis 1954 dagegen dem Zink. Der mittelalterliche Silberbergbau bildete einen entscheidenden Faktor für die Wirtschaftskraft Freiburgs und war möglicherweise schon für die Stadtgründung von wesentlicher Bedeutung. Das 14. Jh. dürfte die Blütezeit der Silbergewinnung gewesen sein (Dieselmuter Bergweistum 1372); aus dieser Zeit stammt das von den Bergleuten gestiftete Schauinslandfenster im Freiburger Münster.
Der Dreißigjährige Krieg beendete den recht unbedeutend gewordenen Betrieb. Nach einem kurzen Wiederaufleben im 18. Jh. folgte zwischen 1876 und 1954 die Phase des Zinkblendebergbaus, welcher unter Einbeziehung älterer Anlagen ein bedeutendes Stollen- und Schachtnetz schuf und dessen Übertageeinrichtungen vorwiegend im nördlichen Revierbereich im Gebiet der Gemeinde Kappel lagen. Die heute noch im Gelände sichtbaren Spuren bestehen in der Gipfelregion um Hofsgrund in Halden, Pingen und Stollenmundlöchern. Weitere Mundlöcher und Halden (aus der Zeit der Zinkerzförderung) finden sich auf Kappler Gemarkung. Vollständig erhalten, einschließlich der originalen technischen Ausstattung, hat sich das noch im Betrieb befindliche Wasserkraftwerk im Brugga-Tal bei Oberried (1911/12), das einst die Energie für Förder- und Aufbereitungsanlagen lieferte. Es besteht aus einem »oberen« und einem »unteren« Werk, ersteres mit eindrucksvollem Aquädukt und Druckturm. Erhalten sind auch weitläufige Untertageanlagen, von denen Teile heute zur Trinkwassergewinnung genutzt werden.

Lit.: Slotta, Technische Denkmäler in der BRD, Band 4/II, Bochum 1983, bes. S. 1269 ff. nebst Bibliographie, S. 1296

Schmidt

Freudenstadt

Rußhütte Tafel 46

Die Rußhütte in Freudenstadt wurde im Jahr 1849 von dem Kaufmann und Materialisten (Materialienhändler) Moritz Hipp errichtet. Die akute Brandgefahr, die das Gewerbe der Rußbrenner mit sich brachte, erklärt den Standort weit vor der befestigten Stadtanlage. Nur die Straßenfassade des schlichten Zweckbaus ist mit einfachen Mitteln repräsentativ gestaltet: Im Sinne einer dorischen Ordnung gliedern sechs auf den Sockel aufgesetzte Pilaster die Fassade.

Der Rohstoff Ruß wurde zur Herstellung schwarzer Farben wie Ölfarbe, Druckerschwärze, Ofenschwärze und Tusche benötigt. Der Rußkammerbrennofen im Fabrikationslokal, in dem die rußbildenden Pechgrieben und Tannenzapfen unter Luftmangel verbrannt wurden, ist nicht erhalten. Teilweise erhalten ist aber der gewölbte Rußfang, an dessen kühlen Wänden sich der Ruß absetzte. Ein Teil dieses Gewölbes wurde bereits 1874 beim Einbau eines zusätzlichen Stockwerks abgetragen. Der Bau erinnert somit an das heute in Vergessenheit geratene Handwerk der Rußbrenner, das einst ein wichtiger Zweig der Waldwirtschaft im Schwarzwald war, ehe es durch kostengünstigere Verfahren der chemischen Industrie überflüssig wurde.

Lit.: H. Rommel, Ehemalige Rußhütte in Freudenstadt, in: Freudenstädter Heimatblätter 1959, S. 8–17 – Walter Kull, Die Rußhütte in Freudenstadt, in: Stuttgarter technikgeschichtliche Vorträge 1980/81, Stuttgart 1981

Vorbach

Fröhnd, Kreis Lörrach

Klopfsäge in Holz Tafel 39

Reichlich vorhandene Wasserkräfte und großer Holzreichtum dürften der Grund für die zahlreichen Bauernsägen im Hochschwarzwald sein. Vor dem 18. Jh. wurden Sägen, die im Besitz von Hofbauern waren, nur sehr selten in den Güterverzeichnissen erwähnt; Herrschafts- und Klostersägen herrschten vor. Die Verbilligung der Metallsägeblätter einerseits sowie das Steigen der Holzpreise andererseits machten wohl von der Mitte des 18. Jh. an das Schneiden von Holz aus dem eigenen Wald für die Hofbauern rentierlich. Errichtet wurden meist Klopfsägen, die nur etwa die Hälfte der Baukosten einer Kurbelsäge verursachten. Ihr oft ungleicher Schnitt erwies sich allerdings als großer Nachteil. Im Weiler Holz steht eine der vier letzten Klopfsägen des Schwarzwaldes. Die 18,5 m lange Sägehalle, ein Ständerbau auf Bruchsteinsockel, wird durch ein beidseitig abgewalmtes Dach abgedeckt. Die Säge entstand um die Mitte des 19. Jh. Das Wasserrad bildet zusammen mit dem Wellbaum, der Antriebswelle, das Kernstück des Triebwerks. Auf der Welle sitzen zwei sog. Lupfarme. Wenn die Welle sich dreht, wird durch die Lupfarme das Schußgatter in die Höhe gehoben. Durch die ganze Länge des Dachraumes sind zwei jeweils an ihren Enden befestigte Holzstämme bis über das Schußgatter gezogen. Die Federkraft der Holzstämme schlägt das Schußgatter mit hoher Wucht nach unten, wobei das in das Gatter eingespannte Sägeblatt den zu schneidenden Baumstamm aufsägt. Das niedersausende Sägegatter wird von einem unteren Baumstamm abgefangen und danach durch die Lupfarme wieder hochgetrieben. Den Vorschub der zu sägenden Baumstämme leistet ein Hebelarm, der am oberen Querrahmen des Gatters befestigt ist. Eine Bremsstange sichert den Schaltwagen mit dem zu sägenden Baumstamm gegen den Rückstoß des niedersausenden Sägeblattes. Wenn der Baumstamm ganz aufgesägt ist, wird ein Gewicht freigegeben, das mit Hilfe eines Drahtes und einer Klappe die Wasserzufuhr auf das Wasserrad stoppt. Es ist dadurch möglich, die Säge während des Schneidevorgangs sich selbst zu überlassen. Ihren Namen verdanken die Klopfsägen dem niedersausenden Sägegatter, das ein weithin hörbares Klopfgeräusch verursachte.

Lit.: Martin Hesselbacher, Die Klopfsäge in Holz im Wiesental, in: Nachrichtenblatt der öffentlichen Kultur- und Heimatpflege, 4/1956, S. 70 f.

Kaiser

Gailingen, Kreis Konstanz

Rheinbrücke

Die gedeckte, 83,7 m lange Holzbrücke über den Rhein zwischen dem schweizerischen Diessenhofen und dem badischen Gailingen wurde in der heutigen Gestalt 1814–1816 errichtet, nachdem sie 1799 von durchziehendem Militär zerstört worden war. Bombenschäden des 2. Weltkrieges, besonders im nördlichen Abschnitt, wurden um 1946 behoben. Vorgängerbrücken an dieser Stelle sind seit dem Jahr 1292 belegt; wahrscheinlich gehörten sie wie die derzeit vorhandene dem seit der Römerzeit geläufigen Typus der Pfahljochbrücke an. Fünf Brückenjoche (Spannweite 16,2 m, 15,2 m, 17,2 m, 17,6 m, 17,5 m) überspannen den Fluß und ruhen zwischen den seitlichen massiven Widerlagern auf vier Stützen aus miteinander verbundenen bis zu ca. 10 m hohen Eichenpfosten. Die z. T. verblattete, z. T. verzapfte Tragwerkskonstruktion wird durch eine Bretterverschalung und ein ziegelgedecktes Walmdach geschützt.

Schmidt

Gamburg → Werbach

Geisingen, Kreis Tuttlingen

Zementwerk Tafel 4

Das Zementwerk in Geisingen verarbeitet Steinmaterial, das unmittelbar oberhalb des Standorts am südlichsten Ausläufer der Schwäbischen Alb abgebaut wird. Die zwischen Werk und Hang verlaufende Autobahn Stuttgart–Singen wurde in den siebziger Jahren zu einem erheblichen Teil mit Material aus diesem Werk gebaut.

Der 1970 nach Plänen der Lörracher Architekten Barbara und Fritz Wilhelm errichtete Baukomplex zeichnet sich aus durch eine Architektur, die kompromißlose Funktionalität mit ästhetischem Anspruch vereint. In der landschaftlich reizvollen Situation des sich nach Westen öffnenden Donautals wirkt der große Baukomplex aus Sichtbeton zwangsläufig als Fremdkörper; seine gestalterische Qualität gibt ihm jedoch den Charakter einer weithin wirksamen Landmarke. Die gruppierten stereometrischen Baukörper für die einzelnen Werksfunktionen – Prismen, Kuben und Zylinder – entfalten sich nach allen Seiten als monumentale Großplastik, deren Wirkung sich mit wechselnden Licht- und Witterungsbedingungen ändert. Ein jüngerer Erweiterungsbau nach Osten orientiert sich zwar am ursprünglichen Bau, erreicht jedoch nicht dessen Qualität.

Schmidt

Geislingen, Kreis Göppingen
Geislinger Steige mit Knoll-Denkmal

Die Bahnlinie Stuttgart–Ulm erklimmt über die Geislinger Steige die Albhochfläche. An dieser steilsten Normalbahnstrecke Württembergs liegt direkt neben der Bahn am Albhang ein nur schwer zugängliches Denkmal, das für den Erbauer dieser Steige, Michael Knoll, 1860 zunächst vor dem Geislinger Bahnhof errichtet wurde. 1904 beim Bau der Tälesbahn wurde es hierher versetzt.

Die Anlage besteht aus einem runden Wasserbekken mit Springbrunnen und einer der Rundung des Beckens angeglichenen kurzen Kalksteinmauer, die auf einem Mittelpfeiler eine Büste Knolls trägt. Drei Bronzetafeln zeigen umkränzte Symbole seines Berufsstandes, dazwischen eine Inschrift.

Der 1805 in Geislingen geborene Michael Knoll, ab 1844 zusammen mit Karl v. Etzel technischer Referent der damals neu gebildeten württembergischen Eisenbahnkommission, war für den Bau der Ostbahn (Esslingen–Ulm) verantwortlich, deren Albüberquerung als eine der wichtigsten und schwierigsten Aufgaben galt.

Um auf der Bergfahrt durch den Einsatz einer weiteren Lokomotive noch eine wirtschaftliche Betriebsführung erreichen zu können, mußte trotz bereits möglichst hoher Lage des Geislinger Bahnhofs ein Steigungsverhältnis von 1:45 gewählt werden. Erst nachdem feststand, daß es im Ausland Eisenbahnen mit noch größeren Steigungen gab, hatte sich die Filsbahn gegenüber der zunächst bevorzugten Remsbahn durchsetzen können.

Mit dem Bau der Geislinger Steige wurde 1847 begonnen, die Teilstrecke Geislingen–Ulm im Juni 1850 eröffnet. Bauleiter an der Geislinger Steige war der Bauinspektor Wilhelm Pressel, dem zusammen mit Knoll Erinnerungstafeln am Geislinger Bahnhof gewidmet sind.

Durch den Bau der Steige kam es auch zu einer industriellen Pionierleistung in Württemberg, indem der damalige Kapellmüller Daniel Straub eine Reparaturwerkstätte für die Bauwerkzeuge und eine kleine Gießerei für Ersatzteile einrichtete und als Unternehmer auch selbst einen Bauakkord übernahm. Er legte damit den Grundstock für die späteren Firmen MAG und WMF.

Der Eisenbahnprojektierung vorausgegangen waren seit dem 18. Jh. zunächst Pläne für eine Schifffahrtslinie über die Alb zum Bodensee. Später erneut aufgegriffen, führten sie 1921 zum Neckar-Donau-Staatsvertrag. Die Freihaltung der entsprechenden Trassen wurde erst 1970 aufgegeben.

Lit.: Georg v. Morlok, Die königlich württembergische Staatseisenbahn, Rückschau auf deren Erbauung während der Jahre 1835–1889, 1890

Aderhold

Giengen/Br., Kreis Heidenheim
Fabrikgebäude Firma Steiff Tafeln 10, 66

Margarete Steiff, eine seit ihrer Kinderzeit an den Rollstuhl gefesselte Weißnäherin, war zur Begründerin einer kleinen Fabrik für Stofftiere in Giengen geworden, die in den Jahren um 1900 sprunghaft zu florieren begann.

In der ausgerechnet auf traditionelle Handarbeiten angewiesenen Filz- und Plüschtierfabrik ist 1903 eine architekturgeschichtliche Rarität ersten Ranges entstanden (und erhalten geblieben): Offenbar hatte die Firmenleitung, die sich zu einem kurzfristig zu errichtenden Fabrikbau gezwungen sah, schon so präzise Vorstellungen über das Bauprogramm, daß sie – ohne Einschaltung eines Architekten – zwei Stahlbaufirmen (in Berlin-Charlottenburg und München) mit der Vorlage von ausführungsreifen Entwürfen und Kalkulationen für ein Fabrikgebäude in Konkurrenz gegeneinander antreten ließ. Die Münchener Firma machte das Rennen mit einem Entwurf, in dem das stählerne Tragskelett in den ca. 40 cm breiten Zwischenraum einer vollflächigen zweischaligen Verglasung integriert wurde. Der gläserne Flachdachbau war so revolutionär, daß die Baugenehmigung erst nach der Fertigstellung erteilt wurde. Die Sorge der Genehmigungsbehörden, in einem Glashaus müßten die Fabrikarbeiterinnen erblinden, erwies sich rasch als unbegründet. . .

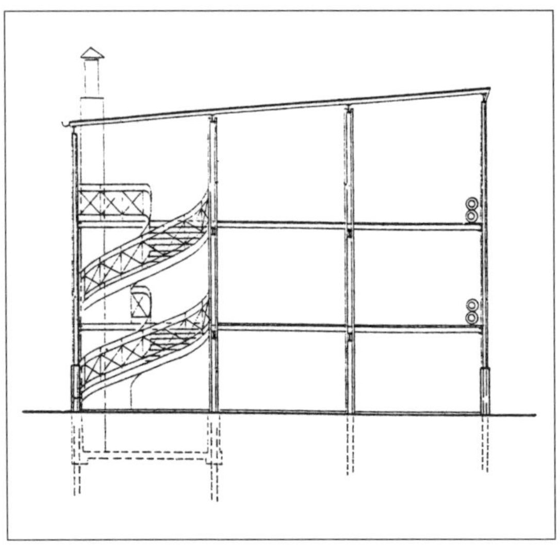

Giengen. Steiff-Fabrik, Schnitt, Umzeichnung nach Baugesuch von 1903

Ein Jahr später, 1904, ließen die Fabrikanten nach den offenkundig positiven Erfahrungen mit dem »eigenen unerreicht billigen System mit Wänden ganz aus doppeltem Gußglas« einen weiteren großen Fabrikbau folgen, diesmal mit noch preisgünstigerem Holz-Skelett und alles in eigener Regie. 1908 und 1910 folgten zwei weitere Bauten; alle sind sie heute noch in Betrieb.

Der erste Stahl/Glasbau von 1903, in dem heute das Firmenmuseum untergebracht ist, war als der kleinste Fabrikbau sicher als Test für die revolutionären Vorstellungen der Firmenleitung gedacht. Mit seiner völlig schmucklosen Gestalt ist er neben seiner technischen Sonderstellung auch stilgeschichtlich ein außerordentlich frühes Beispiel der Neuen Sachlichkeit oder des Funktionalismus, und dies sieben Jahre vor Gropius' Fagus-Werken und sechs Jahre vor dem AEG-Turbinen-Werk von Peter Behrens! Ein offenbar zunächst unbeachteter Meilenstein! Der Verzicht auf einen planenden Architekten kann das Fehlen jeglicher Resonanz in Fachzeitschriften jener Zeit erklären helfen.

Lit.: HPC Weidner, Glaspalast 1903, in: Bauen und Wohnen 7, 1970 S. 229–232.

Bongartz

Gröningen → Satteldorf

Gutach, Kreis Emmendingen
Fabrikbauten, Villen und sonstige zur Firma Gütermann gehörende Bauten Tafeln 8, 54, 55

Im Jahre 1867 begann Max Gütermann in Gutach im Elztal mit dem Aufbau einer Nähseidenfabrik. Ausschlaggebend für den Standort waren das klare, weiche Wasser der Elz sowie eine Bevölkerung, die bereits durch Heimarbeit bzw. kleinere Textilbetriebe fachlich vorgebildet war. Der Betrieb

florierte und verlagerte sich mehr und mehr auf die aus den Resten der Seidenkokons maschinell gesponnene Schappseide. Schon vor dem 1. Weltkrieg beschäftigte Gütermann 1800 Arbeitskräfte. Es entwickelte sich ein umfangreicher Komplex aus zahlreichen Firmengebäuden und mehreren Fabrikantenvillen. Daneben entstanden verschiedene Bauten, die noch heute das soziale Engagement der Firma widerspiegeln.
Betritt man das Werksgelände von der Hauptstraße nach Elzach aus, fallen rechterhand sofort vier mächtige Baublöcke ins Auge. Sie beherbergten ursprünglich die Färberei, Schlosserei, ein Lager mit Holzverarbeitung sowie die Spinnerei und wurden in den Jahren 1898–1919 errichtet. Als Architekten waren u. a. Rudolf Schmid, Freiburg, (Block II) und der für den süddeutschen Industriebau bekannte Philipp Jacob Manz, Stuttgart, (Block III und IV) tätig. Pläne von R. Schmid lagen auch der 1903 errichteten repräsentativen Schaufassade für die in mehreren Jahren entstandenen Shedhallen zugrunde, deren östlicher Abschluß ein Kesselhaus bildet. Den Formen des Jugendstil verpflichtet ist die symmetrisch konzipierte Schaufront mit elegant geschwungenen Giebeln, die die Form der dahinterliegenden, sanft geschwungenen Hügelkette aufnimmt. 1930 bekam das die Fabrikationsanlagen auf drei Seiten umschließende Büro- und Verwaltungsgebäude, gleichfalls durch den Architekten R. Schmid, sein heutiges anspruchsvolles Erscheinungsbild.
Der 1903/05 erbaute Ostmärker Hof und die Villa Alexander von 1910/11 gehen ebenfalls auf Entwürfe von R. Schmid zurück. Sie seien als Beispiele für die zahlreichen in Gutach und Umgebung für Gütermann errichteten Fabrikantenvillen angeführt. Der Ostmärker Hof, an der Stelle der Villa des Firmengründers erbaut, beeindruckt durch seinen reich gestalteten, lebendig gestaffelten Baukörper mit elegant ausschwingenden Fassaden. Bemerkenswert ist auch der die Villa umgebende Park mit seiner Brunnenanlage im orientalischen Stil. Ein gegensätzliches Bild zeigt die Villa Alexander. Der durch Risalite belebte Baukörper wirkt kubisch, klar umrissen. Charakteristische Details wie die Loggia, die Fensterformen oder das flache Dach geben dem Bau eine südländische Prägung.
Im Süden des Firmenkomplexes wurden in den achtziger und neunziger Jahren des 19. Jh. die ersten Arbeiterhäuser der Firma errichtet. Es sind schlichte Gebäude mit 2-Zimmer-Wohnungen für Arbeiter und 3–5-Zimmer-Wohnungen für Beamte. Es entstanden auch zahlreiche soziale Einrichtungen, die sowohl die Bindung des Arbeiters an den Betrieb als auch die soziale Kontrolle des Fabrikanten über seine Arbeiter verstärkten. Als Beispiele seien das Krankenhaus, der Kindergarten, ein Mädchenwohnheim, mehrere Gaststätten sowie ein großer Gutshof genannt. Auch die 1930/31 errichtete Volksschule erfuhr starke Förderung durch die Firma.
Ein Satz in einer Selbstdarstellung der Firma Gütermann 1925 charakterisiert den ausgedehnten Baukomplex: »So ist eine ganze Welt für sich nötig, in der alles und jedes auf das genaueste ineinander greift, um die Erzeugnisse dieses Betriebes auf die Vollendung zu bringen, auf der sie heute stehen.«

Lit.: H. Haumann, Ein Wald von Fabriken, Fabrikantenvillen und Arbeiterwohnungen. »Probleme der Industrialisierung im Elztal.« (1850–1914), in: »s Eige zeige«, Jahrbuch des Landkreises Emmendingen für Kultur und Geschichte 1/1987, S. 107 ff.

Reinhardt-Fehrenbach

Haigerloch, Zollernalbkreis
Atom-Museum

1943/44 wurde das Kaiser-Wilhelm-Institut für Physik von Berlin, wo Bombenangriffe die Arbeit zunehmend erschwerten, nach Hechingen verlagert. An diesem Institut arbeiteten die führenden deutschen Atomwissenschaftler an der Erforschung der Kernspaltung, die von Otto Hahn und Fritz Straßmann 1939 entdeckt worden war. Dazu gehörten Uranbrennerexperimente, von denen der letzte Großversuch mit der Nummer B VIII im Februar/März 1945 in einem ehem. Bierkeller in Haigerloch stattfand.
Dabei setzte man in ein in den Boden eingetieftes Wasserbassin einen zylindrischen Aluminiumkessel, dessen gewölbter Deckel ein Rohr zur Einführung der Meßsonden und Präparate erhielt. In diesen Zylinder wurde ein zweiter, wesentlich kleinerer, aus einer Magnesium-Legierung gestellt; der Zwischenraum zwischen beiden Kesseln wurde zur Reflektion der Neutronen mit 10 t Graphitkohle allseits ausgefüllt. Am Deckel des inneren Kessels waren an 78 Ketten 664 Uranwürfel in der Größe 5 × 5 × 5 cm befestigt. Das eigentliche Experiment bestand darin, in den inneren Kessel schweres Wasser und eine Neutronenquelle einzuführen und dabei die Vermehrung der Neutronenintensität zu messen. Sie war gegenüber allen früheren Versuchen deutlich höher, erreichte aber nicht den kritischen Wert, bei dem die entstehende Energie ausreicht, den Reaktor »am Laufen« zu halten. Dem im wesentlichen von Werner Heisenberg, Karl Wirtz und Walter Bothe geleiteten Versuch war also nur ein Teilerfolg beschieden, da die Anlage mit dem verwendeten Material an Uran und schwerem Wasser zu klein war. Weitere Versuche konnten wegen der Materialknappheit und des nahenden Kriegsendes nicht mehr stattfinden.
Doch wurden mit der Planung und Errichtung des Forschungsreaktors FR 2 in Karlsruhe ab 1955 die während des Krieges gewonnenen deutschen Erkenntnisse fortgeführt. Der wissenschaftlichen Bedeutung des Haigerlocher Großversuchs wurde 1980 mit der Einrichtung des »Atomkellers« als Museum Rechnung getragen.

Lit.: Atom-Museum Haigerloch, Haigerloch 1982

Krins

Haigerloch-Stetten, Zollernalbkreis
Steinsalzwerk

Nach dem Anschluß der hohenzollerischen Fürstentümer an Preußen 1850 ließ die Berliner Regierung im neuen Staatsgebiet nach Bodenschätzen suchen. 1853 stieß eine Versuchsbohrung bei Haigerloch-Stetten auf ein abbaufähiges, 8,8 m starkes Steinsalzlager in einer Tiefe von 123 m. Daraufhin wurde bis 1856 ein Förderschacht errichtet, der mit Teilen seiner originalen Ausmauerung in Sandsteinquadern heute noch besteht. Von seiner Sohle aus wurde das Salzlager in einer Entfernung von rund 100 m angefahren und dies zunächst strecken- und örterweise, ab 1877 dann schachbrettartig nach dem Prinzip des Pfeilerkammerbaus abgebaut. Anfänglich gewann man das Salz als Sole durch Aufspritzen von Süßwasser, später trocken durch Bohren und Schießen. Die Förderung begann im Jahr 1858. Das Werk wurde vom preußischen Staat betrieben, ab 1924 pachtweise von der Wacker-Chemie, die das Werk 1960 schließlich erwarb. Es ist das älteste noch betriebene Steinsalzwerk in der Bundesrepublik Deutschland.

Die um einen Werkhof gruppierten Gebäude entstanden nach Plänen des kgl. Baumeisters C. Westphal. Hervorzuheben ist das Schachthaus mit seinen flach geneigten Satteldächern, den rundbogigen Öffnungen und der in Resten erhaltenen Lisenengliederung. Fördergerüst und Fördermaschine stammen von 1926. Das Prinzip einer harmonisch wirkenden Gruppierung der Gebäude und einer »gefälligen« Einordnung des Werkes in die Landschaft des Eyachtales ist gut erkennbar.

Aufgrund dieses Erscheinungsbildes ist das Werk »für die industriearchäologische Forschung von ganz besonderem Interesse, das durch die ursprünglichen Grubenräume noch gesteigert wird. Eine Befahrung der alten . . . Grubenräume gehört zu den faszinierendsten und beeindruckendsten Erlebnissen, die man bei der Beschäftigung mit dem westdeutschen Steinsalzbergbau erhalten kann . . . Es handelt sich bei diesen Grubenbauten um die ältesten in der Bundesrepublik noch begehbaren Gewinnungsräume, um technische Denkmäler von hoher Aussagekraft.« (Slotta)

Lit.: Werner Demel, Günter Schulz, Das Salzwerk Stetten bei Haigerloch 1854–1974 – Slotta, Technische Denkmäler in der BRD, Band 3, Bochum 1980, S. 747 ff.

Krins

Heidelberg

Bergbahn — Tafel 99

Die Bergbahn in Heidelberg führt von der Altstadt mit 113 m über NN zum Königstuhl mit 550 m Höhe in zwei Teilstrecken, die getrennt betrieben werden und ein Umsteigen erfordern. Die erste Teilstrecke vom Kornmarkt über die Station Schloß (192 m über NN) zur Molkenkur (290 m) entstand zuerst als Zahnrad-Seilbahn nach dem System des Ingenieurs Riggenbach im Wasserballastantrieb. 1890 erfolgte die Einweihung der Strecke. 1906 wurde sie auf elektrischen Betrieb als reine Standseilbahn umgestellt und 1961 völlig neu ausgestattet und vergrößert.

Gleichzeitig mit der Umgestaltung der unteren Strecke 1906 wurde die zweite Teilstrecke der Bahn von der Molkenkur zum Königstuhl als Standseilbahn erbaut. Sie hat ihren alten Wagenpark und ihre alte Technik einschließlich des Maschinenraums in der Bergstation Königstuhl bewahrt. Auch die beiden Stationsgebäude an der Molkenkur und auf dem Königstuhl und die überdachten Wagenhallen blieben in ihrer zeittypischen Gestaltung mit Fachwerk in Jugendstilanklängen erhalten.

Die zwei Wagen dieser oberen Strecke haben geschlossene Plattformen und werden im Handbetrieb gefahren. Die Geschwindigkeit beträgt etwa 2 m/sec., wobei jeweils 50 Personen befördert werden können. Die Streckenlänge beträgt 1020 m. Die eingleisige Strecke mit 1000 mm Spurweite beginnt bei der Molkenkur mit einer Steigung von 27%, sie führt in einer flachen Kurve zur Ausweiche in der Mitte der Strecke und endet mit einer Steigung von 41% vor der Station Königstuhl.

Lit.: Heidelberger Versorgungs- und Verkehrsbetriebe (Hrsg.), 90 Jahre Bergbahn Heidelberg 1980 – Heidelberger Straßen- und Bergbahn-AG (Hrsg.), Chronik – 100 Jahre Bergbahn Heidelberg 1890–1990, 1990 – Slotta, Technische Denkmäler in der BRD, Band 1, Bochum, 1975, S. 330 f.

Schubart

Karl-Theodor-Brücke — Tafel 21

Die Karl-Theodor-Brücke wurde in den Jahren 1786–1788 nach Plänen des kurpfälzischen Bauinspektors Mathias Mayer errichtet, nachdem der Vorgängerbau an gleicher Stelle im Februar 1784 durch Hochwasser und Eisgang großteils zerstört worden war. Nur die in unregelmäßigen Abständen stehenden Pfeiler und die rundbogigen Durchgänge der Treidelpfade hatten das Unglück überstanden.

Der Brückenbau folgte in der Konzeption vor allem zwei Zielen: Errichtung einer hochwasser- und eisgangsicheren Brücke und Wiederverwendung der erhaltenen Bauteile. Damit war nicht nur die Entscheidung für die erste Steinbrücke Heidelbergs motiviert, auch die zur Mitte hin erhöhte Fahrbahn war Ergebnis dieser Überlegungen. Indem nämlich die Brückenbahn kurvenförmig über dem Fluß ansteigt, bietet sie nicht nur größeren Durchlaß für Schiffe, sondern entzieht sich auch dem Druck des Hochwassers. Einige der Pfeiler wurden neu fundamentiert und aufgemauert, andere übernahm man samt ihrer mittelalterlichen Eichenrostgründung. Die Pfeilerköpfe (Pfeilerseite stromaufwärts) behielten ihr mittelalterlich abgeschrägtes, bei Eisgang bewährtes Profil, die flußabwärts liegenden Pfeilerenden erhielten eine strömungsgünstigere gerundete Form. Korbbogige Wölbungen überbrücken die Distanz zwischen den Pfeilern; sie erlauben bei gleicher Spannweite niedrigere Höhenentwicklung als Rundbögen und entsprechen dem spätbarokken Formempfinden.

Die Karl-Theodor-Brücke ist in wesentlichen Punkten als Antwort auf historisch gewachsene Standortbedingungen und auf ökonomische Überlegungen zu verstehen. Dabei befindet sie sich technisch und architektonisch auf der Höhe ihrer Zeit.

Wichtige Baumaßnahmen im 20. Jh.: Seit 1901 mehrfache Festigung der Pfeilerfundamente; Wiederaufbau nach Teilzerstörung 1945; Ausweitung der südlichen landseitigen Bögen für Straßenführung 1969/70; Austausch der Brückenfiguren durch Kopien 1989 (Originale im Kurpfälzischen Museum Heidelberg).

Lit.: Herbert Fritz, Die Baugeschichte der Alten Brücke . . ., in: Mein Heimatland Heft 5/6 (1928), S. 150–164 – Ludwig Merz, Die alte Brücke, Sonderdruck aus: Der Heidelberger Brückenaffe, Heidelberg 1979 – Helmut Prückner (Hrsg.), Die alte Brücke in Heidelberg, Heidelberg 1988

Dutzi

Ehemalige Tabakfabrik Landfried

Tabakanbau und -verarbeitung bildeten im Rhein-Neckar-Raum bis ins 20. Jh. einen der wichtigsten Wirtschaftsfaktoren. Der Rohtabak wurde traditionell in ländlichen Gebieten durch kleine Betriebe zu Kau-, Schnupf- oder Rauchtabak verarbeitet, doch entstanden während des 19. Jh. in dieser Region auch einige große Tabakfabriken, unter denen die 1810 gegründete Firma P. J. Landfried die bedeutendste war.

Im Unterschied zu den traditionellen Kleinbetrieben verarbeitete dieser Großbetrieb auch ausländische Tabake und setzte – wo möglich – Maschinen ein (Schneidemaschinen etc.). Der entscheidende Schritt zu rationeller Produktion in großem Stil vollzog sich mit der Auslagerung des Betriebs von der Altstadt an die Peripherie. Hier ließ die Firmenleitung nach rationellem Schema die Fabrik-, Verwaltungs- und Wohngebäude errichten (1898–1900, Architekt Ph. Thomas, Heidelberg).

Kern dieser Anlage ist die Mittelachse in Nord-Süd-Richtung, an deren Südende das Firmengleis das Werksgelände in Richtung Güterbahnhof verließ, während das Nordende die repräsentativ gestaltete Einfahrt aufnahm. Diese Schauseite der Fabrik lag an einer städtischen Ausfallstraße, der Bergheimerstraße. Schon hier, im Zentrum des Publikumsverkehrs, zeigt sich architektonischer Gestaltungsaufwand, doch heben sich die Eckbauten noch stärker hervor: Im Nordwesten die konvex geschwungene Remise, im Nordosten die Fabrikantenvilla. Über den Fabrikeingang gelangt man am Kontorgebäude vorbei zu den Fabrikations-, Lager- und Versorgungsbauten, die einem rechtwinkligen System von Fabrikstraßen eingegliedert sind. Rechts der Mittelachse stehen als große, fünfgeschossige Längsbauten (54 m Länge) in gleichmäßigen Abständen die Magazin- und Fabrikationsgebäude, dazwischen liegt in gleicher Ausrichtung das Maschinen- und Kesselhaus mit Schlot. Die Fassaden der Klinkerbauten wurden durch flache Vor- und Rücksprünge, verschiedenfarbiges Steinmaterial und dekorative Maueranker ansprechend gestaltet.

Die Tabakfabrik zeichnet sich in Standortwahl, in der räumlichen Organisation und im Einsatz moderner Hilfsmittel als typische Industrieanlage ihrer Zeit aus. Im Falle Landfried ist besonders bemerkenswert, daß ausgerechnet ein traditionell handwerklich ausgerichteter Gewerbezweig in Heidelberg eines der frühesten Exempel für einen modernen industriellen Großbetrieb statuierte.

Lit.: W. Landfried, Ein Rückblick auf 100 Jahre, Straßburg 1910 – Kreisbeschreibung Heidelberg/Mannheim Bd. I S. 318; Bd. II S. 72 f., Karlsruhe 1968 – E. Friedrich, Ein Tabakzentrum, in: Karl Silex, Das Rhein-Main-Neckar-Industriegebiet, Heidelberg 1951, S. 70–73

Dutzi

Neckarregulierung Tafel 115

In den Jahren 1925–1935 entstanden in enger Zusammenarbeit zwischen dem Strombaudirektor der Neckarbaudirektion Stuttgart, Ingenieur Otto Konz (1875–1965), und dem Architekten Paul Bonatz (1877–1956) zwölf Staustufen entlang des Neckars zwischen Ladenburg und Esslingen: Ladenburg (1925–1927), Heidelberg (1927–1929), Neckargemünd (1929–1931), Neckarsteinach (1929–1931), Hirschhorn (1931–1933), Rockenau (1931–1933), Guttenbach (1933–1935), Neckarzimmern (1933–1935), Gundelsheim (1933–1935),Horkheim (1927–1929), Cannstatt (1927–1929) und Oberesslingen (1927–1929).

Ziel der umfangreichen Baumaßnahmen war die Schiffbarmachung des Neckars, wobei als Nebenprodukt Wasserkraftwerke entstanden. Das gesamte Projekt war von Anfang an heftig umstritten, da technische Bauten in besonders schöne Landschaften gestellt werden sollten, dem zu erhöhenden Wasserspiegel einige alte Steinbrücken weichen und die zuvor freien Ufer befestigt werden mußten. Eine andere Schwierigkeit ergab sich in Heidelberg. Aus Rücksichtnahme auf die historische Altstadt mit dem Schloß begnügte man sich hier mit einer Stauhöhe von nur 2,60 m und achtete darauf, daß das Walzenwehr, die »Technik« also, stets von Wasser überspült und damit unsichtbar wurde. Mit der Wahl von rotem Sandstein als Baumaterial achtete man zusätzlich auf den Genius loci. Dieser Wille zur Einfügung fällt auch bei den anderen Staustufen auf, so daß neben Sandstein Muschelkalk, Sichtbeton und durch Juramentzusatz graurosa eingefärbter Beton vorkommen. Die Aufbauten für die Maschinen zum Bedienen der Walzen- und Schützenwehre wurden teilweise in unverputztem Backstein ausgeführt. Einer kurz vor Baubeginn der Staustufe Heidelberg erfolgten Planänderung verdanken die Bauwerke eine ästhetisch wesentlich überzeugendere Durchgestaltung: Der Wehrsteg kam auf die Oberwasserseite, wo er niedrig aufliegt, während die Unterwasserseite durch die hohen Pfeiler betont wurde. Anstelle des ausdrucksschwachen Höhenverhältnisses von 3:4 ergab sich jetzt 1:4, was Bonatz so ausdrückt: „Das Niedrige wird unterstrichen, wird niedriger, und das Hohe wird unterstrichen, es wird höher.«

Insgesamt betrachtet fällt auf, daß diese Bauten der Technik nicht mehr im Sinne des Historismus versteckt wurden, sondern daß sie unmißverständlich moderne Bauwerke der zwanziger und dreißiger Jahre sind, die zudem mit hohem baumeisterlichem Gespür gekonnt in ihre Umgebung eingefügt wurden.

Lit.: Der Baumeister XXVII, 1929, Heft 10, S. 313–321 – Neckarkanal 1935, hg. vom Südwestdeutschen Kanalverein für Rhein, Donau und Neckar e. V. Stuttgart, Stuttgart 1935 – Paul Bonatz, Leben und Bauen, Stuttgart 1950 – Der Nekkarausbau zwischen Mannheim und Plochingen, 50 Jahre Neckar-Aktiengesellschaft, Stuttgart 1971 – 50 Jahre Südwestdeutscher Kanalverein für Rhein, Neckar und Donau e. V. Stuttgart, o. J.

Roser

Heilbronn

Wilhelmskanal Tafeln 94, 95

Seit dem Mittelalter ist die Schiffahrt am Neckar im Bereich der Stadt Heilbronn durch Mühlen und Wehre unmöglich gemacht worden. Das Herzogtum Württemberg konnte zwar 1557 mit der freien Reichsstadt einen Vergleich schließen, der gegen Zahlung von 10 000 Gulden den Schiffahrtsweg geöffnet hätte, auch wurde Heinrich Schickhardt mit der Ausarbeitung von konkreten Plänen beauftragt. Doch trotz der Vertragsverlängerung im Jahre 1713 kam es erst nach dem Wiener Kongreß von 1815 – als die freie Schiffahrt auf den Flüssen, auch auf dem Neckar, beschlossen wurde – zur Verwirklichung der Schiffbarmachung des Neckars bei Heilbronn. Erst damit konnte Württemberg an die großen internationalen Schiffahrtswege über den Rhein angeschlossen werden.

Dieser, Wilhelmskanal genannte, künstliche Schiffahrtsweg entstand 1819–1821 nach Entwürfen des bekannten Stuttgarter Ingenieurs und Oberwasserdirektors Obrist K. A. F. Duttenhofer und wurde feierlich von König Wilhelm von Württemberg eröffnet – dem zu Ehren er den noch heute gebräuchlichen Namen erhielt.

Wer vom Bahnhof in Richtung Stadtmitte geht, bemerkt kurz vor dem Inselhotel einen schmalen, vom Neckar links abzweigenden Kanal, der hier durch ein handgetriebenes Stemmtor geschlossen werden kann. Weiter entlang der Kranenstraße gehend, stößt man auf halbem Weg bis zur Eisenbahn auf einen ebenfalls handgetriebenen Kran am Rande einer Kanalerweiterung mit abgeflachtem Ufer: den Kanalhafen mit Umschlagplatz. An der Einmündung des etwas über 0,5 km langen Kanals in den Neckar trifft man schließlich auf die Kammerschleuse mit weiteren Stemmtoren.

Der noch weitestgehend im Zustand des 19. Jh. original erhaltene und sogar in Betrieb befindliche Wilhelmskanal in Heilbronn ist der älteste noch überlieferte künstliche Schiffahrtsweg des Kammerschleusen-Typs auf dem Neckar und zugleich eines der bedeutendsten Dokumente der Geschichte der Neckarschiffahrt.

Lit.: Willi Zimmermann, Heilbronn. Der Neckar, Schicksalsfluß der Stadt, Heilbronn 1985 – M. Eckoldt, Die Entwicklung der Kammerschleuse, in: Die Wasserwirtschaft, XL, Jg. 1949/50 – Karl August F. Duttenhofer, Nachrichten von dem Wilhelms-Canal in Heilbronn am Neckar. Herstellung einer ununterbrochenen Schiffahrt zwischen Cannstatt und Heilbronn, 1827

Fekete

Cäcilienbrunnenhaus Tafel 70a

Am Südende der Cäcilienbrunnenstraße – ursprünglich weit außerhalb der Stadt inmitten von Wiesen in leichter Hanglage gelegen – ist 1588–1590 das Brunnenhaus der städtischen Wasserversorgung Heilbronns errichtet worden. Der Baumeister war Hans Stefan, der Architekt des ehem. Gerichts- und Hochzeitshauses der Stadt. Der eineinhalbgeschossige teilverputzte Massivbau mit Walmdach wurde damals durch einen Brunnenmeister aus Klingenmünster in der Pfalz an die von ihm gefaßten Quellen der umgebenden Wiesen angeschlossen. Hinter dem Gebäude wurde die unterirdische Brunnenstube angelegt, zugänglich durch eine kleine rundbogige Tür im Kellergeschoß. Von der Stube aus führte eine Leitung in einen vor dem Haus stehenden offenen Brunnentrog, für den Bedarf vor Ort, eine andere ca. 2,5 km lange Wasserleitung mit hölzernen, aus Baden gelieferten Teucheln in die Stadt. Die 1601 fertiggestellte Leitung versorgte ca. 30 Zisternen und sechs öffentliche Brunnen, beginnend mit dem noch heute stehenden Fleinertorbrunnen. Bis 1871 – dem Bau des städtischen Wasserwerks – war das Cäcilienbrunnenhaus die wichtigste Wasserversorgungseinrichtung Heilbronns.

Das Gebäude beeindruckt noch immer durch die anspruchsvolle architektonische Gestaltung, die den hohen Stellenwert des Objekts für die kommunale Fürsorge der Stadt manifestieren sollte. Der prominente Architekt ließ im erhöhten Kellergeschoß einen – mit sakralen Räumen (Sakristeien) vergleichbaren – spätgotischen kreuzrippengewölbten Raum mit dem Wappen der Stadt Heilbronn im Gewölbeschlußstein bauen. Profilierte Fenstergewände und Eingangsöffnungen, Eckquaderung und andere Details unterstreichen den mit dem Gebäude verbundenen Anspruch. In dieser Qualität der Ausführung stellt das Cäcilienbrunnenhaus einen der bedeutendsten Repräsentanten der Bauaufgabe »Brunnenhaus« aus der frühen Neuzeit in Württemberg dar.

Lit.: Mensch und Wasser in der Geschichte. Katalog der Ausstellung des Hauptstaatsarchivs Stuttgart, 1989, Kat.-Nr. 5 – Helmut Schmolz, Hubert Weckbach: Heilbronn, 1966, Nr. 71 – Historischer Verein Heilbronn, Jahrbuch 1951 – Deutschlands Städtebau: Heilbronn, 1928, S. 97f.

Fekete

Lebensmittelfabrik von Kaiser's Kaffeegeschäft

Tafel 64

Nördlich des Stadtzentrums im Industriegebiet, weithin sichtbar, erhebt sich ein massiger rechteckiger Turm mit Sichtziegelmauerwerk, bekrönt von dem Namenszug »Kaiser's«. Er stellt den markanten Bauteil eines Gebäudekomplexes der bedeutenden Lebensmittelfabrik und -verkaufskette Kaiser's dar, die hier ihre Zentrale für Süddeutschland unterhielt. Die 1938 erstellten Bauten beherbergten neben der Verwaltung noch Lager- und Versandhäuser und vor allem die Rösterei für Kaffee und Kaffee-Ersatz. Architekt war der im Fabrikbau jener Zeit bedeutende Stuttgarter Karl Elsässer.

Das Fabrikationsgebäude beeindruckt durch den Aufbau des Ganzen in stufenmäßig geschichteten Blöcken, die vom Turm zusammengehalten erscheinen. Diese Gliederung des Baukörpers bringt den von oben nach unten laufenden Fabrikationsgang im Siloturm und die Lagerung deutlich zum Ausdruck. Die Firma verarbeitete hier Gerste, die im Turm gereinigt, umgeschichtet und für die Verarbeitung zu Malzkaffee vorbereitet wurde – die technische Einrichtung des Siloturmes ist fast vollständig überliefert und besitzt hohen Seltenheitswert. Seine Architektur wurde von dem Turmbau am Kornwestheimer Rathaus von Paul Bonatz aus dem Jahre 1934 inspiriert und dokumentiert die für die Erbauungszeit moderne Auffassung in der Fabrikarchitektur. Erhalten ist auch das Treppenhausfenster im Eingangsbau, es zeigt das für die Vorkriegstradition typische Kunsthandwerk und nimmt auf die Funktion der Lebensmittelfabrik direkt Bezug: Angefertigt von Wilhelm von Eiff, dem Professor der Stuttgarter Kunstgewerbeschule, zeigt es den Weg des Kaffees vom Produzenten bis zum Verbraucher.

Lit.: Karl Elsässer, Horst Ossenberg, Bauten der Lebensmittel-Industrie, 1954 – Moderne Bauformen, Jg. 1940, S. 553 ff.

Fekete

Hermaringen, Kreis Heidenheim

Wasserkraftwerk mit Turbinenversuchsanstalt

Tafel 19

Im südlich von Giengen gelegenen Dorf Hermaringen weist die Brenz eine ihrer größten natürlichen Gefällstufen auf. Die Wasserkraft wurde von zwei an dieser Stelle seit Jahrhunderten sich gegenüberliegenden Mühlen genutzt. Am Anfang unseres Jahrhunderts erwarb die Maschinenfabrik Voith (Heidenheim), damals durch ihre Turbinenproduktion bereits weltberühmt, die beiden Mühlen und errichtete 1907/08 an deren Stelle eine »Elektrische Centrale und Versuchsstation« nach Plänen von Werksingenieuren in Zusammenarbeit mit dem Stuttgarter Architekturbüro von P. J. Manz.

Die Anlage umfaßt doppelten Oberkanal, Unter- bzw. Meßkanal einschließlich der nötigen Wehre und Laufstege sowie das z. T. über die Kanäle gesetzte Kraftwerksgebäude. Letzteres, im Sinne damaliger Heimatstilbewegung als »malerische« Baugruppe ausgebildet, gliedert sich in einen Turbinenhaus, Werkstatt nebst Wärterwohnung bergenden Trakt mit steilem Satteldach und Treppenturm sowie einen südlich anschließenden, tiefer gelegenen Maschinenhausflügel. Der südöstlich angefügte Turm mit Zeltdach war als Schaltstation und Ausgangspunkt der Freileitungen konzipiert.

Zwei 1907 installierte und bis heute in Funktion befindliche Aggregate mit Zwillingsfrancisturbinen von (ursprünglich) je 200 PS versorgten die 11,5 km Luftlinie entfernte Voithsche Fabrik und die dort gleichzeitig errichtete Versuchsstation Brunnenmühle (für Hochdruckturbinen) mit elektrischer Energie; der Aufbau des Hermaringer Ortsnetzes fiel als Nebenprodukt an.

Neben diesem, dem kontinuierlichen Betrieb vorbehaltenen Bereich des Maschinenraums schließt sich der Versuchsschacht für Niederdruckturbinen an. Dort konnten Abnahmeprüfungen fertiger Turbinen vor deren Auslieferung vorgenommen und Experimente im Rahmen der Turbinenentwicklung durchgeführt werden (Wasser-, Gefälle-, Leistungsmessungen, Regulatorversuche). Die ganze Anlage, als Versuchsanstalt 1970 stillgelegt, ist im originalen Bestand gut erhalten und stellt zudem ein architektonisch qualitätvoll gestaltetes, wichtiges Zeugnis des Energiegewinnungswesens dar.

Lit.: Friedrich Voith (Hrsg.), Die Turbinen-Versuchsstationen und die Wasserkraft-Zentralen mit hydraulischer Akkumulierungsanlage der Firma J. M. Voith in Heidenheim a. d. Brenz, Berlin 1909

Lutz

Herrenwies → Forbach
Höllental → Breitnau

Kandern, Kreis Lörrach
Ringofen der Ziegelei Tafeln 32, 33

Der Ringofen, ein kontinuierlich zu betreibender Brennofen mit fortschreitendem Feuer zur Ziegelherstellung, war von Friedrich Eduard Hoffmann 1858 erfunden und bis 1865 weiterentwickelt worden. 1897 wurde ein Ofen dieses Typs für die Ziegelei in Kandern errichtet.
Der gemauerte Ofenstock besteht aus einem überwölbten, in sich geschlossenen Brennkanal. In der Außenwandung sind ringsum rundbogige Ein- bzw. Ausbringöffnungen angeordnet. Der Brennkanal konnte in diesen Abständen in Kammern unterteilt werden.
Bei laufendem Betrieb wurde das Feuer nur jeweils in einem Abschnitt unterhalten. Indem man durch Schüttlöcher im Ofengewölbe Kohle vor das Feuer einstreute, wanderte es ringsum durch den Brennkanal. Auf diese Weise konnte man nicht nur die Intensität des Feuers, sondern auch die Geschwindigkeit seines Vorrückens beeinflussen.
Die bereits luftgetrockneten Ziegel wurden in genügender Entfernung vor dem Feuer in den Brennkanal eingebracht. Mit der Abwärme des Feuers wurden sie vorgewärmt. Genügend weit hinter dem Feuer konnte man die gebrannten und inzwischen abgekühlten Ziegel ausfahren. Üblicherweise erfolgte das Ein- und Ausbringen in den dem Feuer gegenüberliegenden Abschnitten des Brennkanals. Diese Arbeitsvorgänge ließen sich so aufeinander abstimmen, daß der Ringofen ununterbrochen in Betrieb blieb.
Nur das Erdgeschoß des mächtigen Fachwerkgebäudes wird vom Ringofen und dem erforderlichen breiten Umgang eingenommen. Darüber waren Gestelle angeordnet, auf denen die Ziegel unter Ausnutzung der vom Ofen abgestrahlten Wärme vorgetrocknet wurden. Der Höhenversatz zwischen dem mittleren Gebäudeteil mit Satteldach und den beiden seitlichen, die mit einem Pultdach anschließen, ermöglichte eine günstige Anordnung von Lüftungsöffnungen. Dadurch wurde zugleich der symmetrische Aufbau des Baukörpers betont.
Die Hoffmannschen Ringöfen waren noch bis in die fünfziger Jahre weit verbreitet. Heute ist der Kanderner Ringofen eines der wenigen noch erhaltenen Beispiele dieses Ofentyps in Baden-Württemberg.

Roth

Karlsruhe
Hirschbrücke Tafel 107

Ein Bebauungsplan aus dem Jahr 1883 zeigt erstmals das Projekt einer Verlängerung der Hirschstraße in Gestalt einer Brücke: Die divergierenden Trassen der Rheinbahn und der Kurvenbahn bedingen eine äußerst komplexe Form des 88,5 m langen Brückenbauwerkes, das sie überspannt. Die Ausführung nach Plänen des Stadtbaumeisters Hermann Schück in den Jahren 1888–1893 kostete die beachtliche Summe von 231 671 Mark. Zwischen den aufgeschütteten Rampen – dem »Roonbuckel« und dem »Hirschbuckel« – tragen zwei massige, pylonartige Sandsteinpfeiler und zwölf in Viererreihen angeordnete gußeiserne Säulen die genieteten Hauptträger. Auf den dazwischen gespannten Längs- und Querträgern liegen sog. Buckelbleche, auf denen wiederum der Betonunterbau mit dem Belag der Hirschstraße ruht.
Die kannelierten Säulen mit ihren Kompositkapitellen wie auch das reich verzierte Brückengeländer wurden von der Karlsruher Eisengießerei Seneca hergestellt. Insgesamt wurden 351 952 kg Eisen verbraucht. In der gleichen historistischen Formensprache sind auch die aufwendigen Sandsteinarbeiten an den Widerlagern mit ihren repräsentativen Treppenaufgängen und an den Brückenpfeilern gehalten.
Auf der Trasse der Rheinbahn fährt heute die Straßenbahn; die Trasse der Kurvenbahn wurde nach der Verlegung des Hauptbahnhofes 1913 aufgegeben. In diesem Bereich wurden ein Gehsteig für die neben der Trasse gelegene Jollystraße und eine öffentliche Bedürfnisanstalt unter der Brücke angelegt.
Lit.: Industriearchitektur in Karlsruhe, Karlsruhe 1987 – Chronik der Haupt- und Residenzstadt Karlsruhe für das Jahr 1891, Karlsruhe 1892

Vorbach

Ehemaliges Flughafengebäude

Schon in den Pionierjahren der Luftfahrt vor dem 1. Weltkrieg diente der große Exerzierplatz am nordwestlichen Stadtrand von Karlsruhe als Start- und Landebahn. In den zwanziger Jahren entwikkelte sich hier ein reger Luftverkehr mit Privatmaschinen, aber auch regelmäßigen Linienflügen. Die notwendigen Bodengebäude wurden ohne jeden gestalterischen Anspruch errichtet. Man sah in den Wellblech- und Holzbaracken allerdings bald Provisorien, da sich Karlsruhe 1928 um den geplanten »Weltflughafen« für Interkontinentalverkehr mit Zeppelinen bewarb, der im Südosten der Stadt angelegt werden sollte. Die Entscheidung für Frankfurt als internationalen Flughafen 1934 setzte den örtlichen Ambitionen ein jähes Ende. Man entschloß sich in der Folge zum Ausbau des bestehenden Flughafens, wenngleich ihm nun keine überregionale Bedeutung zukam.
1935–1938 entstanden in mehreren Bauabschnitten ein neues Empfangsgebäude mit Flugturm, Wetterwarte, Verwaltung, Restaurant, Fliegerschule und Platzwartwohnung sowie eine Flugzeughalle. Für Planung und Bau zeichnete das Städtische Hochbauamt verantwortlich. Den unterschiedlichen Funktionen entsprechend, wurde das Bauvolumen in eine ein- bis dreigeschossige Gebäudegruppe aufgegliedert, die sich asymmetrisch um einen Vorplatz legt. Charakteristisch für eine solche Bauaufgabe in den dreißiger Jahren sind die unterschiedlichen Architekturformen. So zeigen Verwaltungstrakt, Fliegerschule, Wohnhaus und Restaurant mit den typischen Biberschwanzdächern deutlich den Einfluß des Heimatschutzstils. Der in den Komplex einbezogene Flugturm mit seinen technischen Einrichtungen, die vorgelagerte Terrasse und vor allem die Flugzeughalle sind dagegen unverkennbar der Ästhetik des Neuen Bauens verpflichtet, die im Bereich der Ingenieurarchitektur durchaus auch im »Dritten Reich« weiterleben konnte.
Im Unterschied zu anderen Flughafenbauten dieser Zeit, die infolge des raschen technischen Wandels schon bald verändert oder abgerissen wurden,

Karlsruhe. Das ehemalige Flughafengebäude, Aufnahme um 1938

blieb das Karlsruher Gebäude weitgehend erhalten, da es nach 1945, als der Flugplatz zum amerikanischen Militärstützpunkt umgewandelt wurde, bereits früh seine ursprüngliche Funktion verlor.

Kabierske

Kamin des Vierordtbades Tafel 18

Eine Stiftung des Bankiers Heinrich Vierordt ermöglichte der Stadt die Errichtung eines lange gewünschten öffentlichen Volksbades. Josef Durm stellte 1873 das Vierordtbad als eine über einen zentralen Kuppelbau erschlossene dreiflügelige Wannenbadeanstalt fertig. Aufgrund seiner Lage südlich des Stadtkerns und westlich der bevölkerungsreichen Südstadt war das Bad gut besucht, so daß bereits 1898–1900 durch das Städt. Hochbauamt ein Hallenbad angefügt wurde. Dessen Maschinenhaus, axial auf die Eingangsrotunde bezogen, erhielt einen aufwendig gestalteten Schornstein, der wie die Schwimmhalle in Backstein mit Gliederungselementen in Sandstein errichtet wurde. Dieser Schornstein diente bis 1988 als Kamin für das aus dem Maschinenhaus hervorgegangene Heizwerk Mitte. Nach dessen Abbruch 1989 wurde das zunächst ebenfalls bedrohte Bauwerk schließlich als Abluftkamin in die Erweiterung des benachbarten Ausstellungsgeländes einbezogen. Der über quadratischem Grundriß mit angezogenem Sockel errichtete turmartige Schornstein ist in seinem oberen, städtebaulich wirksamen Bereich ganz auf architektonische Fernwirkung konzipiert worden. Zwischen Horizontalgurten und -gesimsen befinden sich übereinander im Wechsel von rotem zu gelbem Backstein diagonal ornamentierte Scheinfenster, dazwischen ist söllerartig über tief angesetzten Konsolen in rotem Sandstein ein mit Zinnenabschluß versehener Scheinumgang angelegt, dessen erhöhte Eckpfeiler zusätzlich Steinkugeln tragen.

Freyer

Schlacht- und Viehhof Durlacher Allee

Programmatisch wird in einem Gutachten von 1883 zum geplanten Schlacht- und Viehhof der zukünftige Architekt in die Pflicht genommen: »Das Widerliche, welches aus dem Zwecke der Anstalt . . . hervortritt, muß durch die Kunst des Architekten gewissermaßen verhüllt oder mindestens abgeschwächt werden.« 1885 wurde mit der Ausführung der Pläne des Stadtbaumeisters Wilhelm Strieder begonnen. Auf die erste Probeschlachtung 1886 folgte die Einweihung im Jahr 1887, die von einer Zirkusveranstaltung festlich umrahmt wurde. In der Art eines Landschlosses bezieht Strieder die beiden Verwaltungsgebäude an der Durlacher Allee symmetrisch auf den halbrunden Ehrenhof mit dem zentral gelegenen Restaurations- und Börsengebäude. Von diesem Vorhof aus betritt man nach rechts (stadteinwärts) den Schlachthof und nach links den Viehhof. Um auch bei Seuchengefahr einen der beiden Bereiche getrennt weiterführen zu können, trennt die Schlachthofstraße beide Anlagen.
Den repräsentativeren Charakter der Gebäude an der Durlacher Allee unterstreicht Strieder durch Stilformen aus der italienischen Renaissance. Ihre sorgfältig gearbeiteten Hausteinfassaden aus gelbem Sandstein unterscheiden sie deutlich von den schlichten Vieh- und Schlachthallen im rückwärtigen Bereich. Die Fassaden dieser überwiegend aus rotem Sandstein errichteten Zweckbauten werden

durch Lisenen streng gegliedert. Die untergeordnete Gestaltung legt den Vergleich mit Wirtschaftsgebäuden eines herrschaftlichen Landsitzes nahe. Die dreischiffige gewölbte Schlachthalle für Kleinvieh und die ehem. Stellgebäude an der Schlachthausstraße tragen besonders dazu bei, daß der Gesamteindruck der aus hygienischer und funktionaler Sicht vorbildlichen Anlage des 19. Jh. bis heute ablesbar ist. Auch die späteren Ergänzungsbauten – das Kessel- und Maschinenhaus (1914), die Direktionsvilla (1905) und das Pferdeschlachthaus (1914) – fügen sich in überzeugender Weise in das ursprüngliche Konzept Strieders ein.

Lit.: Hygienischer Führer durch Karlsruhe, Karlsruhe 1897 – Industriearchitektur in Karlsruhe, Karlsruhe 1987

Vorbach

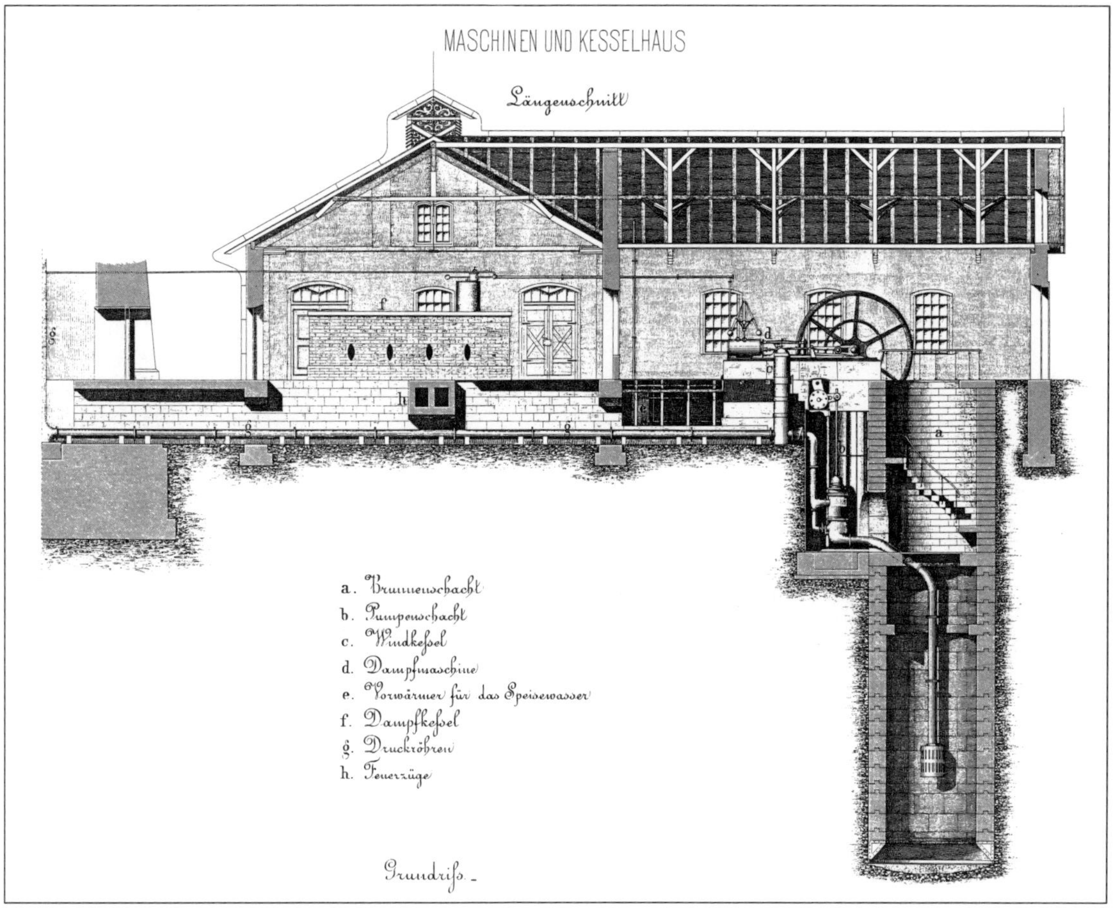

Karlsruhe. Großherzogliches Hofwasserwerk, Längsschnitt durch das Maschinen- und Kesselhaus, Originalplan

Wasserturm des ehemaligen Hofwasserwerks

Tafel 75b

Am Ahaweg, in unmittelbarer Nachbarschaft des Karlsruher Schloßgartens, erhebt sich aus dem Grün des Wildparks der schlanke, etwa 40 m hohe Wasserturm. Er gehörte ursprünglich zum früheren Hofwasserwerk, das unter Großherzog Friedrich I. von Baden 1863–1866 nach jahrzehntelangen Problemen mit der mangelhaften städtischen Wasserzuleitung zur eigenen Versorgung des Residenzschlosses, seiner Nebengebäude und Gartenanlagen errichtet wurde.

Charakteristisch für die sich damals gerade anbahnende Spezialisierung im Bauwesen ist, daß sich Architekt und Ingenieur die Lösung der Aufgabe teilten. Der Leiter des Hofbauamts, Karl Philipp Dykkerhoff, zeichnete für die Architektur des heute nicht mehr vorhandenen Pumpenhauses sowie für das Äußere des Wasserturms verantwortlich. Ein Zinnenkranz über dem Konsolgesims bildete ursprünglich den oberen Abschluß, der 1904 um ein weiteres Geschoß mit steilem Zeltdach erhöht wurde. Planung und Ausführung der technischen Einrichtung gehen dagegen auf die großherzoglich-badischen Ingenieure Franz Obermüller und Ernst Gerstner zurück.

Noch heute sind die beiden ringförmigen Wasserbehälter mit je 27 m³ Fassungsvermögen, die Steig- und Falleitungen, die Glockenventile sowie die ebenfalls aus Gußeisen bestehende zentrale Wendeltreppe nahezu im Originalzustand und voll funktionstüchtig. Der bislang kaum beachtete Wasserturm ist damit eines der ältesten erhaltenen Beispiele für diesen Bautypus und ein technisches Denkmal allerersten Ranges.

Lit.: Großherzogliches Hof Wasser Werk zu Carlsruhe, entworfen und ausgeführt von F. Obermüller, Gr. Bad. Oberingenieur, und E. Gerstner, Gr. Bad. Ingenieur. Eine Denkschrift mit Atlas, Karlsruhe 1871 – Slotta, Technische Denkmäler in der BRD, Band 2, Bochum 1977, S. 393–398 – Denkmäler, Brunnen und Freiplastiken in Karlsruhe 1715–1945 (Veröffentlichungen des Karlsruher Stadtarchivs Bd. 7), Karlsruhe 1987, S. 90–91, 138

Kabierske

Versuchskraftwerk der Universität am Adenauerring

Der Bau des Versuchskraftwerkes der Technischen Hochschule in Karlsruhe entstand in den Jahren 1951–1955 nach Plänen von Egon Eiermann, der seit 1947 Professor an der TH war. Er ist eine der zentralen und wichtigsten Persönlichkeiten in der Architektur der Bundesrepublik Deutschland; zu seinen bekanntesten Werken gehört der Neubau der Kaiser-Wilhelm-Gedächtniskirche in Berlin (1957–1963).

»Das Versuchskraftwerk dient der Grundlagenforschung an Dampf- und Gasturbinen und wärmetechnischen Untersuchungen an Teilen von Kraftanlagen wie Strahltriebwerken, Brennkammern oder Wärmeaustauschern. Eine binderüberspannte Stahlhalle mit außenstehenden Stützen und großflächigen Verglasungen überdeckt die zum größten Teil aus Beton hergestellten Arbeitsebenen. Treppenhaus und Haupteingang bilden einen eigenen Baukörper aus Stahlbeton . . . Das sichtbare Stahlskelett und die diagonalen Windverbände aus Rundstahl sind hellblau gestrichen, die Fenster weiß, die nicht verglasten Außentüren gelb, Schornstein und Kühlturm silbergrau. Massive

Wandfelder sind mit mattschwarzen Steinzeugplatten verkleidet; das Treppenhaus ist schalungsrauher Sichtbeton« (Immo Boyken).
Die Ästhetik des Funktionalen, die das Versuchskraftwerk auszeichnet, seine klare, schnörkellose Grundform und seine feingliedrige Detailgestaltung mit sicherem Gefühl für Material und Farbe mußten geradezu revolutionär erscheinen in einer Zeit, in der die offizielle Architektur des »Dritten Reiches« noch allzufrisch in Erinnerung war. Eiermann hatte in den Jahren des Nationalsozialismus vor allem Industrie- und Zweckbauten entworfen und auf diesem vermeintlich unverfänglichen Gebiet eine progressive Architekturauffassung beibehalten und weiterentwickeln können, ohne in Konflikt mit den offiziellen Kulturwächtern zu geraten. Der Charakter und die Formensprache dieser Bauten, an die er nach 1945 unmittelbar anknüpfen konnte, setzten Maßstäbe für die Architektur des Neuanfangs nach dem Krieg. In den folgenden Jahren wurden Eiermanns Einfluß und Wirkung durch seine Bauten und nicht zuletzt durch seine erfolgreiche Lehrtätigkeit an der TH Karlsruhe noch stärker und bestimmender.

Lit.: Immo Boyken u. a., Egon Eiermann 1904–1970, Bauten und Projekte, Stuttgart 1984

Schmidt

Parfümerie- und Feinseifenfabrik Wolff & Sohn

Friedrich Wolff verlegte 1889 seine expandierende Parfum- und Feinseifenfabrikation aus der Innenstadt in die im Aufbau befindliche Oststadt. Der Industriearchitekt Hermann Walder baute ein von der Durlacher Allee abgerücktes, herrschaftlich wirkendes Werkgebäude. Villen für den Fabrikanten und seine leitenden Angestellten rahmen den Zugang. Der Palaischarakter der Architektur sollte den Herkunftsort der bekannten Kaloderma-Erzeugnisse wohl von dem Odium herkömmlicher Fabrikarchitektur befreien und in werbewirksamer Weise auch Ausdruck des Lebensgefühls der von den Produkten angesprochenen Zielgruppe sein.
Durch Erweiterungen in wechselnden Stilvorstellungen verlor von 1900 an die einheitliche Architekturschöpfung allerdings ihre Prägnanz. So wurde u. a. 1907 die Fabrikantenvilla durch eine jugendstilgeprägte Bebauung erweitert, 1913 das Hauptgebäude um ein, seine Risalite um jeweils zwei Geschosse aufgestockt. Einem Kesselhaus auf der Nordseite des Komplexes wurde ein Silogebäude angelagert, dessen rote Ziegelfassade durch gotisierende geputzte Blendflächen gegliedert ist. Alle diese Maßnahmen sind vom Büro Walder ausgeführt worden.
In den zwanziger Jahren hatte die Firma Wolff & Sohn ihren Höhepunkt erreicht; fast 2000 Mitarbeiter waren hier beschäftigt. Durch Konkurrenzdruck geschwächt ging 1974 die Firmengeschichte zu Ende. Heute befindet sich in dem durch Kriegszerstörungen weiter beeinträchtigten und durch nutzungsbedingte Umbauten veränderten Komplex die Landespolizei.

Lit.: Industriearchitektur in Karlsruhe, Veröffentlichungen des Karlsruher Stadtarchivs, Band 6

Freyer

Brauerei Hoepfner mit Gastwirtschaft und Villa

Tafeln 14, 63

Die bereits auf Brautradition seit 1798 zurückblikkende private Brauerei Hoepfner, seit 1850 im Stadtzentrum, fand auf dem Rintheimer Feld östlich der Stadt von 1872 an die Möglichkeit zur Errichtung einer neuen Kellerei. Auf dem anschließenden Gelände entstand, noch nicht in die Stadt einbezogen, der seit 1890 von Johann Hantschel geplante und 1896–1898 erbaute Brauereikomplex. Erst in neuerer Zeit ist er im Fabrikationsbereich durchbaut und durch Anbauten technisch modernisiert und ergänzt worden.
Verwaltung, Mälzerei, Darrengebäude und Sudhaus bilden einen mächtigen fünf- und sechsgeschossigen Komplex. Die im Grundriß U-förmige Anlage wird von einem mit Spitzhelm versehenen Treppenturm überragt und vermittelt den Eindruck mittelalterlicher Burgen- und Palastarchitektur. Dieser Eindruck wird durch die Ausbildung des dreiteiligen Hauptportals als zinnenbekrönten Stadteingang untertützt. Stadteinwärts schließt hier, mit dem Torbau durch einen dreigeschossigen Turm verbunden, der »Burghof« an, ein zweigeschossiger Gaststättenbau. Sein Inneres zeigt über hölzernen Täfern großflächige Wandgemälde ritterlicher und brauereibezogener Darstellungen. Anders die von den namhaften Architekten Curjel & Moser erbaute Fabrikantenvilla: Von der Brauerei abgerückt, ist sie in gelbem Sandstein und asymmetrischem Aufriß ausgeführt worden und zeigt deutliche Jugendstilbezüge.
Aus dem Verständnis der Bauzeit ist der stilistische Rückgriff auf das Mittelalter sicherlich als Symbol für die Beständigkeit und Kraft des hier erzeugten Gerstensaftes zu verstehen: eine Vorstellung, auf die der Bierbrauer durchaus auch heute noch baut.

Lit.: Industriearchitektur in Karlsruhe, Veröffentlichungen des Karlsruher Stadtarchivs, Band 6, Karlsruhe 1987

Freyer

Seldenecksche Brauerei

Den Namen des ausgestorbenen fränkischen Adelsgeschlechtes von Seldeneck erhielt die Brauerei von dem standesgemäßen Freigut, das Prinz Wilhelm Ludwig von Baden im 18. Jh. für seine zur Linken angetraute bürgerliche Ehefrau in Mühlburg erwarb. Die Gründung der Seldeneckschen Brauerei steht in der Tradition einer seit 1770 zum Freigut gehörenden Biersiederei. Die Umstellung des Betriebes auf untergäriges Bier nach bayerischer Brauart und die neuen Absatzmärkte in Elsaß-Lothringen nach dem Krieg von 1870/71 führten zu einer regen Bautätigkeit.
Ganz im gründerzeitlichen Geist erfolgte 1889 der Umbau des alten und die Erstellung des neuen Sudhauses in der Lerchenstr./Hardtstr. durch den Architekten Gustav Ziegler. Das dreigeschossige alte Sudhaus erhielt eine repräsentative zweigeschossige Backsteinfassade; entsprechend aufwendig wurde auch das nordöstlich gelegene neue Sudhaus gestaltet. Seit dieser Zeit bestimmen Formen der gotischen Kathedralbaukunst, aber auch romantische Rückgriffe auf Burgenarchitektur das Bild der Brauerei. Gut gestaltet sind auch der bereits 1863 errichtete Bier- und Eiskeller (Architekt Willard) sowie die Kühl- und Kesselanlage von 1901 (Architekt Langeroth). Die in einem Park gelegene Direktionsvilla erinnert an die herrschaftliche Tradition der heute stillgelegten Brauerei. Das ursprünglich an der Hardtstraße gelegene barocke Jagdschlößchen des Prinzen Wilhelm Ludwig mußte 1965 einem Verwaltungsbau weichen.

Lit.: Industriearchitektur in Karlsruhe, Veröffentlichungen des Karlsruher Stadtarchivs, Band 6, Karlsruhe 1987

Vorbach

IWKA Tafeln 50, 51

Zwei Baukörper bilden den Kernbestand der im 1. Weltkrieg errichteten ehem. Waffenfabrik in der Südweststadt von Karlsruhe. Neben dem gigantischen Produktionsgebäude, dem sog. Hallenbau A – mit einer Grundfläche von 312 × 54 m und mit einer Höhe von 25 m dem mit Abstand größten Bau der Stadt – steht das Wohlfahrtsgebäude, ehemals Kantine und Badeanstalt für 4500 Arbeiter. Der Entwurf stammt von dem namhaften Stuttgarter Industriearchitekten Philipp Jacob Manz. Die 1914/15 geplante Anlage konnte erst kurz vor Kriegsende 1918 in Betrieb genommen werden. Das Wohlfahrtsgebäude soll in naher Zukunft abgebrochen werden; auch der Bestand des Hallenbaus A ist bedroht.

Auffällig, zumal für eine unter Kriegsbedingungen entstandene Fabrik, ist der hohe gestalterische Anspruch der Architektur. Das Produktionsgebäude mit seinen zehn großen Hallen für die riesigen Maschinen der Waffenfabrik zeigt eine nüchterne und gleichzeitig repräsentative Industriearchitektur. Einen anderen Charakter besitzt das Wohlfahrtsgebäude: Die Dreiflügelanlage, das Mansarddach, die umlaufende Kolossalordnung und der große Dreiecksgiebel über dem Mittelrisalit der Schauseite knüpfen an Vorbilder aus der Schloßarchitektur an. Mit dieser Gegenüberstellung von Zweck- und Repräsentationsarchitektur wird eine Tradition aufgegriffen und verarbeitet, die sich letztlich bis zu den Gutshofkomplexen norditalienischer Großgrundbesitzer der Renaissance zurückverfolgen läßt. Neu und unerwartet ist aber, daß die Würdemotive bei dem Karlsruher Industriekomplex nicht die Villa eines Patrons, sondern den Bau der Arbeiterschaft auszeichnen: im Gegensatz zu ihrem vermeintlich konservativen Erscheinungsbild ein gesellschaftspolitisches Statement der Architektur, das in seiner Konsequenz geradezu revolutionär erscheint.

Lit.: Leo Schmidt, Imperiale Industriearchitektur. Architektonische Formensprache einer Waffenfabrik von 1914–1918, in: Denkmalpflege in B.-W. 1990, S. 1–6

Schmidt

Feuerwehrgerätefabrik und Glockengießerei Metz & Bachert

Mit direktem Gleisanschluß zum benachbarten Westbahnhof errichtete die Maschinenfabrik L. Nagel AG im Jahr 1899 ein Bürogebäude und drei Werkhallen, die bereits fünf Jahre später an die Fabrikanten Alfred und Karl Bachert veräußert wurden. Im Kontrast zu den historistischen Klinkerfassaden zur Liststraße bestimmt eine Eisenskelettkonstruktion das Aussehen der ehemaligen Glokkengießerei im rückwärtigen Grundstücksbereich. Die nur einen Ziegel starken Eisenfachwerk-Außenwände und die großen verglasten Flächen entsprechen voll den damaligen funktionalen und raumklimatischen Anforderungen an eine Gießereihalle. Weithin sichtbare und prägende Gestaltungselemente sind die monumentalen Rundbogenfenster in den Giebeln.

Im Innern der dreischiffigen Halle verjüngen sich die eisernen Fachwerkstützen entsprechend der statischen Belastung nach oben. Sie tragen die Kranbahn und sind gleichzeitig Auflager für die steil ansteigenden Untergurte der Fachwerkbinder, die die Halle bogenförmig überspannen. Diese sachlich gestaltete Werkhalle ist als Vorläufer der drei Jahre später errichteten Ausstellungshallen für die Industrie- und Kunstausstellung in Düsseldorf und für die vielfach veröffentlichte Maschinenhalle der Zeche Zollern II/IV in Dortmund zu sehen. Ihr Bestand ist durch Abbruchpläne gefährdet.

Lit.: Industriearchitektur in Karlsruhe, Karlsruhe 1987 – Michael Bormann, in: Kleine Beiträge zur Geschichte von Baukonstruktion und Bautechnik, Institut für Baugeschichte, Karlsruhe 1990

Vorbach

Karlsruhe-Durlach
Wasserwerk

1896 entstand, als Ersatz für einen älteren Wasserturm, das Pumpwerk des städtischen Wasserwerks. Von hier aus wurde nicht nur die Stadt Durlach mit dem südwestlich angeschlossenen Aue, sondern auch das nordöstlich gelegene Grötzingen mit Wasser versorgt. Der Pumpbetrieb wurde erst 1967 eingestellt.

Der zweigeschossige Baukörper auf rechteckigem Grundriß wird durch einen Erker mit Zwerchhaus über dem Haupteingang betont. Das bis zur Fensterbank des Obergeschosses in glatt behandeltem Schilfsandstein errichtete Gebäude wird in gelbem Klinker weitergeführt, gegliedert durch Fensterge-stelle mit ornamental behandelten Oberfeldern, Eckquaderungen und einer reichen Trauf- und Giebelausbildung. Das technische Element der Tragkonstruktion wird im Außenbild durch verzierte Maueranker ablesbar. In der anspruchsvollen und klar gegliederten gestalterischen Durchbildung des an städtebaulich prominenter Stelle gelegenen Wasserwerks wird der von der Stadt Durlach mit dieser öffentlichen Einrichtung verbundene Repräsentationswille deutlich. Auffällig ist dabei die am Baukörper erkennbare, vom Verwendungszweck hergeleitete knappe Behandlung des Erdgeschosses im Gegensatz zu der historistisch verspielten Obergeschoß- und Giebelzone.

Lit.: Industriearchitektur in Karlsruhe, Veröffentlichungen des Karlsruher Stadtarchivs, Band 6

Freyer

Kleinaspach → Aspach
Kleinkems → Efringen-Kirchen
Kochendorf → Bad Friedrichshall

Köngen, Kreis Esslingen
Ulrichsbrücke Tafel 91

Zu Beginn des Jahres 1599 beauftragte Herzog Friedrich I. von Württemberg seinen Hofbaumeister Heinrich Schickhardt mit dem Bau einer neuen Nekkarbrücke zwischen Köngen und Wendlingen, nachdem Hochwasser und Eisgang die dortige alte Brücke zerstört hatten.

Schickhardt (1558–1634) – Architekt und Ingenieur zugleich – war ein vielseitig begabter und bedeutender württembergischer Baumeister der Renaissance. Nach seinen Entwürfen entstand in dreijähriger Bauzeit an der Stelle des Vorgängerbaus die bis heute erhaltene Ulrichsbrücke.

Zur Ausführung kam eine vierjochige, vollwandige Bogenbrücke aus Stubensandstein mit regelmäßigem Pfeilerabstand, Bögen aus flachen Kreissegmenten mit nur wenig über der Wasseroberfläche ansetzenden Kämpfern, steiler Anrampung und zur Mitte hin leicht ansteigender Fahrbahn. Oberstrom sind die Pfeiler mit dreieckigen Vorlagen versehen, die bis in Brüstungshöhe reichen. Unterstrom wird der Mittelpfeiler von einem Obelisken bekrönt, der das Wappen der Herzöge von Württemberg trägt und mit einer Gedenktafel den Baumeister würdigt. Pfeilervorlagen und die die Durch-

laßöffnungen rahmenden Archivolte sind in großen Quadern aufgeführt, das übrige Mauerwerk in Kleinquader- bzw. Bruchsteinmauerwerk erstellt. 1912/13 wurde die Brücke verbreitert und um zwei Joche verlängert. Gleichzeitig wurde der Obelisk durch eine Kopie ersetzt. Zwei zu Ende des 2. Weltkrieges gesprengte Joche wurden bereits 1945/46 wieder aufgebaut.
Ob das heutige Erscheinungsbild – bei neuerlichen Renovierungsarbeiten 1977/78 wurde der damals vorhandene Putz abgeschlagen – mit seiner Steinsichtigkeit den Formvorstellungen Schickhardts gerecht wird, läßt sich nicht mit letzter Sicherheit sagen. Ohne Zweifel hätten verputzte Mauern sich gegen Sichtmauerpartien stärker abgesetzt und damit die Wirkung beispielsweise der Archivolte und der Wellenbrecher erhöht.

Lit.: Bundesminister für Verkehr, Steinbrücken in Deutschland, Düsseldorf 1988 – Wilhelm Heyd, Handschriften und Handzeichnungen des herzoglich württ. Baumeisters Heinrich Schickhardt, Stuttgart 1902 – Paul Zucker, Die Brücke. Typologie und Geschichte ihrer künstlerischen Gestaltung, Berlin 1921

Lohkamp

Königsbronn, Kreis Heidenheim
Gießereigebäude mit Zwillingsflammofen
Tafeln 26, 27

Auf dem Gelände der Schwäbischen Hüttenwerke in Königsbronn steht am Fuße der sog. Schmelzhalde ein eingeschossiges, mit Walmdach versehenes Gebäude, welches durch einen mächtigen Backsteinkamin auffällt. In der Nachbarschaft des Pfefferursprunges, wo sich ein Teil der spätestens seit dem 16. Jh. betriebenen Eisenwerke gruppierte, entstand dieser Bau zwischen 1797 und 1822 am Platze eines 1778 als »Altes Gießhaus« bezeichneten Vorgängers. Zwei Anbauten nach Südwest und Nordost kamen im Laufe des 19. Jh. hinzu.
Das Herz der Anlage bildet eine Zwillingsanordnung von zwei Flammöfen mit jeweils separatem Abzugsschacht im gemeinsamen, vor der Ofenstirn auf vier gußeisernen dorischen Säulen ruhenden Kamin. Ihr heutiger Bestand geht auf die 1854 erfolgte Erweiterung einer 1822 eingebauten älteren Einrichtung zurück.
Die Bauart der Öfen zeigt Verwandtschaft mit dem 1783/84 von dem Engländer Henry Cort zur Gewinnung schmiedbaren Eisens entwickelten sog. Puddelofen: Die von der Feuerung ausgehende und durch einen annähernd horizontalen Ofenschacht über das im »Herd« befindliche Gießmaterial geleitete Hitze brachte – intensiviert durch die Strahlungshitze des Ofengewölbes – das Eisen zum Schmelzen und bewirkte die Oxydation des darin enthaltenen Kohlenstoffs mittels Luftsauerstoff. Der Luftzug der Königsbronner Öfen war durch Klappen auf dem Kaminhut (Vorrichtung erhalten) regulierbar und ermöglichte so eine kontrollierte Beeinflussung des Kohlenstoffgehalts bzw. damit auch des Kohlenstoff/Silizium-Verhältnisses im Gießmetall. Der solcherart veredelte Werkstoff wurde in Königsbronn um die Mitte des 19. Jh. vorwiegend zum Gießen von Geschützen und Walzen, in der jüngeren, bis um die Jahrhundertwende währenden Betriebsphase der Flammöfen fast ausschließlich zum Walzenguß, einer bis heute die Königsbronner Produktion bestimmenden Spezialität, verwendet.

Lit.: Württembergische Jahrbücher für vaterländische Geschichte (. . .), 1823, Heft 1, S. 89–91 – Beschreibung des Oberamts Heidenheim, Stuttgart 1844, S. 79f, 241f. – Thomas Lutz, Die alte Flammofen-Gießerei in Königsbronn – ein Industriedenkmal im schwäbischen »Revier«, in: Denkmalpflege in B.-W. 1990, S. 162–166

Lutz

Kornwestheim, Kreis Ludwigsburg
Salamanderwerke Tafel 59

Die ab 1904 westlich der Bahnlinie direkt am Bahnhof entstandenen Salamanderwerke gehen auf einen Ideenwettbewerb zurück, den Jakob Sigle – Schuhfabrikant aus Kornwestheim – mit seinem Einfall gewonnen hatte: »Salamander« als Markenname für Herrenschuhe zum Einheitspreis. Zusammen mit Max Levi wurde die Salamander-Schuhgesellschaft mit eigenem Vertriebsnetz gegründet. Der Aufstieg des Deutschen Reiches zur Weltmacht förderte die Entwicklung der Kornwestheimer Fabrik. Im Jahre 1913 stellte sie z. B. mit 3474 Beschäftigten 2,16 Mio. Paar Schuhe her.
Nach Plänen des bekannten Stuttgarter Architekten P. J. Manz wurde als erstes Fabrikationsgebäude der sog. 100-m-Bau als Stahlskelett-Mauerwerksbau errichtet und bereits 1907 auf ca. 200 m verlängert. Er wirkt bis heute wie ein Wahrzeichen Kornwestheims. Seine Architektur war noch deutlich von der historistischen Formauffassung geprägt. Bezeichnend war die Verwendung von Sichtmauerwerk und ornamentalen Putzfeldern sowie beispielsweise die segmentbögigen Zwillingsfenster im zweiten Obergeschoß und die Dachaufbauten über den Treppentürmen. 1927 wurde der Bau wiederum nach Entwürfen von Manz aufgestockt und in Anlehnung an den mittlerweile entstandenen Verwaltungsbau formal verändert.
Einen markanten nördlichen Abschluß erhielt die Front entlang der Bahnlinie durch den 1925 nach Plänen der namhaften Architekten Schlösser und Weirehter entworfenen Direktions- und Verwaltungsbau. Er ist ein eindrucksvolles, künstlerisch herausragendes Beispiel expressionistischer Architektur, die durch übersteigerte Einzelelemente gekennzeichnet ist wie z. B. die über fünf Geschosse aufwärtsstrebenden, prismenförmigen Mauerwerkspfeiler und ihre in Beton gearbeiteten, ebenfalls prismenförmigen Kapitelle im breit ausladenden Kranzgesims. Der Bau überrascht im Innern durch ausgesprochen anspruchsvolle Ausstattung, für deren Entwurf ebenfalls das Büro Schlösser und Weirehter zeichnete. Besonders beeindruckend ist der sechsgeschossige runde Lichthof, den eine rosettenartige Glaskuppel überspannt, deren Muster mit dem im Fußboden des Erdgeschosses korrespondiert.
Die Salamanderwerke verdienen als hervorragendes Beispiel von Industriearchitektur- und ansiedlung in Württemberg besondere Beachtung.

Lit.: Franziska Schneider, Georg Schmelzer, Industriearchitektur im Wandel der Zeit. Schuhfabrik Salamander Kornwestheim, o. J. – Gert von Klass, Salamander – die Geschichte einer Marke, Wiesbaden 1961 – Hanspeter Sturm, Die Geschichte d. Salamander AG, Kornwestheim 1958.

Lohkamp

Konstanz
Hafenanlagen

Der Konstanzer Bodenseehafen bestand bis 1839 aus einer palisadenumschlossenen Anlegestelle beim Konzilgebäude. Der Dampferbetrieb führte 1839/41 zum Bau eines modernen Hafenbeckens; Erweiterungen (Eisenbahntrajekthafen 1868 ff.) und Veränderungen (1890 Vereinigung der Hafen-

becken) folgten und gaben der Anlage ihre heutige Gestalt.
Zum ältesten Baubestand zählt das Hafengebäude mit Güterabfertigungshalle: Es wurde 1860/65 gleichzeitig mit dem Bahnhof errichtet, um einen zügigen Umschlag zwischen Schiff und Bahn zu gewährleisten. Der Architektur des Bahnhofs vergleichbar ist der klassizistisch-symmetrische Baukörper mit gotischer Bauzier; besonders bemerkenswert sind die reichen hölzernen Maßwerkgliederungen der Spitzbogenfenster im Norden. Das anschließende Gütergebäude führt diese Formensprache in reduzierter Weise weiter.
Die Hafeneinfassung im Osten, eine Mauer mit dem Hafenturm an der Spitze, geht auf die Anlage der Trajektanstalt zurück. Der Steg im Norden mit Pegel- und Leuchtturm entstand 1889/90 im Zuge der Entfernung der alten Hafenmauer von 1839/41 bzw. der Neugestaltung und Aufschüttung des Uferbereichs zwischen Konzil und Insel.
Der Hafenpavillon (Hafenstr. 3), erbaut 1913/14, ist ein eingeschossiges, symmetrisch angelegtes Gebäude mit risalitartiger Mittelpartie, flachem Walmdach und seitlichen Arkaden; er diente zur Abwicklung des Passagierverkehrs.

Schmidt

Industrieanlage Stromeyersdorf

Bald nach ihrer Gründung 1872 erlangte die Firma L. Stromeyer eine Jahrzehnte währende, führende Stellung in der Herstellung von Planen, Zelten und verwandten Stoffen. Das heutige Bild der Fabrikanlage wird durch eine ab 1905 durchgeführte Erweiterung bestimmt, für die man den Industriearchitekten Ph. J. Manz (1861–1936) verpflichtete. Unter dem Namen »Stromeyersdorf« entstand ein an dörflichen Strukturen orientierter Baukomplex, dessen Wege und Gebäude mit Namen und Numerierung versehen wurden und zu dem auch eine als Gasthaus gestaltete Kantine unter dem Namen »Dorfkrug« zählt.
»Das erste Dorf am deutschen Rhein«, ein wohlgeordnetes Gebilde, gliedert sich im wesentlichen in drei Bereiche: Verwaltungsgebäude und Dorfkrug wie der Fähren-Pavillon in süddeutschen Jugendstilformen bestimmen die Eingangssituation. Dagegen kontrastieren Bauten der Produktion (Kraftwerk, Shedhallen) in kantigeren Formen. Magazine und Remisen (im Norden) – meist offene Holzbauten – heben sich wiederum durch eigene Gestaltung ab und machen die Entwicklung hölzerner Ingenieurkonstruktion am Beginn des 20. Jh. anschaulich. Akzente für die Fernwirkung setzen insbesondere der hohe Kraftwerksschornstein sowie der 1915 errichtete Wasserturm.

Schmidt

Städt. Schlachthof

Der Städt. Schlachthof von Konstanz entstand 1877–1879. Seine Grundrißdisposition vereinigt Eigenheiten der sog. Deutschen Anordnung (alle Funktionen in einem kompakten Bau) mit der Symmetrie der Französischen Anordnung (Gruppe einzelner Bauten). Er zählt zu einer Gruppe neuer Schlachthöfe, welche in den sechziger und siebziger Jahren des 19. Jh. in Deutschland entstanden, um das hinsichtlich Standort, Hygiene und Organisation veraltete Schlachtwesen auf eine moderne Ebene zu heben. Die (einst) periphere Lage entsprach neuzeitlichem Standard, der nahe Fluß erlaubte die schnelle »Entsorgung« flüssiger Abfälle. Zweckmäßigkeit bestimmt die Anlage der dreischiffigen Schlachthalle. Reichliche Durchfenesterung gewährt gute Beleuchtung, ein Gaden auf dem Walmdach sichert die Entlüftung. Niedrigere, einen Hof umrahmende Gebäude mit betontem Eingangs- und Verwaltungspavillon in der Mitte der Straßenfront vervollständigen die Anlage mit Stallungen sowie Schweine- und Kälbermetzig.
Funktionalität prägt auch das architektonische Erscheinungsbild. Die Schlachthalle besitzt einen gut proportionierten, klar gegliederten Baukörper und sachliche, aber sorgfältig gestaltete Details. Diese Formensprache bestimmt auch – in etwas reduzierter Weise – die Seitenflügel. Der unterschiedliche Charakter des Mittelpavillons drückt sich in einer Anlehnung an die Fassadengestaltung von Wohnbauten aus.

Schmidt

Ladenburg, Rhein-Neckar-Kreis
Benzgarage Tafel 113

Um 1903 zog sich Carl Benz von der Mannheimer Firma Benz & Cie zurück und verlegte seinen Wohnsitz nach Ladenburg, wo er wenige Jahre später die Firma C. Benz & Söhne gründete. Die Familie Benz bewohnte in Ladenburg eine Villa aus den siebziger Jahren, die 1905 in das Eigentum der Eheleute Benz übergegangen war (heute Dr. Carl-Benz-Platz 2). Das Anwesen bestand aus einem Wohnhaus und einem daran anschließenden parkartigen Garten, an dessen rückwärtigen Teil noch ein Bauernhof angrenzte.
Mit den neuen Besitzern veränderte sich der Charakter des gesamten Anwesens. Die Villa erhielt romantisierende Zutaten wie etwa Dachaufbauten und die beiden Treppengiebel mit Zinnenbekrönung. Der Bauernhof am neckarseitigen Parkende wurde abgerissen. Aus seinen Steinen und den als Spolien verwendeten Fensterrahmungen entstand 1909 an der gleichen Stelle eine »Burgruine«, deren Zinnenkranz deutlich zum umgestalteten Wohnhaus Bezug nimmt. Dieses Bauwerk, die sog. Benzgarage, besteht aus einem zweigeschossigen, über quadratischem Grundriß errichteten Turmbau mit anschließender Zungenmauer. Im Erdgeschoß befand sich eine Autogarage, der Raum im Obergeschoß wurde von Carl Benz als Werkstatt/Studierzimmer benutzt.
Die Benzgarage in Ladenburg wird gemeinhin zu den ältesten Garagenbauten gezählt. Einzigartig ist sie auf jeden Fall darin, daß sie auf einen der Erfinder des Automobils zurückgeht. Für den heutigen Betrachter ist es besonders reizvoll zu sehen, wie durch die Kombination von Autogarage und Studierzimmer in einem Bauwerk gewissermaßen Erfindung und Produkt vereint sind und durch räumliches Übereinander sogar in eine Ordnung gebracht werden.

Lit.: Ladenburg, Führer durch die zweitausendjährige Stadt . . ., Heidelberg 1975 – Robert Häusser, Ladenburg (Text B. Heukemes), Mannheim 1977 – Reinhard Zimmermann, Künstliche Ruinen, Wiesbaden 1989

Dutzi

Langenargen, Bodenseekreis
Hängebrücke

Bei Gohren, unweit von Langenargen, führt die alte Poststraße Lindau – Meersburg über die Argen. Seit dem 18. Jh. sind Brückenbauten für diesen Übergang bezeugt, doch wurden sie bei Hochwasser und Eisgang immer wieder beschädigt oder zer-

Hängebrücke zwischen Langenargen und Kressbronn, Aufnahme 1970

stört. Auf der Suche nach einer dauerhafteren Konstruktion entschied sich die Ministerialabteilung für den Straßen- und Wasserbau in Stuttgart unter Karl v. Leibbrand für eine Kabelhängebrücke. Sie wurde 1896/97 erbaut. Der Entwurf für den architektonischen Aufbau stammte von Leibbrand, der für den eisernen Oberbau von dem bei der Maschinenfabrik Esslingen tätigen Ingenieur Kübler. Kübler hatte 1892 einen ersten Preis für seinen Hängebrückenentwurf der Schwurplatzbrücke zu Budapest erhalten, der aber nicht ausgeführt wurde. Die Hängekabel lieferte die Firma Felten & Guilleaume. Jedes Kabel besteht aus 7 Einzelkabeln und diese wiederum aus jeweils 37 Einzeldrähten aus verzinktem Gußstahldraht. Die Kabel führen durch 10 m hohe Pylone, hängen auf 72 m Länge um 9 m durch und sind jeweils 25 m vor den Pylonen in Betonbauten verankert. 25 nach außen geneigte Hängestangen verbinden die Kabel mit dem Fachwerkträger, der – über Querträger – wiederum die Last der Fahrbahn aufnimmt. So war es möglich, nicht nur eine stützenfreie und damit dem Hochwasser nicht mehr ausgesetzte, sondern vor allem elegante und trotz ihrer geringen Größe monumental wirkende Brücke zu konstruieren. Die Langenargener Brücke ist die älteste Kabelhängebrücke Deutschlands und war seinerzeit die einzige Hängebrücke in Württemberg. Die Entwürfe wurden auf der Weltausstellung in Paris 1900 ausgestellt.
Die Erhaltung der Brücke war um 1970 stark gefährdet, da die Fahrbahn für die gewachsenen Verkehrsanforderungen zu schmal war, und außerdem die Nutzlast erheblich herabgesetzt werden mußte. Nachdem aber der Denkmalwert der Brücke erkannt worden war, entschloß sich die Straßenbauverwaltung, für den Straßenverkehr eine neue Brücke an anderer Stelle zu errichten und die alte nur noch dem Fußgänger- und Fahrradverkehr zu widmen. Um 1982/83 wurde sie instandgesetzt.

Lit.: Ernst Werner, Vandalen am Schwäbischen Meer, in: Consulting, Heft 5/1970

Krins

Langenburg, Kreis Schwäbisch Hall
Windrad-Wasserpump-Anlage Tafel 81

Rechts der Landstraße von Langenburg nach Blaufelden fällt ein markant in einem weiten Feld stehender filigraner Eisengitterturm mit Windrad auf. Es ist eine 1901 erstellte Windrad-Wasserpump-Anlage zum Fördern von Grundwasser, wodurch die Wasserversorgung der rd. 500 m westlich gelegenen, damals fürstlich-hohenlohischen Domäne mit Schloß- und Wildparkanlage gesichert werden konnte.
Die Windradanlage ist mit ihren wichtigen Teilen noch erhalten, aber nicht mehr funktionsfähig; ein neueres Pumpwerk hat inzwischen die Arbeit übernommen. Sie stammt nach Ausweis der Akten (Hohenlohe-Zentralarchiv Neuenstein) von der Firma Carl Reinsch in Dresden (gegründet 1859), die sich in einer Beilage zu ihrem Hauptkatalog als »aelteste, grösste u. leistungsfähigste Windmotorenfabrik« bezeichnete. »Windmotoren« wurden vorzugsweise die »amerikanischen Windräder« genannt, die durch die Weltausstellung 1876 in Philadelphia bekannt wurden.
An der hiesigen Anlage sind die prinzipiellen Merkmale des amerikanischen Windrades gut ablesbar: An der Spitze eines ca. 15 m hohen, sich nach oben verjüngenden, begehbaren Eisengitterturmes ist das Windrad angebracht, das aus einer kreisrunden Scheibenfläche mit relativ dicht nebeneinander in schräger Richtung gestellten (hölzernen) Brettchen bzw. Schaufeln besteht. Sie lassen in der Mitte einen freien Raum, damit der Wind abziehen kann. Eine große Windfahne, die mit ihrer Ebene rechtwinkling zur Scheibe angebracht ist, sorgt als »Leitwerk« dafür, daß diese sich automatisch in die richtige Windrichtung stellt. Über ein vertikales Eisengestänge wird die Bewegungsenergie nach unten auf das Pumpwerk übertragen.
Seit den achtziger Jahren des 19. Jh. wurde der Wind als Antriebskraft für Pumpwerke bei mehreren Anlagen auch in der süddeutschen Region genutzt; erhalten sind aber nur einige ganz wenige. Mit der Langenburger Windrad-Anlage ist eine der letzten ihrer Art in Baden-Württemberg als augenfälliges Zeugnis der Geschichte der Wasserversorgungstechnik erhalten.

Lit.: Winfried Müller, Vom Schöpfbrunnen zum Wasserwerk. Zwei Jahrtausende Wasserversorgung in Baden-Württemberg, Stuttgart 1981, S. 89f., 93

Schöck

Laucherthal → Sigmaringen

Lauterbach, Kreis Rottweil
Hasenhofmühle Tafel 36

In der Beschreibung des Oberamts Oberndorf aus dem Jahre 1868 ist zu Lauterbach u. a. zu lesen: »drei Getreidemühlen mit je zwei Mahlgängen . . . sind vorhanden.« Eine dieser Mühlen gehört zum Hasenhof, einem sehr gut erhaltenen, aus Hofgebäude, Back-Brennhaus, Speichergebäude und eben dieser Mühle bestehenden landwirtschaftlichen Anwesen. Das stattliche Hofgebäude wurde schon Ende des 16. Jh. errichtet. Jüngeren Datums, wahrscheinlich noch aus dem 18. Jh., ist die Getreidemühle.
Das heute reetgedeckte Mühlengehäuse ist in Ständerbohlenbauweise auf einem Sockel aus Bruchsteinmauerwerk errichtet. Das Dach ist nur einseitig abgewalmt; an der als Giebel ausgebildeten Wand befindet sich das oberschlächtige, eiserne Wasserrad, dessen Zulauf durch einen hölzernen Kähner erfolgt. Betritt man die Mühle durch die an der Walmseite liegende Tür, fällt sofort der ziemlich hohe Bodenstein mit dem aufsitzenden, verkleideten Läuferstein sowie dem Trimmel – der Aufschütteinrichtung – ins Auge. Der Bietboden, auf dem das Mahlwerk aufsitzt, ist mit einem Zahnschnittfries geschmückt und die Bietsäulen sind, wie bei Schwarzwälder Bauernmühlen des 18. Jh. üblich, leicht geschwungen. Die Mühle besaß früher noch eine Seilscheibe, mit deren Hilfe auf dem

Hof benötigte Maschinen angetrieben werden konnten.
Heute sind nur noch sehr wenige der früher so zahlreichen Bauernmühlen des Schwarzwaldes intakt und in Betrieb. Meist ist dies, wie auch hier in Lauterbach, nur dem großen Einsatz von Besitzer und Gemeinde zu verdanken.

Lit.: H. Jüttemann, Schwarzwaldmühlen, Karlsruhe 1985

Reinhardt-Fehrenbach

Lautlingen → Albstadt
Leiberstung → Sinzheim

Lenningen-Oberlenningen, Kreis Esslingen
Papierfabrik Scheufelen

Eine kleine Papiermühle an der Lauter in Oberlenningen, am Fuß der Schwäbischen Alb, die seit 1773 mit einer herzoglich-württembergischen Konzession Schreib- und Packpapier produzierte, war 1855 das Startkapital von Carl Scheufelen. Schon 1866, mit der Aufstellung der ersten Papiermaschine (eine kleine Rundsiebmaschine mit Dampfkessel und Dampfmaschine) gab Scheufelen die Tradition der Handpapiermacherei auf. 1876 wurde die erste Langsiebmaschine für endloses Papier angeschafft. 1892 gelang es den Brüdern Adolf und Heinrich Scheufelen das erste deutsche »Kunstdruckpapier« herzustellen, welches zum enormen Aufschwung der Firma beitrug.
Nachdem das Stuttgarter Architekturbüro Eisenlohr & Weigle neben der Fabrikantenvilla (1896/97) erste Fabrikerweiterungen erarbeitet hatte, wurde von diesem Büro 1900 ein Generalplan einer baulichen Entwicklung der nächsten 30 Jahre gefertigt. Das Konzept dieses Generalplans war neben einem möglichst wegsparenden Produktionsfluß die Anordnung aller wichtigen Produktionselemente wie Kraftanlage, Holländer, Papiermaschine, Kalander und Papiersaal auf einer Flurhöhe, die das Niveau der 1899 angeschlossenen Eisenbahnrampe hatte. Von Eisenlohr & Weigle entstand dann 1901 das Verwaltungsgebäude (1938 von A. Eitel und P. Bonatz erweitert) und ein Bau für die Lumpensortierung. Als Kern der neuen Fabrik wurde 1902 ein heute abgegangenes Maschinenhaus mit einer Dampfmaschine von 700 PS gebaut.

Leutkirch-Schmidsfelden. Glashütte, historische Ansicht von 1825

Bis zum Jahr 1932 waren schließlich die geplanten Anlagen im wesentlichen verwirklicht, wobei auch die Bauten der Nachkriegsjahre konsequent an dem 1900 erstellten Generalplan orientiert blieben. Noch heute ist die Fabrikanlage eine Dominante für das Ortsbild von Oberlenningen. In ihrer baulichen Geschlossenheit ist die Tradition der Stuttgarter Architekturschule des ausgehenden 19. Jh., beginnenden 20. Jh. erkennbar – eine ausgeprägte »Heimatstilarchitektur« im Gegensatz zu der schon aufkommenden Modernen.

Lit.: Festschrift 125 Jahre Papierfabrik Scheufelen, 1980

Mayer

Lenzkirch-Kappel → unter Breitnau

Leutkirch-Schmidsfelden, Kreis Ravensburg
Ehem. Glashütte

Die meisten Glashütten im Gebiet des heutigen Baden-Württemberg lagen im Schwäbischen Wald und im Schwarzwald. Daß auch in den ausgedehnten Wäldern zwischen Isny und Kempten Glas produziert wurde, ist nur wenig bekannt. Der Holzreichtum, einst eine der wichtigsten Voraussetzungen für die Glasgewinnung, veranlaßte hier die Entstehung von Glashütten. Quarzsand allerdings mußte aus dem Rheintal eingeführt werden.
In der 2. Hälfte des 17. Jh., in der von einer regen Bautätigkeit geprägten Zeit nach dem Ende des Dreißigjährigen Krieges, werden die ersten Glashütten an der Adelegg, dem bewaldeten Höhenrücken östlich von Isny, genannt. Träger waren die Grafschaft Trauchburg, das Stift Kempten und das Kloster Isny.
Die Geschichte der Isnyer Glasproduktion ist eng mit der Glasmacherfamilie Schmid verknüpft, die 1678 aus St. Blasien als Hüttenpächter hierher kam, 1720 geadelt wurde (Schmidt v. Schmidsfelden) und 1825 eine eigene Hütte mit der dazugehörigen Siedlung – Schmidsfelden – begründete. Nach einer Statistik von 1828 wurden in den Betrieben der Familie Schmid jährlich 800–1000 Zentner Glaswaren erzeugt. In der »Beschreibung des Oberamts Wangen« von 1841 lesen wir über Schmidsfelden: »Man fabrizirt hier weißes und grünes Hohlglas aller Gattungen, ebenso weißes und halbweißes Tafelglas von verschiedener Größe. In der Fabrik arbeiten 26 Personen, darunter 14 eigentliche Glasmacher." Diese Glasbläser stammten nachweislich aus dem Böhmerwald. Die Waren – Flaschen aller

Art, Lampengläser, Fensterglasscheiben etc. – wurden in die anliegenden Gebiete verkauft. Die Verknappung und Verteuerung des Holzes durch das Aufkommen von Zellulosefabriken sowie die übermächtige Konkurrenz der rheinischen und sächsischen Hütten, die mit Kohle billiger produzieren konnten, bewirkte in der 2. Hälfte des 19. Jh. den wirtschaftlichen Niedergang und schließlich das Ende der württembergischen Glashütten. So mußte auch in Schmidsfelden 1898 die Glasmacherei aufgegeben werden.

Im Gegensatz zu den übrigen Hütten an der Adelegg ist in Schmidsfelden die ehem. Glasmachersiedlung weitgehend erhalten. Die noch vorhandenen Gebäude zeigen anschaulich die ursprüngliche Struktur mit Villa und Park des Hüttenbesitzers, Kapelle, Glasmagazin, Verwaltungsgebäude und Arbeiterwohnhäusern. Das Zentrum der Anlage bildet die alles überragende Glashütte, wo die Schmelzöfen standen. Es ist ein mächtiger Satteldachbau mit verbretterten Außenwänden, eine stützenlose Holzkonstruktion von 14 m Breite, 28 m Länge und 15 m Firsthöhe. Im Dachgebälk verlaufen zwei Galerien, auf denen einst wassergefüllte Bottiche zur Brandbekämpfung standen. Die gemauerten Öfen sind leider nur noch in Teilen vorhanden, da das Gebäude in den letzten Jahrzehnten als Holzlagerhalle diente.

Seit 1988 werden dank der Initiative eines örtlichen Vereins, der Heimatpflege Leutkirch e. V., dringend notwendige Instandsetzungen durchgeführt, wobei es übergeordnetes Ziel ist, nicht nur das Glashüttengebäude, sondern die Glasmachersiedlung in ihrer Gesamtheit als ein für das Allgäu einzigartiges industriegeschichtliches Dokument zu erhalten.

Lit.: K. Greiner, Die Glashütten in Württemberg (Veröffentlichungen zur Geschichte des Glases und der Glashütten in Deutschland, Bd. 2), Wiesbaden 1971 – Die Glashütte Schmidsfelden. Rettungsaktion für ein Kulturdenkmal. Hrg. v. d. Heimatpflege Leutkirch e. V., Leutkirch 1988 (mit weiterführenden Literaturangaben)

Brand

Lichtenstein-Unterhausen, Kreis Reutlingen
Ehemaliges Baumwollmagazin Tafel 7

In unmittelbarer Nähe zum Bahnhof, zwischen der Echaz und der Bahnlinie von Reutlingen nach Honau, standen bis 1981 die Gebäude der Textilfabrik Gebr. Burkhardt. Es handelte sich um eine Spinnerei, eine Färberei und um eine Bleicherei. Davon konnte lediglich das Baumwollmagazin erhalten werden. Zur gleichen Firma gehörten noch je eine Buntfärberei in Pfullingen und in Mössingen. Es war bezeichnend für diese Epoche der Textilherstellung, daß eine Firma möglichst alle Herstellungs- und Verarbeitungsvorgänge für ein Endprodukt selbst vornahm. Es war nicht ungewöhnlich, daß dies an verschiedenen, manchmal relativ weit voneinander entfernt liegenden Orten geschah. Bestimmend für die Standortwahl war im 19. Jh. die Lage an einem Fluß. Zu Beginn des 20. Jh. gab es an der Echaz zwischen Honau und ihrer Einmündung in den Neckar 75 Wasserwerke, davon 49 allein für Fabrikanlagen. War ein Flußkraftwerk wichtig für die Energieversorgung, so war die Eisenbahn nötig für den Transport der Rohstoffe zur Fabrik und zum Abtransport der Ware. Die Eisenbahnlinie Reutlingen – Honau wurde 1889 in Betrieb genommen. Die Firma Gebr. Burkhardt, Unterhausen, wurde 1899 gegründet und sukzessive bis in die dreißiger Jahre erweitert. Das Baumwollmagazin stammt von 1903.

Es handelt sich um einen mächtigen, längsrechteckigen Beton- bzw. Stahlbetonbau, der mit rotgelben und rotbraunen Klinkern verkleidet ist. Das sehr flache Blechsatteldach wird von einem umlaufenden Attikageschoß verdeckt, so daß der Eindruck eines Flachdachbaus entsteht. Im Innern der Halle wird durch die Gestaltung der Fassaden der Eindruck von Zweigeschossigkeit hervorgerufen. Die rasterartig gereihten Achsen haben im Erdgeschoß eine Rundbogenarkade vorgeblendet, im Obergeschoß eine dreifache. Die umlaufende, an den Schmalseiten höhere Attikazone kragt über einem gestaffelten Fries vor. Aufgrund der Zweckbestimmung als Lager für Baumwolle hat das Gebäude lediglich an einer Schmalseite Fenster. Aus dem monumentalen Erscheinungsbild dieses Baumwollmagazins, in dem Rohmaterial aus Ägypten, Südamerika und Indien gelagert wurde, spricht deutlich das hohe Selbstverständnis der Eigentümer.

Schneider

Mannheim
Wasserturm Tafel 74

Dimensionen und Gestaltung des Wasserturms auf dem Friedrichsplatz entsprechen seiner städtebaulich beherrschenden Rolle: Turm und Platzanlage markieren und betonen die Scharnierstelle zwischen der barocken Kernstadt und der östlichen Stadterweiterung des späten 19. Jh.

Der 1885/86 ausgeführte Bau stammt von dem Berliner Architekten Gustav Halmhuber, der aus einem Wettbewerb als Sieger hervorgegangen war. Der monumentale Turm, auf rustiziertem Sockel mit großer Freitreppenanlage und umgeben von allerlei Brunnen und Wasserspielen, erinnert in Typus und Gestaltung eher an einen antiken Grabbau als an eine großstädtische Versorgungseinrichtung des späten 19. Jh. Die steinerne, bildhauerisch durchgebildete Außenhaut mit ihrer reichen historistischen Gliederung und Dekoration kontrastiert mit der nüchtern-technischen Eisenkonstruktion im Innern. Die gestalterisch prägende umlaufende Pilastergliederung außen hat nicht nur optisch eine tragende Funktion, sondern nimmt tatsächlich das Gewicht des schmiedeeisernen Wasserbehälters auf, der sich – mit einem Fassungsvermögen von 2000 m^3 – im oberen Turmdrittel verbirgt.

Lit.: Mannheim und seine Bauten, 1906, S. 628f. – Hans Huth, Die Kunstdenkmäler des Stadtkreises Mannheim, München 1982, Bd. I, S. 847–852

Schmidt

Kampffmeyer-Mühlen Tafel 65

Die Großmühle am Industriehafen wurde im Jahr 1907 errichtet. Sie ist die Nachfolgeeinrichtung der Hildebrand'schen Mühle in Weinheim (s. dort), die sich bereits kurz nach ihrer Fertigstellung als Fehlinvestition erwiesen hatte, weil sie zu weit abseits der Transportwege lag.

Zur Großmühle gehörten der eigentliche Mühlenbau parallel zum Rhein mit den Mühlmaschinen für Hartweizen und Weichweizen sowie der im rechten Winkel dazu angeordnete Silobau: Hier konnten in 128 Zellen insgesamt 35 000 t Weizen gelagert werden. Der Baukomplex aus rotem und gelbem Backstein ist differenziert und qualitätvoll gestaltet. Dem sechsgeschossigen Mühlengebäude mit seinem asymmetrisch gesetzten Akzent des Wasser-

turms ist in ausgewogener Weise der etwa gleich hohe Baukörper des Silobaus zugeordnet, welcher mit seinen hohen Blendbögen, der Gliederung in Haupt- und Seitenschiffe und dem Turmstumpf zur Rheinfront an Sakralarchitektur anspielt.
Die Mannheimer Großmühle gehört zu den eindrucksvollsten Bauten dieser Gattung in Baden-Württemberg. Ihr Bestand ist durch Abbruchpläne gefährdet.

Schmidt

Städt. Kläranlage und Pumpwerk auf der Friesenheimer Insel — Tafel 80

Die Kläranlage Diffenéstr. 29, wurde 1904–1908 nach Plänen des Stadtbaurates Richard Perrey errichtet. Sie war Teil des städtischen Entwässerungssystems, das alle Regen- und Brauchwässer der Stadt sammelte und reinigte, bevor sie in den Rhein abgeleitet wurden; seit 1988 dient sie nur noch als Regenüberlaufbecken für extreme Regenperioden. Die Anlage besteht aus sechs nebeneinanderliegenden Absetzbecken mit Zu- und Ablaufgalerien, Schlammrechen und Schiebern. Von ihr führt ein Ableitungskanal zum Rhein und ein Rohrleitungssystem zu einem etwa 43 ha großen Gelände, auf das der Schlamm gepumpt und landwirtschaftlich verwertet wurde. Dem Ableitungskanal ist ein Pumpwerk – eine kleine Halle für die Hebepumpen – vorgeschaltet. Es wird nur bei Hochwasserständen, die den Wasserspiegel der Klärbecken übersteigen, in Gang gesetzt, und befördert das Wasser mit Druck in den Rhein. Neben den Becken befindet sich ein Betriebsgebäude mit einem kleinen Wasserturm. Auf dem Areal steht zudem ein Wohngebäude für Betriebsangehörige.
Die Bauwerke sind errichtet im Stil norddeutscher Backsteingotik mit Elementen des Jugendstils. Charakteristisch ist hier die plastische Gestaltung der Steilgiebel mit den über die Dachflächen gezogenen Ortgängen, der Giebelbekrönungen, der über Stufenkonsolen hochgezogenen Fenster- und Giebelrahmungen mit Spitzbogen sowie der gemauerten Zierfriese und Kaminköpfe.
Lit.: Hans Huth, Die Kunstdenkmäler des Stadtkreises Mannheim, München 1982, S. 855

Ungerer-Heuck

Mannheim. Sternwarte, Aufriß und Querschnitt der Eingangsseite, Zeichnung von 1806

Kraftwerk des Städt. Krankenhauses — Tafel 84

Das Kraftwerk zur zentralen Beheizung des Krankenhauses wurde 1913–1922 von Stadtbaurat R. Perrey in der Röntgenstraße errichtet. Der im Grundriß nahezu quadratische Komplex ist aus rotem Backstein gebaut. Das beachtliche Bauvolumen mit seinen vielfältigen hohen Sattel- und Walmdächern ist in seiner Wirkung abgemildert durch den Höhenversprung an der Röntgenstraße. Dort befindet sich die Hauptfassade mit dem 33 m langen Kohlenbunker, der von zwei ca. 30 m hohen quadratischen Türmen flankiert wird. Dahinter steht die Kesselhalle mit dem Maschinenhaus; im rückwärtigen Bereich, um den Lichthof mit dem ca. 30 m hohen Schornstein gruppiert, befinden sich die Großwäscherei und die technischen Werkstätten. Auf Straßenniveau war eine Gleisanlage gebaut, von der aus Kohle und Koks über die Rutsche im rechten Turm und Transportbänder in die Kohlenbunker befördert wurden.
Die Hauptfassaden an der Straße sind plastisch durchgearbeitet: Die Lichtöffnungen des Kohlenbunkers sind mit Lisenen in der Art einer Kolossalordnung zusammengefaßt. Die Fassaden sind im unteren Bereich mit Rundbögen geschmückt, die Turmkanten durch gemauerte kannelurenartige Bänder betont.
Die plastische Ausgestaltung der Wandflächen und die Verzierung mit grünglasierten Backsteinen zeigen einen architektonischen Aufwand, der heutige Maßstäbe an technische Bauten weit übersteigt.
Lit.: Hans Huth, Die Kunstdenkmäler des Stadtkreises Mannheim, München 1982, S. 743 ff.

Ungerer-Heuck

Ehemalige Sternwarte

Die Sternwarte wurde 1772–1774 im Auftrag des Kurfürsten Karl Theodor nach einem Plan von J. C. Lacher errichtet. Sie war Bestandteil der kurpfälzischen Akademie der Wissenschaften und gilt als eine der ältesten Einrichtungen ihrer Art in Deutschland. Ihre Entstehung verdankte sie dem

Begründer der Astronomie in der Kurpfalz, dem Jesuitenpater Christian Mayer (1719–1783), der als Mathematiker und Physiker Professor der Universität Heidelberg war. Nach der provisorischen Sternwarte auf dem Schwetzinger Schloß diente sie 1774–1880 als Observatorium der astronomischen Wissenschaft und wurde 1880 nach Schäden am Bau nach Karlsruhe verlegt. Der achteckige Turm mit rechteckigem Treppenanbau ist 33 m hoch; hinter der dreigeschossigen Kolossalordnung der Fassaden befinden sich fünf Geschosse mit gewölbten Innenräumen. Darüber liegt die Beobachtungsplattform von einer steinernen Brüstung umgeben; die kleine Beobachtungskuppel ist nicht mehr vorhanden. Im ersten Stock wohnte der Hofastronom. Die Fassaden im Stil des Empire bestehen aus verputztem Mauerwerk, die Architekturteile sind aus rotem Sandstein gefertigt. Die gegossenen Balkongeländer tragen klassizistische Ornamente und das Monogramm des Kurfürsten.
Neben der Himmelsbeobachtung diente die Sternwarte einer zweiten äußerst bedeutsamen Funktion, derjenigen der Landvermessung. Zu diesem Zweck war auf der obersten Plattform ein Gradmessungspfeiler der von Frankreich ausgehenden internationalen Erdvermessung aufgestellt. Die Badische Landvermessung fixierte hier einen trigonometrischen Punkt 1. Ordnung. Dieser bildete gleichzeitig den Nullpunkt des Soldnerschen Koordinatensystem für die Badische und Pfälzische Katastervermessung, so daß die Sternwarte als »Nabel der Kurpfälzischen Landesvermessung« bezeichnet werden kann.
Die technische Ausrüstung des 18. Jh. zur Himmelsbeobachtung ist insgesamt erhalten und befindet sich im Besitz der Landessternwarte Heidelberg. In den Geschossen der Sternwarte sind seit 1958 Künstlerateliers untergebracht.

Lit.: Hans Huth, Die Kunstdenkmäler der Stadt Mannheim 2, S. 789 ff., München 1985

Ungerer-Heuck

Meridianmarke

Die zwischen 1792 und 1810 errichtete Meridianmarke steht an der Einfahrt des Kaiser-Wilhelm-Hafens im Industriehafen und ist nur vom Wasser aus zugänglich. Es handelt sich dabei um einen gesokkelten und kugelbekrönten Granitobelisken auf geböschtem Unterbau. Sie diente der Justierung des Fernrohres in der Sternwarte, die – genau südlich – 2,25 km entfernt steht.
Der Obelisk war ursprünglich mit weißer Ölfarbe gestrichen. Die südliche, der Sternwarte zugewandte Fläche trug einen schwarzen lotrechten Strich; ein Laterneneinbau diente der Nachtbeobachtung. Seine denkmalhafte Form bewirkte die Entstehung der Legende, er bezeichne die Stelle, an der der nachmalige Kaiser Wilhelm I. als Siebzehnjähriger seine »Feuertaufe« erhalten habe.

Lit.: Hans Huth, Die Kunstdenkmäler der Stadt Mannheim, München 1982, S. 797f

Ungerer-Heuck

Hauptpumpwerk

Bis in die Gründerzeit flossen die Mannheimer Abwässer in den Stadtgraben und von dort in den Neckar. Mit der Ausdehnung der Bebauung über die Grenzen der Barockstadt hinaus wurde dieser Zustand unhaltbar. 1875 entstanden ein erster Ringkanal an der Stelle des Stadtgrabens sowie ein erstes Pumpwerk am nordwestlichen Rand der Innenstadt. Ab 1888, nach Einführung der Wasserleitung, wurde das Abwassersystem neu konzipiert und bedeutend größer ausgelegt. Zur Entwässerung der ausgedehnten tiefliegenden Stadtbereiche war ein Pumpwerk entscheidende Voraussetzung, welches – vor allem bei höherem Wasserstand des Neckars – über große Leistungsreserven verfügen mußte.
Dieses neue Pumpwerk wurde im Jahr 1902 am Neckar, südlich des Industriehafens, errichtet. Das gewaltige Röhren- und Pumpensystem der Anlage ist weitgehend im Boden verborgen. Der späthistoristische, asymmetrisch komponierte Bau, der darüber aufragt, nimmt Formelemente aus der deutschen Renaissance auf, zeigt aber in der Verschmelzung der Baukörper und in der Linienführung im Detail bereits deutliche Jugendstileinflüsse. Im Innern dominiert die große winkelförmig angelegte Maschinen- und Pumpenhalle, bei deren innerer Ausgestaltung »Wert auf eine lebhafte Farbenwirkung gelegt« worden war, wie der 1906 erschienene Band »Mannheim und seine Bauten« betont.
Der Außenbau ist auf Repräsentation und Fernwirkung berechnet: Die Lage in unmittelbarer Nähe zur Innenstadt und neben der damals im Bau befindlichen zweiten Rheinbrücke war Anlaß für eine »malerische Gruppierung der Gebäudeteile«. Die Verbindung und gleichrangige Behandlung technischer und ästhetischer Erfordernisse, die für Industriebauten der Zeit charakteristisch ist, zeigt sich insbesondere am Turm: Er war notwendig zur Entlüftung des Kanalsystems sowie zum Trocknen von Schläuchen; seine aus der Schloßarchitektur stammende Gestaltung mit Belvedere und Laterne ignoriert jedoch diesen technischen Nutzaspekt vollständig und läßt nach außen nur die ästhetische Funktion in Erscheinung treten.

Lit.: Mannheim und seine Bauten, 1906, S. 576ff. – Hans Huth, Die Kunstdenkmäler des Stadtkreises Mannheim, München, 1982, Bd. I, S. 855

Schmidt

Mannheim-Käfertal

Städtisches Wasserwerk Tafel 76

Der älteste Bestand des Wasserwerkes im Waldgebiet nördlich von Käfertal stammt aus den Jahren 1882–1888. Architektonisch besonders reizvoll sind indessen die Bauten, die bei der erheblichen Kapazitätserweiterung im Jahr 1906 entstanden. Hervorzuheben sind das Reinwasserbrunnenhaus, ein Rundbau mit überhöhtem Mittelteil, sowie das Rieslergebäude mit seiner fast sakral anmutenden Doppelturmfassade. Außerdem befinden sich auf dem Gelände die Wassergewinnungsanlage mit 56, später 78 Brunnen, die Pumpstation sowie Beamten- und Arbeiterwohnungen für zehn Familien. An dem von hier gespeisten Versorgungssystem hingen nach dem Stand von 1917: 7 Wassertürme, 260 km Rohrnetz mit 2151 Schiebern und 2129 Hydranten und Anschlüssen für 9420 Häuser und Liegenschaften, 24 öffentliche Pissoirs, 19 Fontänen und 130 Ventilbrunnen.

Lit.: J. Pichler, Das erweiterte Wasserwerk der Stadt Mannheim. In: Journal für Gasbeleuchtung und Wasserversorgung, München 1917. Nachdruck Mannheim 1980.

Ungerer-Heuck

Mannheim-Neckarau

Großkraftwerk

In den Jahren 1921–1923 entstand der Gründungsbau des Großkraftwerkes Mannheim nach Plänen des Architekten Karl Wiener. Die zugrundeliegende Symmetrie des Hauptbaus, die klare monumentale Reihung von Fensterachsen und flachen

Mannheim-Neckarau. Großkraftwerk, Gesamtansicht von 1925

Lisenen sowie die eleganten Dreiecksgiebel der beiden risalitartigen Akzente an der Rheinfront, vor allem auch die zeichenhafte Reihung der hohen und schlanken, im Grundriß achteckigen Kamine – diese Elemente demonstrieren den hohen ästhetischen Anspruch des von klassizistischen Einflüssen geprägten Baus. Diese ursprüngliche Wirkung ist heute wegen der dominierenden jüngeren Veränderungen leider kaum noch nachvollziehbar.
Immerhin sind im Innern mit dem Generator C aus dem Jahr 1923 und der Maschine V aus dem Jahr 1927 noch zwei Großaggregate aus der Gründungszeit des Kraftwerkes erhalten.

Lit.: Slotta, Technische Denkmäler in der BRD Band 2, Bochum 1977, 235ff – Hans Huth, Die Kunstdenkmäler des Stadtkreises Mannheim, München 1982, S. 1567

Schmidt

Abwasserpumpwerk mit Kläranlage

Tafeln 15, 78, 79

Der aus Stettin stammende Mannheimer Stadtbaumeister Richard Perrey erbaute 1903 für die damals noch selbständige Gemeinde Neckarau in der Aufeldstraße eine Anlage zur Entsorgung der Abwässer, der aufgrund ihrer architektonischen Gestaltung und ihrer technischen Einrichtung dank der unveränderten Erhaltung exemplarische Bedeutung zukommt.
Um bei hohem Wasserstand des Rheins die Abwässer dennoch ableiten zu können, mußte der Kläranlage ein Pumpwerk nachgeschaltet werden. Diese beiden verschiedenen technischen Einrichtungen sind außen am Gebäude ablesbar: Der breitere und höhere Bauteil enthält das Pumpwerk, der niedrigere und schmalere die Kläranlage. Auch die unterschiedliche Befensterung betont die verschiedenen Funktionen, während die Baumaterialien (vorzugsweise Klinker) und die an norddeutscher Neugotik sich orientierenden Bauformen die Bauteile wieder zu einem Ganzen zusammenbinden.
Die Kläranlage arbeitet mechanisch mit Sandfang und Feinrechen, die beiden Absetzbecken sind in den Erdboden eingetieft und in Erdgeschoßhöhe von Galerien umgeben. Der helle Maschinenraum des Pumpwerks enthält drei Kreiselpumpen, die ausschließlich elektrisch angetrieben wurden (Hersteller die Firmen BBC, Bopp & Reuther, Sulzer/Ludwigshafen).
Nach dem Anschluß Rheinaus an die Großkläranlage Sandhofen wurde das Pumpwerk nur noch bei Regenhochwasser eingesetzt, schließlich mit der Inbetriebnahme eines neuen Pumpwerks auf dem Nachbargrundstück 1987 stillgelegt. Als Ganzes vermittelt das Werk den Stand der Abwassertechnik um 1900 in anschaulicher und eindringlicher Form und repräsentiert damit den Anfang der Auseinandersetzung mit den Problemen der Abwasserreinigung und -beseitigung in hervorragender Weise.

Lit.: Hans Huth, Die Kunstdenkmäler des Stadtkreises Mannheim, München 1982, Bd. 2, S. 1551

Krins

Mannheim-Rheinau

Siedhaus der Sunlicht AG Tafel 58

Eine »500 m lange, sich vorteilhaft präsentierende Front« preist der 1906 erschienene Band »Mannheim und seine Bauten« an dem Gebäudekomplex der 1899 gegründeten »Sunlight Seifenfabrik GmbH«, Rhenaniastr. 80–88.Der später in »Sunlicht« eingedeutschte Name zeigt an, daß es sich um den Ableger eines englischen Konzerns handelt, der übrigens insbesondere mit der Arbeitersiedlung Port Sunlight bei Liverpool ein wichtiges Kapitel zur Geschichte der Siedlungs- und Gartenstadtarchitektur beigetragen hat.
Von den umfangreichen Anlagen aus der Gründungsphase in Mannheim, die im Jahr 1900 von der Architekturfirma Jelmoli & Blatt entworfen wurden, ist heute außer dem zweigeschossigen Direktorenwohnhaus nur noch das Siedhaus erhalten. Dazu gehörten ursprünglich noch die Ölhalle, das Schmelzhaus sowie Stempel- und Packräume. Im dreigeschossigen Siedereigebäude, dem Herzstück der Anlage, befanden sich 18 Siedepfannen mit einem Fassungsvermögen von jeweils bis zu 100 t.
Charakteristisch ist, daß die Fabrik kaum auf Zulieferbetriebe angewiesen war. In Nebenbetrieben wie Druckerei, Kartonagenfabrikation, Schriftsetzerei, Kistenfabrikation und Kistendruckerei wurde alles Notwendige in eigener Regie hergestellt. »Fünf Dampfkessel von zusammen 750 m^2 Heizfläche und eine große Wiede'sche Compound=Dampfmaschine« lieferten zudem die Energie. In diesen Kontext gehört auch der Wasserturm, der das Siedhaus überragt. Die Backsteinarchitektur des dreischiffigen basilikalen Siedhauses und des Wasserturmes mit seinem allseits vorkragenden Obergeschoß ist nüchtern, aber ansprechend gestaltet.

Lit.: Mannheim und seine Bauten, Mannheim 1906. S. 655 – Hans Huth, Die Kunstdenkmäler des Stadtkreises Mannheim, S. 1589 f., München 1982

Schmidt

Mannheim-Waldhof

Luzenbergschule (mit Wasserturm)

Die seltene und unerwartete Kombination eines Wasserturms und einer Schule verkörpert der Baukomplex der Luzenbergschule. Zuerst – laut Inschrift 1907/08 – entstand hier nur der Wasserturm; ein besonders großes, eindrucksvolles und bildhauerisch geschmücktes Exemplar des umfangreichen Systems von Wassertürmen, die die Versorgung der Mannheimer Stadtteile sicherstellten, und von denen noch einige andere bemerkenswerte Exemplare vorhanden sind (etwa in Straßenheim und in Feudenheim).

Bereits kurze Zeit später wurde der städtebaulich exponierte Platz an einer Straßenkreuzung als Standort für eine der neuen Volksschulen ins Auge gefaßt, die das rasch wachsende Mannheim brauchte. Der Entwurf für die unkonventionelle Lösung des resultierenden Problems stammt von dem Mannheimer Stadtbaudirektor Richard Perrey: Der Wasserturm dient als Scharnier für die beiden nach hinten wegklappenden Flügel; der Eingangsbereich in der winkelhalbierenden Mittelachse ist dem Turm vorgebaut und wird von diesem repräsentativ überhöht. Die beiden Flügel sind erst bei genauerem Hinsehen asymmetrisch; die Komposition ist ausgewogen. Trotz unterschiedlicher Formensprache im Detail – der Turm zeigt mittelalterlich anmutende Elemente, die Schule orientiert sich am Spätbarock – überwiegt insgesamt der Eindruck der Gemeinsamkeit der großvolumigen Grundformen von Turm und Schulflügeln.

Obwohl der Bau also in seiner heutigen Form fast ein Zufallsergebnis zu sein scheint, so erhält doch das so entstandene Resultat einen besonderen Sinn vor dem Hintergrund anderer, älterer städtischer Repräsentationsbauten Mannheims: Erinnert sei etwa an das Kaufhaus, das Alte Rathaus und die Konkordienkirche, die auch jeweils einen großen Mittelturm und zwei Seitenflügel aufweisen.

Die Luzenbergschule wurde im Krieg beschädigt und erst Ende der siebziger Jahre vollständig wiederhergestellt. Bemerkenswert ist auch die qualitätvolle Originalausstattung im Innern, insbesondere das Treppenhaus und mehrere Wandbrunnen. Der Wasserturm ist seit 1977 nicht mehr in Betrieb.

Lit.: Hans Huth, Die Kunstdenkmäler des Stadtkreises Mannheim, S. 1695, München 1982 – ders., Die Renovierung der Luzenbergschule und des Wasserturms Waldhof-Luzenberg, in: Mannheimer Hefte 1990, 98 f.

Schmidt

Bau 34 der Mercedes Benz AG

1886 hatte Carl Benz das Patent für den von ihm konstruierten »Motorwagen« erhalten. Dies war der Startschuß für die Produktion von Motorfahrzeugen bei der Firma »Benz & Cie. Rhein. Gasmotorenfabrik in Mannheim«, wo man bisher nur stationäre Motoren hergestellt hatte. Im Jahr 1909 wurde die Fahrzeugproduktion aus Platzgründen von der Waldhofstraße auf den Mannheimer Luzenberg ausgelagert. Planung und Bauleitung der Werksanlagen lagen in der Hand des renommierten Mannheimer Architekten Albert Speer (geb. 1863).

Die heutige Hanns-Martin-Schleyer-Straße führte damals als öffentliche Straße am Südrand der Werksanlagen entlang, wo sich auch »Tor 1« befand. Jenseits dieser Allee, gegenüber »Tor 1«, bildeten der Bau 34 und sein nicht mehr existierendes Pendant Bau 33 den Auftakt zu einer südlichen Werkserweiterung. Bauzeit und Architekt der Werkserweiterung sind heute nicht mehr bekannt, doch ist auch hier die Autorschaft Albert Speers zu vermuten.

Auffallend sind die breit gelagerten, rhythmisch gegliederten Stirnseiten der mächtigen Klinkerbauten. Ein großflächiger Ziergiebel markiert Mitteltrakt und Haupteingänge des Hallenbaus. Zu beiden Seiten schließen niedrige, attikabekrönte Zwischenglieder an, die von Eckpavillons begrenzt und überragt werden. Diese Differenzierung einzelner Gebäudeteile wird durch leichte Vor- und Rücksprünge ergänzt. Unverkennbar greift der Architekt hier auf Gliederungsprinzipien des historischen Schloßbaus zurück. Vor diesem altbewährten, würdevollen Grundschema wirkt das orientalisierende Element des flach konturierten Doppelgiebels um so überraschender. Er ist die einzige dynamische Form an diesem ansonsten statisch wirkenden Bau. Prägendes Motiv ist die gleichmäßige Abfolge der Maueröffnungen, die als steile Formate in flache Rücklagen eingeschnitten wurden. So bleibt das Ni-

Mannheim-Waldhof. Mercedes Benz AG, Bau 34, Aufnahme um 1955

veau des Fenstersturzes über die ganze Fassade hin erhalten und wird selbst von den flachen Vordächern der pfeilerbestandenen Einfahrten aufgenommen. Die Monumentalität der Architektur erinnert mit ihren scharf geschnittenen, fast kristallinen Formen an Bauten von Peter Behrens. Eine Entstehung in den zwanziger Jahren liegt nahe.

Lit.: Mannheimer Stadtreklame GmbH (Hrsg.) Mannheim. Das Kultur- und Wirtschaftszentrum . . . , 1928 – Hans Huth, Die Kunstdenkmäler des Stadtkreises Mannheim, München 1982, S. 1707 – Zu den Arbeiten des Architekten Albert Speer, Mannheim, in: Die Wohnungskunst 9 (1917), S. 65–108

Dutzi

Marbach a. N., Kreis Ludwigsburg
Kohlekraftwerk Marbach I der EVS Tafeln 88, 89

Stadtauswärts, Richtung Ludwigsburg, erstreckt sich hinter Bäumen und Buschwerk eine eindrucksvolle »Kraftwerkslandschaft«. Das Dampfkraftwerk (DKW) Marbach, wie es ursprünglich hieß, gilt als Meilenstein kommunaler Energieplanung und der Verbundwirtschaft in Württemberg. Angesichts des steigenden Bedarfs stand in den frühen dreißiger Jahren die Stadt Stuttgart vor der Entscheidung, ihre eigene Kraftwerksleistung auszubauen oder mehr Fremdstrom zu beziehen. Nach längerer Standortsuche wird im Frühjahr 1938 mit dem Bau des DKW Marbach begonnen. Die maschinen- und energietechnische Planung wird von den Technischen Werken der Stadt Stuttgart (TWS), der Bauentwurf vom Städtischen Hochbauamt geleistet.

Im Zuge der vom Reichswirtschaftsminister betriebenen Verbundwirtschaft muß das Kraftwerk mitten im Bau (Mai 1939) an die neu entstandene Energieversorgung Schwaben (EVS) als Kapitaleinlage abgetreten werden. Diese hält an der bisherigen Planung fest und nimmt 1941 damit ihr modernstes Kraftwerk mit zunächst einem Turbogenerator und einem Dampfkessel für Stückkohlenfeuerung in Betrieb. 1942 war dann die erste Ausbauphase mit drei Maschinensätzen und fünf Kesseln abgeschlossen, die Gesamtleistung betrug rund 100 MW. In Anlehnung an die ursprüngliche Planung der TWS wird das Werk 1949 und 1951 erweitert. Die beiden leistungsfähigeren Maschinensätze erhöhen die Gesamtleistung auf 212 MW.

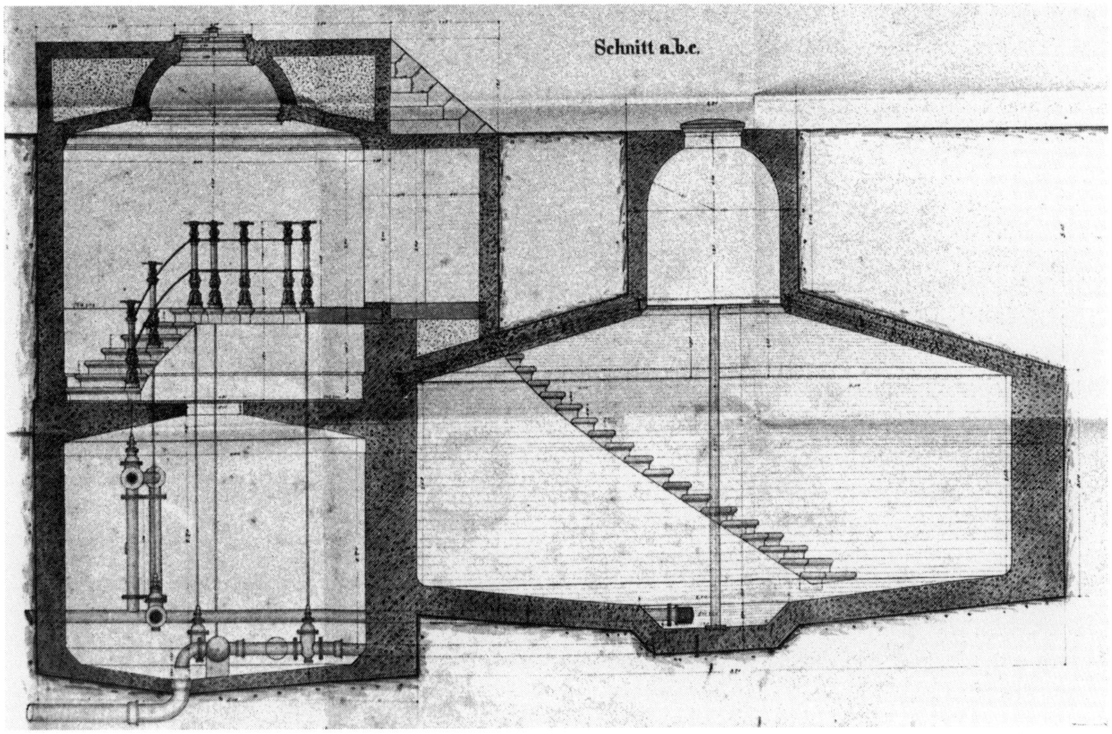

Markdorf. Wasserhochbehälter, Ausschnitt aus dem Bauplan von 1904, Vertikalschnitt

Seit den sechziger Jahren in Reserve, wurde Marbach I 1981 stillgelegt.

Beeindruckend ist noch heute die bis in viele Details originale Erhaltung der gesamten Anlage. Die Kraftwerksarchitektur wird vornehmlich durch die moderne Architekturauffassung des Funktionalismus geprägt, die selbst im »Dritten Reich« bei Bauten der Industrie und Technik weiterlebte. Der mehrstufige, quer zum Neckar stehende Hauptkomplex aus Kessel-, Maschinenhaus und Schaltzentrale ist als flachgedeckte Anlage in Stahlbeton-Skelettbauweise mit Klinkermauerwerk und Fensterbändern gekennzeichnet. Anklänge ans Monumentale finden sich in Fassadenreliefs und in portikusartigen Fensterausbildungen an den Stirnseiten. In zeittypischer Weise sind zudem die Nebengebäude (Verwaltung mit Kantine, Pförtnerhaus) vor allem durch ihre Walmdächer vom damals vorherrschenden Heimatstil bestimmt.

Lit.: Karl-Erich Haeberle, Stuttgart und die Elektrizität, Stuttgart 1983 – Wolfgang Leiner, Geschichte der Elektrizitätswirtschaft in Württemberg, Bd. 2.2, Stuttgart 1985

Münzenmayer/Goer

Markdorf, Bodenseekreis
Wasserhochbehälter Möggenweiler

Bereits für die spätmittelalterliche Stadt Markdorf ist die wichtige Rolle einer Wasserleitung aus hölzernen Deicheln, welche die öffentlichen Brunnen speiste, bezeugt. Dieses Versorgungssystem blieb durch die Jahrhunderte hindurch unverändert bestehen. Erst gegen Ende des 19. Jh. zeichnet sich eine Modernisierung der mittlerweile in Leistung und vom Stand der Technik her als völlig unzureichend beurteilten Wasserversorgung ab. Im Januar 1904 schließlich geben Bürgerausschuß und Gemeinderat die endgültige Zustimmung zum Bau einer neuen Wasserleitung. Sie – so die »Konstanzer Zeitung« vom 13. März 1904 – »soll eine Musterleitung werden; statt der sonst üblichen werden nach neuen Verfahren hergestellte Stahlröhren verwendet.« Kernstück der gesamten Anlage ist das »Hoch-Reservoir« Möggenweiler, oberhalb der Stadt am Hang des Gehrenbergs. Eine ca. 6,5 km lange Hauptleitung aus einem Quellgebiet speist den noch heute in Betrieb befindlichen Hauptbehälter, von dem aus das Wasser in die Stadt und in die umliegenden Orte geleitet wird, wo jede Haushaltung (damals waren es 401) einen Anschluß bekam. Dem Typus nach handelt es sich um einen in den Hang gebauten, zweikammerigen Erdbehälter mit einem Gesamtnutzinhalt von 300 m³. Jeder der beiden kreisrunden Behälter hat einen Durchmesser von 8 m, der ebenfalls rund angelegte Vorraum mit Regulierschacht einen Durchmesser von 4 m und eine Höhe von 3,90 m.

Der Hochbehälter in Möggenweiler zeichnet sich außen durch eine anspruchsvolle Fassade in historisierender Architekturgestaltung aus. Das Innere ist durch ein sandsteingefaßtes Portal mit schmiedeeiserner Tür in feingliedrigen, gotisierenden Formen zugänglich: Der reich ausgestattete kleine Zentralbau erhält sein Licht durch eine Laterne in der Kuppel. Eine zweiläufige Treppe führt zu den Eingängen der beiden Wasserkammern. Das schmiedeeiserne Geländer besteht aus akanthusgeschmückten Pfosten, die zugleich als Drehschieber für die einzelnen Wasserleitungen ausgebildet sind. Kreisrunde Emaillemedaillons in der Kuppel des Raums benennen und erläutern die an den Hochbehälter angeschlossenen Verteilerstellen und Schächte. An der hier verwirklichten Verbindung von Technik und Ästhetik ist der hohe kulturelle Stellenwert ablesbar, den die neue technische Einrichtung für das damalige Gemeinwesen besaß.

Mit der Fertigstellung der modernen Wasserleitung, die auch den Brandschutz verbessern half, war für lange Zeit eine ausreichende Versorgung aller Markdorfer Haushalte gesichert. Erst im Zuge der Ausweisung von großen Neubaugebieten nach dem 2. Weltkrieg mußte mit dem Hochbehälter »Lichtenberg« das dortige Wasserversorgungssystem 1976 erneut ausgebaut werden.

Lit.: Max Wetzel, Markdorf in Wort und Bild, Konstanz 1910, S. 182–183 – Michael Goer, Der Wasserhochbehälter der Stadt Markdorf – ein technisches Kulturdenkmal, in: Denkmalpflege in B.-W., 1985, S. 182–187

Goer

Metzingen, Kreis Reutlingen
Sieben Keltern

Metzingen. Kelterwasen mit den sieben Keltern, Ansicht von Süden, Aufnahme um 1980

Die Stadt Metzingen besitzt mit diesen sieben Keltern ein einmaliges Dokument des traditionellen Weinbaus. Auf einem großen rechteckigen Platz, von Häusern gesäumt, befinden sich der Überlieferung zufolge seit dem 13. Jh. Keltergebäude. Hier oder in unmittelbarer Nähe waren sowohl die Klosterpflegehöfe, denen eine Kelter gehörte (z. B. Schussenried: Nürtinger Str. 14; Zwiefalten: Uracher Str. 41; Offenhausen: Klosterstr. 13; Bebenhausen: Hindenburgstr. 15), als auch Häuser von Handwerkern, die mit der Weinherstellung zu tun hatten (z. B. Küfer: Hindenburgstr. 24 und 7). In diesem Stadtquartier gibt es außerdem erstaunlich große und aufwendig gestaltete gewölbte Keller.

Die Keltern, heute bis auf die Marktkelter alle nach außen abgeschlossen, waren offene Hallen, in denen ein bis zwei Kelterbäume aufgerichtet waren. Hier wurde der Saft aus den Trauben gepreßt, der dann in Eichenfässern zum Wein heranreifte.

Von den mittelalterlichen Keltern hat sich keine erhalten. Zweizeilig aufgereiht dokumentieren die jetzt hier stehenden Keltern die Zimmermannskunst des 16. und 17. Jh.

In der südwestlichen Ecke steht die 1657 errichtete Innere oder Große Stadtkelter (heute Weingärtnergenossenschaft). Sie hat als einzige ein Satteldach und einen großen tonnengewölbten Keller. Im Anbau wohnte vielleicht ein städtischer Kelternbeamter.

Es folgt das ehem. Zehnthäuschen des Klosters Zwiefalten, von dem aus die Ablieferung des Traubenzehnt in die Herrschaftskelter überwacht wurde. In der Herrschaftskelter daneben steht noch der originale Preßbaum mit Abtswappen und Datum 1655. Heute ist hier ein Weinbaumuseum untergebracht. Die letzte in dieser Reihe, die ehemalige Äußere Stadtkelter von 1525, wird von der Stadt als sog. Festkelter für verschiedenste Anlässe genutzt.

Gegenüber der Großen Stadtkelter steht als erste die Innere Heiligenkelter von 1688. Ihr Name könnte darauf hindeuten, daß sie zur Pfarrkirche gehörte, denn bei dem »Heiligen« handelt es sich vermutlich um den Kirchenpatron. Die Pfarrherrn

ließen hier ihren Weinzehnt keltern. In dieser Kelter soll ein Café eingerichtet werden. Es folgt die 1700 gebaute sog. Ochsenkelter, deren Vollwalmdach nur von zwei Stützen getragen wird.
In der Kalebskelter von 1680 ist heute die Stadtbibliothek eingerichtet. Ihr Eigenname wird weithin sichtbar durch ein Bild mit der Darstellung »Josua und Kaleb mit der großen Traube" am Südgiebel dokumentiert. Als einzige vermittelt die letzte und sog. Äußere Heiligenkelter das originale Erscheinungsbild einer allseitig offenen Kelter. Sie beherbergt zweimal in der Woche einen Markt. Die Stadt Metzingen plant, den Markt in die Ochsenkelter zu verlegen.

Schneider

Metzingen-Neuhausen, Kreis Reutlingen
Industriekraftwerk »Wasserschlößle« Tafel 86

An der alten Trasse der B 28, zwischen Neuhausen und Dettingen/Erms steht am westlichen Ufer der Erms das 1910 erbaute Wasserkraftwerk der Firma Eisenlohr. 1864 beginnend mit einer ersten Spinnerei an einem alten Mühlenstandort in Ortsrandlage, hat diese, aus Reutlingen kommende Färberfamilie bis 1929 insgesamt fünf Textilfabriken und zwei Wasserkraftwerke in Dettingen/Erms errichtet. Für die erste konnte die Wasserkraft am Fabrikstandort genutzt werden, für die anderen mußte die von zwei Flußkraftwerken erzeugte Energie über Land geführt werden.
Unmittelbarer Anlaß für das erste externe Wasserkraftwerk war der Bau einer dritten Fabrik am nördlichen Ortsrand. Der Name »Wasserschlößle« kommt nicht von der Bauform der Anlage, sondern von der angewandten Technik. Architekt war Ph. J. Manz (1861–1936).
Das Wasserkraftwerk »Wasserschlößle«, eine Hochdruckanlage, setzt sich aus drei Einheiten zusammen: einer ursprünglich oberirdischen Druckleitung, bestehend aus genieteten Eisenrohren von 2 m Durchmesser (heute erneuert und unterirdisch) mit anschließendem Unterkanal, dem Wohn- und Werkstattgebäude mit dem Turm für die Steigleitung und schließlich dem Turbinenhaus, in dem die Spiralturbinen stehen. Das Gebäude entspricht stilistisch der zeitgenössischen Architektur des Theodor-Fischer-Umkreises. Der Beton- bzw. Stahlbetonbau ist mit hellgrauen Zementbacksteinen verkleidet.
1981 wurde die Anlage stillgelegt. Nach zähen Verhandlungen und mit einem neuen Besitzer gelang schließlich der Erhalt. Das Wasserkraftwerk »Wasserschlößle« liefert seit 1989 wieder Strom.
In unmittelbarer Nähe zum 1876 zusammen mit der Eisenbahnlinie errichteten Bahnhof befinden sich zwei weitere Fabrikanlagen der Firma Eisenlohr. Architekt war in beiden Fällen Philipp Jacob Manz. Dem »Neuen Bauen«, dem Bauhaus, verbunden ist die Fabrikanlage und das Kohlekraftwerk von 1929.

Schneider

Möckmühl-Bittelbronn, Kreis Heilbronn
Dorfschmiede

Die Dorfschmiede von Bittelbronn wurde 1925 in ein älteres bäuerliches Anwesen an der Hauptstraße (heute Mosbacher Str. 28) verlegt. Dazu wurde an das Wohnhaus ein zweigeschossiger Anbau angefügt, der im Erdgeschoß die seitdem kaum veränderte und noch heute betriebene Schmiede mit vollständiger Ausstattung beherbergt.
Im Zentrum steht die Esse mit Rauchabzugshaube und doppelter Feuerung, da die Schmiede – charakteristisch für die dörfliche Einbindung – zugleich auch als Hufschmiede diente. Noch betriebsbereit ist der große, vom Vorgänger übernommene lederne Blasebalg von 1894/95, der 1925 durch ein leistungsfähiges Motorgebläse ergänzt wurde. Neben einem Amboß von 1925/30 versieht der ältere Amboß von 1895 ebenso noch seinen Dienst wie die über Transmission motorenbetriebenen Bohr- und Schleifmaschinen, ein Schleifblock sowie ein kräftiger Schraubstock.
Auf dem Anwesen finden sich weitere bemerkenswerte Zeugnisse aus der Frühzeit der bäuerlichen und handwerklichen Mechanisierung: so an der Scheuer eine seit 1908 von einem Elektromotor angetriebene ältere Transmission mit Schleifmaschine, Säge und Schrotmühle; außerdem eine handbetriebene Maschine aus der Zeit um 1900 zum Stauchen von Wagenreifen, eine Rundmaschine und eine Bügelsäge mit eigenem Motor von 1930/40. Ein ganz besonderes Stück ist eine noch aus der Zeit vor 1908 stammende Feldschmiede mit Fußantrieb, die bei Bedarf überall hin mitgenommen werden konnte.

Aderhold

Münstertal, Kreis Breisgau-Hochschwarzwald
Schaubergwerk Teufelsgrund Tafel 1

Das Münstertal besitzt noch heute viele Spuren historischer Bergmannstätigkeit, die bis ins Mittelalter zurückreichen, doch ist von den zahlreichen Stollen nur das Besuchsbergwerk Teufelsgrund zugänglich. Man unterscheidet im Münstertal vier Bergbauperioden: Im Mittelalter grub man Silber, das der Gegend wirtschaftliche Blüte und Reichtum brachte. Im 18. und 19. Jh. gewann man Blei. 1942 schließlich wurde mit dem Abbau von Flußspat begonnen. Aufgrund der Erschöpfung der Vorkommen erfolgte die Grubenstillegung 1958. Die vierte Periode ist mit der Nutzung als Besuchsbergwerk gleichzusetzen. 1970 eröffnete die Gemeinde Münstertal das Besuchsbergwerk und richtete dort kurze Zeit später auch eine Asthmatherapiestation ein.
Für Besucher der Grube Teufelsgrund ist die Friedrichsstrecke auf einer Länge von 500 m begehbar gemacht. Neben zahlreichen geologischen Besonderheiten läßt sich u. a. die vom Mittelalter bis zur Neuzeit gebräuchliche Abbaumethode des Feuersetzens nachvollziehen. Dabei wurde zur Lockerung von besonders hartem Gestein ein Scheitholzstoß entzündet. Das erhitzte Gestein lockerte sich und konnte dadurch mit dem Schlägel besser abgebaut werden. Beeindruckend ist auch der 180 m tiefe Schacht, der den Friedrichsstollen mit weiteren Stollen und Sohlen verbindet. Hier wurden mit Hilfe des Förderkorbes die Bergleute zu den einzelnen Ebenen gebracht. In der Maschinenkammer mit der Fördermaschine werden Ausstellungsstücke gezeigt, die die beschwerliche Arbeit der Bergleute im Münstertal wiederaufleben lassen.
Lit.: H. Maus, Besuchsbergwerk Teufelsgrund, Freiburg 1988

Kaiser

Neckartenzlingen, Kreis Esslingen
Hydraulisches Akkumulierwerk

Eine technikgeschichtliche Besonderheit im Wasserkraftwerksbau des frühen 20. Jh. in Württemberg stellten Pumpspeicherwerke – damals »hydraulische Akkumulierwerke« genannt – dar, die zum Antrieb der Turbinen in hochgelegene Speicher gepumptes Wasser benutzten. So ein Kraftwerk befindet sich und arbeitet noch heute in Neckartenzlingen. Hier, in der Nähe der sog. Neckarburg, errichtete die Baumwollspinnerei U. Gminder 1885 eine Fabrik, zu deren Energieversorgung am Neckarkanal ein Wasserkraftwerk mit drei Jonval-Turbinen erbaut wurde.

In den Jahren 1914/15 wurde dann das alte Fachwerk-Turbinenhaus durch ein massives, nach Entwürfen des renommierten Stuttgarter Architekturbüros P. J. Manz gebautes Haus ersetzt und auch technisch neu ausgerüstet. Voith aus Heidenheim lieferte drei Francis-Turbinen und den Regler, die Maschinenfabrik Esslingen den Erreger, das Sachsenwerk Dresden den Generator. Gleichzeitig wurde – als eines der ersten in Deutschland – das hydraulische Akkumulierwerk hinzugefügt, dessen Hochbauten ebenfalls das Büro Manz entwarf: Während der Arbeitspausen in der Fabrik wird aus dem Oberwasserkanal des Kraftwerks durch ein von den Turbinen angetriebenes Pumpwerk mittels einer Druckrohrleitung Wasser in den auf der Markung Altenriet höher gelegenen Sammelbehälter gepumpt. Das in diesem voluminösen offenen Speicher angesammelte Wasser kann dann zu Zeiten der Spitzenlasten wieder auf die tief gelegenen Hochdruckturbinen des Kraftwerks geleitet werden. Überschüssige Energie wurde mittels einer 14 km langen betriebseigenen Hochspannungsleitung dem Stammwerk der Baumwollspinnerei Gminder in Reutlingen und dem Filialbetrieb in Rommelshausen zugeführt.

Lit.: R.Thomann, Das hydraulische Akkumulierwerk in Neckartenzlingen, in: Zeitschrift des Vereins Deutscher Ingenieure, 1916, S. 314ff. – Hans Schwenkel (Hrsg.), Heimatbuch des Kreises Nürtingen, Bd. II, S. 659ff. – Wolfgang Leiner, Geschichte der Elektrizitätswirtschaft in Württemberg, Bd. 2, 2 (Stuttgart 1985), S. 322.

Fekete

Neuenbürg, Enzkreis
Sensenfabrik Tafel 40

Im Jahr 1803 gründeten 13 Teilhaber die »Sensenfabrikgesellschaft« in Neuenbürg. Bis 1808 sicherte sich das Handelshaus Haueisen & Sohn aus Stuttgart nach und nach die größten Anteile und übernahm schließlich 1852 das ganze Unternehmen. Neben Sensen waren auch andere Geräte wie Sicheln, Sägeblätter, Strohmesser und Strohblätter Bestandteil der umfangreichen Palette von Produkten, die weit über Württemberg hinaus reißenden Absatz fanden.

Erste Entwürfe für den Bau einer Schmiede, einer Kohlenscheuer sowie einer kleinen Wohnanlage gingen auf den Leiter des kurz zuvor gegründeten staatlichen Hüttenwerkes in St. Christophstal bei Freudenstadt, Pulvermüller, zurück. Bis 1817 kamen ein Renn- und Raffinierwerk sowie eine Klipseranlage auf der anderen Enzkanalseite hinzu. Von allen Gründungsgebäuden des später mehrfach erweiterten Werkes hat sich nur noch die alte Schmiede erhalten. Seine Funktion ist dem eingeschossigen, gedrungenen Massivbau mit seinem hohen Walmdach nicht ohne weiteres anzusehen. Die Gestaltung beschränkt sich auf einfache Formen wie das breite Mitteltor und die großen Fenster. Die unterschiedlich hohen Öffnungen an der Längs- und Schmalseite sind streng geordnet. An der Kanalseite sind die heute zugesetzten Öffnungen der Antriebswellen sichtbar, daneben Kragsteine für eine verlorengegangene Kanalüberdachung im Bereich der Wasserräder. Das Walmdach ist mit Hilfe von Spannbalken und Hängesäulen als einfaches Hängewerk ausgeführt. Dadurch blieb der Schmiederaum frei von Stützen und anderen störenden Einbauten.

Von der alten Einrichtung an wassergetriebenen Hämmern, Ambossen, Schleifsteinen und Doppelessen ist heute nichts mehr erhalten. Ebenso fehlen die ursprünglich vorhandenen sechs unterschlächtigen Wasserräder für den Antrieb der Maschinen und Gebläse.

Diruf

Neuhausen → Metzingen

Nürtingen. Wasserkraftwerk, Ansicht von Süden, Aufnahme 1991

Nürtingen, Kreis Esslingen
Wasserkraftanlage des städtischen Elektrizitätswerks

Unmittelbar unterhalb der Neckarbrücke, dem alten Hauptzugang zur Kernstadt vom Neckartal her, steht das 1926 errichtete städtische Wasserkraftwerk. Nach einer technischen Überholung versieht es seine Aufgabe bis heute mit der originalen technischen Ausstattung.

Diese Wasserkraftanlage mit Turbinenhaus wurde in den alten Floßkanal des Neckarwehres gebaut. Sie löste das 1898 eingerichtete Elektrizitätswerk in der angrenzenden ehem. Stadtmühle ab. Die gewerbliche Wassernutzung durch eine Mühle an dieser Stelle geht bis ins 13. Jh. zurück.

Den Entwurf zu dem Kraftwerk fertigte 1925 Regierungsbaumeister Emil Haußmann, Stuttgart, im Auftrag der Stadt Nürtingen. Es stellt als architektonische und technische Einheit ein wertvolles, künstlerisch gestaltetes Denkmal der Industriearchitektur und Technikgeschichte des frühen 20. Jh. dar. Das Turbinengebäude ist ein vom Expressionismus geprägter rechteckiger Sichtbetonbau, der mit auskragender Attika über hohen Fenstern mit Keilsteinbekrönung, auf der Hauptschauseite auch mit dreieckigen Strebepfeilern zwischen den Fenstern abschließt.

Die technische Ausstattung zur Stromerzeugung umfaßt zwei Turbinen, die beide von der Firma Voith, Heidenheim, einschließlich der Regulierung für die Turbinen-Leitschaufel hergestellt wurden: eine regulierbare Francis-Turbine mit senkrechter Welle, zwischengeschaltetem Stirnradgetriebe (Deutsche Werke Kiel) und Schirmgenerator (Maschinenfabrik Esslingen, Werk Cannstatt), maximale Leistung 400 KVA, sowie eine regulierbare Kaplan-Turbine mit senkrechter Welle und direkt gekuppeltem Schirmgenerator (Maschinenfabrik Esslingen, Werk Cannstatt), maximale Leistung 280 KVA. Es wird ein Drehstrom von 5250 Volt erzeugt. Die Turbinenkammern sind durch schmiedeeiserne Schleppschützen abschließbar, denen ein gemeinsamer Feinrechen vorgesetzt ist. Er hält Schwemmgut wie Holz und Unrat auf, das mit einer neueren, ortsfesten Rechenreinigungsmaschine mit Seilantrieb (1964, Voith) entfernt wird.
Die Wasserkraftanlage ist Teil der Nürtinger Stadtwerke GmbH.

Schöck

Oberlenningen → Lenningen

Obermarchtal, Alb-Donau-Kreis
Brunnenstube des Prämonstratenserklosters
Tafel 67

An dem von Obermarchtal gegen Süden führenden Weg legten die Mönche in der Senke des Marchbachtales um 1720 eine Wasserfassung an, die die seit dem 16. Jh. bestehende und durch Pumpwerke der an der Donau mit Flußwasser gespeisten Hauptversorgung des Klosters um qualitativ besseres Quellwasser ergänzte.
Die Anlage besteht aus vier (ursprünglich sieben) kleinen Quellfassungshäuschen, von denen das Wasser in Rohren zu der zentral gelegenen Brunnenstube geführt wird. Diese wurde entgegen den schlichten, über quadratischem Grundriß aufgeführten Quellhäuschen als Rundbau architektonisch anspruchsvoll gestaltet. Der über einem vorspringenden Sockel aufgehende Massivbau mit einem Durchmesser von 5 m wird nach oben durch ein profiliertes Traufgesims geschlossen und von einem Spitzkuppeldach bekrönt. Ehemals betonte eine aufwendigere Farbfassung sowie eine reichere Architekturgliederung den Anspruch der Anlage. Der durch Halbrundfenster beleuchtete Innenraum, von Norden her erschlossen, birgt das Sammelreservoir, von dem aus die Hauptleitung entlang dem natürlichen Gefälle zum Kloster geführt wurde.
Die Versorgung, ursprünglich für das Kloster ausgelegt, diente im 19. Jh. für das »Schloß Obermarchtal«, wie dies die Vermessungs- und Konstruktionspläne des Jahres 1862 belegen. Bis in das 20. Jh. hinein belieferte die Anlage die öffentlichen Brunnen der Gemeinde.
Die überschaubare Anlage ist eines der wenigen Beispiele einer Wasserversorgungsanlage des 18. Jh., die funktionstüchtig erhalten blieb. Als Dokument des Wasserbaus beweist sie die Leistungen der Klöster auf dem Bereich der technischen Erschließung.

Lit.: Eckart Hannmann, Technische Kulturdenkmale im Alb-Donau-Kreis, in: Denkmalpflege in B.-W. 1984, S. 152–159

Wilhelm

Oberried, Kreis Breisgau-Hochschwarzwald
Wasserkraftwerk der Firma Kraus

Fährt man von Oberried auf der zum Notschreipaß führenden Straße, so fällt bald nach dem Ortsausgang rechter Hand ein Turm ins Auge, der auf den ersten Blick wie der Bergfried einer Burg wirkt. Indes, dieser Turm ist nicht Überrest eines mittelalterlichen Adelsitzes sondern Bestandteil eines zweistufigen, zwischen 1904 und 1911 entstandenen Kraftwerks, das aus dem Wasser des kleinen Baches Brugga Elektrizität gewinnt. Schon im 19. Jh. wurde hier die Wasserkraft genutzt, später das nahegelegene Bergwerk im Schauinsland mit Energie versorgt. 1969 erwarben schließlich die Kraftwerke Edith Kraus die Anlage.
In einem Wehr bei Hintertiefenbach wird das Wasser der Brugga gestaut und in einem überdeckten Hangkanal zum Aquädukt aus vier geböschten, in rohem Bruchsteinmauerwerk gefertigten Pfeilern geleitet. Über dieses gelangt das Wasser zum Turm, in dessen Innerem eine Betonröhre die Wassersäule aufnimmt, welche den nötigen Druck zum Betrieb der Turbinen im unterhalb gelegenen Maschinenhaus hält. Beachtlich sind neben den beiden Turbinensätzen die alten Schalttafeln, deren Armaturen in hellen Marmor eingelassen sind. Für die Unter-

Oberried. Kleinkraftwerk der Firma Kraus, Teil des Aquädukts und Turm, Aufnahme 1989

stufe wird das Wasser in einem weiteren Wehr gesammelt und unter Zuleitung seitlicher Bäche wiederum in einem Hangkanal zum Ortsrand von Oberried geleitet. Der Kanal mündet hoch über dem Maschinenhaus in einer Fallrohrleitung, die das zu Tal stürzende Wasser zwei weiteren Maschinensätzen zuführt. In der geräumigen Maschinenhalle beeindrucken komplett bewahrte Werkzeugsätze auf Holztafeln zur Wartung der Turbinen.
Mit seinen beiden Stufen kann das Kleinkraftwerk Kraus pro Stunde 800 KW Strom erzeugen und diese auf umweltverträgliche Art gewonnene Elektrizität an die Freiburger Energie- und Wasserversorgung liefern.

Kaiser

Oberried → auch Freiburg
Obersimonswald → Simonswald

Oberwolfach, Ortenaukreis
Grube Clara

Im hinteren Rankachtal in Oberwolfach befindet sich die Grube Clara, die größte Barytlagerstätte im Schwarzwald, in der heute noch Fluß- und Schwerspat gefördert werden. Erste urkundliche Belege für Bergbautätigkeit in Wolfach gibt ein Kaufbrief aus dem Jahre 1294, dessen Wert in »Silber Wolfacher Gewäges« angegeben wird. Geologisch gesehen liegt Wolfach im Grundgebirge des mittleren Schwarzwaldes, genauer im Übergangsgebiet von der Zentral-Schwarzwälder Gneismasse zum Triberger Granitmassiv. Dieses Grundgebirge ist von zahlreichen Erzgängen durchzogen. Nach Silber, Eisenerz und Kobalt wurde in den Gruben rund um Wolfach geschürft. Erst im 19./20. Jh. gelangte auch der Abbau von Fluß- und Schwerspat im Schwarzwald zu wirtschaftlicher Bedeutung. 1898 gründete der Freiherr Hans von Verschuer die Schwarzwälder Barytwerke und begann, die in der Grube Clara weitschichtigen Barytlager auszubauen.

Das gewonnene Material wurde bis 1967 vom Stollenmund mit Hilfe einer Schwebebahn nach Oberwolfach, von dort aus mit Fuhrwerken bzw. Lastkraftwagen zur Mühle von Wolfach gebracht. Heute erfolgen Abbau und Förderung nach modernsten Methoden. Ein System von Gängen, Stollen und einer Wendel ermöglicht es, daß jeder Punkt im Grubengebäude von über Tage erreicht werden kann. Die Lastwagen fahren auf eine in den Berg gebaute Rampe und werden mit dem Fördergut beladen. Die Grubenförderung der Sachtleben Bergbau GmbH & Co. betrug Mitte der achtziger Jahre etwa 130 000 t Roherz, 45 000 t Mahlspat, 30 000 t Schwerspatkonzentrat und 5000 t Flußspat.

Lit.: H. Kaiser, Die Grube Clara zu Wolfach im Schwarzwald, Freiburg 1984

Reinhardt-Fehrenbach

Ochsenhausen, Kreis Biberach
Klostersternwarte Tafel 111

Die Sternwarte des Benediktinerklosters Ochsenhausen liegt versteckt in einem der vier Türmchen an der Ostfassade des Konventgebäudes. Auch im Innern der mehrflügeligen Anlage wird sich ein Ortsunkundiger schwer tun, zur Sternwarte hinzufinden. Die alten Treppenhäuser führen alle nur bis zum dritten Obergeschoß. Die Sternwarte ist – völlig unrepräsentativ – nur über den Dachboden zu erreichen.

In dem kreisrunden Turmraum mit nur 3,80 m Durchmesser hat sich als weltweit einzigartiger Zeuge spätbarocken Instrumentenbaus ein großer, 2,65 m im Radius messender Azimutalquadrant erhalten. Er ist an einer Senkrechtachse befestigt, die auf dem Gebälk unterhalb des Fußbodens sowie im Kuppelscheitel drehbar lagert. Die Kuppel wiederum ruht mit Rollen auf der Mauerkrone und ist mittels einer Kurbel über einen Zahnkranz am Kuppelfuß drehbar, so daß eine Luke im Dach nach allen Himmelsrichtungen eingestellt werden kann. Eine unabhängig davon drehbare Wendeltreppe ermöglicht Beobachtungen durch das Fernrohr in allen gewünschten Einstellungen.

Das alte Fernrohr sowie alle ursprünglichen Buntmetallteile, z. B. die Meßskalen, fehlen. Sie wurden 1986/88 bei der Renovierung durch das Staatliche Hochbauamt rekonstruierend ersetzt. In dem der Wissenschaft vorbehaltenen Raum zeigen allein der radial gegliederte Holzfußboden und der mit klassizistischen Ornamenten bemalte Leinenplafond eine zurückhaltende künstlerische Ausgestaltung.

Nach dem repräsentativen Umbau des frühbarokken Konventgebäudes durch Abt Denzel in der Mitte des 18. Jh. widmete sich der letzte Abt, Romuald Weltin, verstärkt den Naturwissenschaften. Er ließ 1785–1787 den Nordflügel mit Bibliothekssaal und Armarium neu errichten, für das er schon seit 1768 laufend optische und mathematische Instrumente anschaffte. 1788 beauftragte er dann den »gelehrten Astronom und Mechanikus« P. Basilius Perger mit der Einrichtung der Sternwarte. In diesem Zusammenhang wurden auch die vier Türme der Ostfront neu gestaltet. Die große Überraschung der erst kürzlich erfolgten Nachforschungen war, daß der große Quadrant 1793 in Ochsenhausen von Pater Basilius Perger selbst mit Hilfe des Hammerschmieds Aloysi Weishaubt angefertigt wurde. Perger hatte bei einem fünfmonatigen Aufenthalt im Kloster Irsee sowie wohl auch bei dem Instrumentenbauer Brander in Augsburg Erfahrungen gesammelt. Eigenartigerweise zeigt sein Quadrant jedoch nicht die moderne rechtwinklige Gerüstform sondern radiale Verstrebungen, fast genau gleich dem viel älteren Quadranten des Engländers Hookes von 1674.

Nur zehn Jahre stand der Quadrant im Dienste des Klosters. Schon 1825 verkaufte der neue Besitzer, Fürst Metternich, das »Schloß« an den König von Württemberg und nahm die Bibliothek und die Instrumente mit auf seine böhmischen Besitzungen. Die an Ort und Stelle verbliebenen Teile des spätbarocken Observatoriums, der stationäre Quadrant und die drehbare Kuppel, zeugen jedoch noch heute von der großen Bedeutung der süddeutschen Benediktinerklöster für die Kultur und die Wissenschaften im Zeitalter der Aufklärung.

Lit.: Alto Brachner, Die Barocksternwarte des Reichsstiftes Ochsenhausen, in: Kultur und Technik 1983, Heft 3, S. 78–91 und in: Denkmalpflege in 1985, S. 146–159 – Alto Brachner, Ludwig Bartl, Dieter Hauffe, Sternwarte Ochsenhausen, Finanzminsterium Stuttgart 1989

Wortmann

Osterburken, Neckar-Odenwald-Kreis
Wiesenwässerungsanlage im Rinschbachtal
Tafel 68

1834 wurde der jetzt noch bestehende Kandel unter Leitung des fürstlich-leiningischen Baumeisters Friedrich Brenner erbaut. Er hatte durchgesetzt, daß die in früherer Zeit in Holz errichtete und durch Hochwasser und Fäulnis immer wieder zerstörte alte Kandelanlage durch eine neue stabilere aus Sandstein ersetzt wurde.

Zur gesamten, mehrere Kilometer langen Wässerungsanlage gehörten hölzerne Stauwehre, ständig zu unterhaltende Gräben und einzelne Staubretter (»Stellfallen« oder »Schützen«) zur Bewässerung einzelner Wiesenabschnitte nach Bedarf und Zuteilung.

Der Sandstein-Aquädukt quert das Rinschbachtal und ermöglicht die Bewässerung auch der anderen Talseite. Der 66 m lange und mit einem Gefälle von 0,5 Prozent verlegte Kandel besteht aus 18 Sandsteinrinnen, die 52 cm breit und 42 cm hoch sind und ein Innenlichtmaß von 34/22 cm haben. Von den 18 Rinnenteilen sind auf der rechten Talseite drei (12,40 m), auf der linken zwei (3,21 m) unmittelbar in die flachen Talhänge eingesetzt. Die übrigen 13 Rinnen von 2,23 m bis 5,24 m unterschiedlicher Länge sind auf Sandsteinpfeiler aufgelegt. Der höchste Pfeiler am rechten Bachufer hat eine Gesamthöhe bis Unterkante Trog von 3,22 m.

Der relativ hohe Aufwand für die Bewässerungsanlagen wird verständlich, wenn man berücksichtigt, daß nachweislich die Erträge bei Heu und Öhmd durch Bewässerung annähernd verdoppelt werden konnten. Seit Jahren stehen das Kanalsystem und der Kandel trocken, die Wiesen wachsen vom Rande her allmählich zu.

Lit.: Heiner Heimberger, Alte Wiesenwässerungsanlagen im Bauland und Odenwald, in: Forschungen und Berichte zur Volkskunde in Baden-Württemberg 1971–1973

Schubart

Pforzheim

Ehemalige Schmuck- und Uhrkettenfabrik Kollmar & Jourdan – Technisches Museum der Schmuck- und Uhrenindustrie

Die Schmuckfabrikation, 1767 durch eine markgräflich-badische Manufakturgründung in Pforzheim eingeführt, entwickelte sich im 19. Jh. zur Hauptindustrie der Region; Pforzheim avancierte zur »Goldstadt«. Um die Jahrhundertwende arbeiteten etwa 18 000 Beschäftigte in mehr als 700 Betrieben. Zum Erfolg der Branche trugen vor allem einige großindustrielle Firmen bei, die frühzeitig moderne Energiequellen (Gas seit 1852, Elektrizität seit 1894) und technische Neuerungen wie das amerikanische Doublé-Verfahren (seit ca. 1870) nutzten.

Die ehem. Schmuck- und Uhrenkettenfabrik Kollmar & Jourdan wurde 1885 gegründet. Zwischen 1901 und 1910 entstand nach Plänen von Hermann Walder (Karlsruhe) für diese Firma ein repräsentativer Industriegroßbau in der Südstadt als straßenblockfüllende Vierflügelanlage (Bleichstraße 77/81). Sie erhält durch farbig glasierte Ziegelverkleidung mit gliedernden Formziegelfriesen ihr eigentümliches Gepräge. Bekrönende Ecktürme, Staffelgiebel und Steildächer im romantisierenden Stil der Neugotik fielen bis auf Rudimente dem Großangriff auf Pforzheim am 23. Februar 1945 zum Opfer.

Die Dimensionen des Fabrikbaus demonstrieren die Ablösung herkömmlicher kooperativ-handwerklicher Schmuckherstellung durch arbeitsteilig-industrielle Verfahren. Mehr als 1000 Menschen arbeiteten dort zeitweise in vier Fabrikgeschossen: ». . . in langen Reihen, in mächtigen, hellen Arbeitssälen sitzen Kettenmacher und Kettenmacherinnen, Goldschmiede, Fasser und Graveure, jede Kategorie für sich, so daß die Arbeitsteilung aufs strengste und zweckmäßigste durchgeführt erscheint.« Die Uhrkettenherstellung, der am stärksten automatisierte Produktionszweig, ist durch ein Sandsteinrelief im Supraporte des Haupteingangs dargestellt.

Eine gedeckte Brücke über einer Querstraße bindet die 1922 hinzugefügte Firmenverwaltung an, in deren Front die weltumspannenden Geschäftsverbindungen repräsentiert sind: Fünf mit Schmuck dekorierte Brustfiguren in Medaillons allegorisieren die fünf Erdteile.

Der Fabrikkomplex wurde 1978 zum Geschäftshaus umgenutzt. Im Nordflügel ist heute auf zwei Geschoßebenen das Technische Museum der Pforzheimer Schmuck- und Uhrenindustrie eingerichtet.

Lit.: Die Goldstadt Pforzheim, in: Deutsche Goldschmiede-Zeitung Nr. 7, 1906, S. 222 a ff. – Der Neubau von Kollmar & Jourdan, Uhrkettenfabrik, A.-G., in Pforzheim. Ebda. Nr. 5, 1907, S. 42 f. (Zitat dort S. 42).

Timm

Pforzheim

Ehemalige Metallwarenfabrik Wolff Tafel 47b

Für die 1884 gegründete Firma Wilhelm Wolff, spezialisiert auf die Herstellung versilberter Pokale, Bilderrahmen und Tafelgeräte, entstand 1907–1913 nach Plänen der Architekten Maler & Brenner (Pforzheim) eine der großen Bijouteriefabriken (Hohenzollernstr. 81–83). Ihre Einbindung in eine Miethausbebauung der späten wilhelminischen Zeit veranschaulicht die stadtbildtypische Nachbarschaft von Wohn- und Arbeitsstätten.

Die noblen Neorenaissanceformen der Sandsteinfassaden unter flach geneigten Walmdächern lassen an ein Stadtpalazzo italienischer Provenienz denken. Dahinter aber verbirgt sich ein moderner Stahlskelettbau mit frei einteilbaren Geschoßflächen, zugeschnitten auf die betriebs- und arbeitstechnischen Anforderungen der großindustriellen Produktion.

Die Zweigliederung des Gebäudekomplexes ist Abbild der raschen Expansion der Firma. Älterer Teil ist die sog. Villa, ein Kopfbau mit repräsentativ ausgestattetem Haupttreppenhaus, Kontor- und Gewerberäumen. Interessant ist die durch Balkone und Erker hervorgehobene »Bel Etage« im zweiten Obergeschoß, die Elemente der Fabrikantenwohnung herausstellt. Sie tradiert damit formelhaft einen lokalen, seit dem 19. Jh. geläufigen Bautypus, der in der »Fabrikvilla« gewerbliche Nutzung und repräsentatives Wohnen unter einem Dach vereinigte. – Eine überbaute Tordurchfahrt zum früheren Fabrikhof bindet den wenige Jahre später im Zuge der Firmenerweiterung erstellten Fabrikflügel an der Straße an, der in serieller Ausformung Gestaltungselemente der »Villa« übernimmt.

Der Hofflügel der Fabrik mit Maschinenhaus und Schornstein besteht heute nicht mehr. Die übrigen Teile werden gegenwärtig (1990/91) zu Wohnzwecken umgebaut.

Lit.: Pforzheim, Ein Heimatbuch mit Wirtschaftsbiographien, Stuttgart 1953, S. 92 f.

Timm

Pforzheim-Büchenbronn

Aussichtsturm Büchenbronner Höhe

Der eiserne Aussichtsturm auf der Büchenbronner Höhe (608 m über NN), der einen weiten Rundblick über den Nordschwarzwald, Pfälzer Wald, Odenwald und die Schwäbische Alb gewährt, ist Zeugnis der touristischen Erschließung des Schwarzwalds. Der Turmbau wurde im Jahre 1883 vom Pforzhei-

Pforzheim. Aussichtsturm Büchenbronner Höhe, Aufnahme um 1965

mer Verschönerungsverein veranlaßt. Konzeption und Ausführung lagen in Händen der Dresdener Firma Louis Kühne. Dabei kamen vorfabrizierte Elemente nach dem Prinzip der Serienproduktion zum Einsatz, die auf dem Bauplatz nur noch montiert zu werden brauchten.

Der 25 m hohe Turm besteht aus einem filigranen, diagonal verstrebten und nach oben verjüngten Gerüst aus Schmiede- und Gußeisenteilen über oktogonalem Grundriß. Die auskragende Plattform ist über eine Spindeltreppe erreichbar. Sieben Jahre vor dem Pariser Eiffelturm erbaut, ist der Büchenbronner Aussichtsturm ein frühes Beispiel der »reinen« Ingenieurbaukunst, die sich von jeder Stilanleihe bei der Architektur frei machte. Als Farbfassung ist ein Anstrich in den Reichsfarben Schwarz-Weiß-Rot überliefert.

Lit.: Eiserner Aussichtsturm bei Pforzheim, in: Deutsche Bauzeitung 19. Jg. 1885, Nr. 90, S. 541 f. – Immo Boyken, Gestaltetes Eisen. Aussichtstürme in Südwest-Deutschland und in der nördlichen Schweiz im späten 19. und beginnenden 20. Jahrhundert. – Käpplein, Der Aussichtsturm auf der Büchenbronner Höhe, in: Fritz Wenzel (Hg.), Erhalten historisch bedeutsamer Bauwerke, Jahrbuch 1988 des Sonderforschungsbereichs 315 der Universität Karlsruhe

Timm

Pfullingen, Kreis Reutlingen

Ehemaliges Fabrikationsgebäude der Firma Arbach Tafel 47

Im Industriegebiet der Stadt Pfullingen, Marktstr. 195, an der Stadtgrenze zu Reutlingen, liegt als einziges, nahezu original erhaltenes Gebäude der Maschinenfabrik Arbach ein Fabrikationsgebäude von 1911.

Der nördliche Albtrauf ist von der 2. Hälfte des 19. Jh. an vor allem geprägt von der Textilindustrie und dazugehörigen Maschinenfabriken. Ist für den Raum Nürtingen, Metzingen, Reutlingen die Wirkwarenherstellung kennzeichnend, so für den Raum Hechingen, Balingen, Ebingen die Strick- bzw. Trikotherstellung. Etwa gleichzeitig mit der Produktion der Textilwaren entstehen Firmen, die die benötigten Geräte, Maschinen und Kleinwaren, z. B. Garnhülsen u. a. herstellen. Die Maschinenfabrik Arbach wird 1874 gegründet, sie stellt Rauh- und Ausrüstungsmaschinen für die Trikot- und Strickwarenindustrie her.

Von der ursprünglichen Gebäudezahl von etwa 15 Großgebäuden sind bis auf vier alle abgebrochen, das Gelände wird sukzessive neu bebaut.

Das Fabrikationsgebäude von 1911 besteht aus einer mittigen Halle, die achsenweise von Glassheds natürliches Licht erhält. Beidseitig daran anschließend zweigeschossige Seitenschiffe, die im Erdgeschoß zur Mittelhalle offen und im Obergeschoß in Zimmer unterteilt sind. Das Gebäude ist in Beton- bzw. Stahlbeton errichtet, die Fassaden sind zeittypisch mit Klinker verkleidet. Der mittigen Halle ist nach Norden eine von einem Schweifgiebel bekrönte Fassade vorgeblendet.

Heute befindet sich in dem Gebäude ein Malereigroßbetrieb.

Schneider

Plochingen, Kreis Esslingen

Ehem. Mühlsteinfabrik Dettinger

Unweit des alten Ortskerns an der Straße nach Esslingen liegt rechter Hand das ehem. Betriebsgelände einer Mühlsteinfabrik. Schon 1853 gründete hier der Gurtenweber Johann Georg Dettinger das Unternehmen als Mühlen-Gurten-Weberei und nahm später zusätzlich die Produktion von Mühlsteinen auf.

Die eingeschossigen, von ihrer Architektur her bescheidenen Produktionsstätten – teils in Fachwerk, teils in Backstein – wurden zwischen 1883 und 1914 erbaut. Sie befinden sich entweder noch im Originalzustand oder sind behutsam den Bedürfnissen von Produktionsänderungen angepaßt worden. Aufwendiger präsentiert sich der an der Straße gelegene einstige Wohn- und Verwaltungsbau von 1871 und sogar architektonisch bedeutend die historische Fabrikantenvilla von 1901 jenseits der zugehörigen Parkanlage.

Die Mühlsteinfabrik Dettinger, die sich in der langen Zeit ihres Bestehens zu einem bedeutenden Unternehmen dieser Art in Deutschland entwikkelte, fertigte Mühlsteine nicht nur zum Mahlen von Getreide, sondern auch von Mineralien u. a. Die rohen Steine wurden in überwiegend eigenen Steinbrüchen des In- und Auslandes gewonnen. Als bestes Material erwies sich der berühmte Süßwasserquarz von La Ferté sous Jouarre und Epernon aus der französischen Champagne (sog. Franzosen). Etwa seit der Jahrhundertwende wurden die Mühl-

Plochingen. Mühlsteinfabrik, Plandrehbank, Aufnahme 1988

steine auf großen Plandrehbänken bearbeitet. Die dadurch erreichte Planheit und Unwuchtfreiheit festigte entscheidend den guten Ruf der Firma. 1914 wurde die Produktion künstlicher Mühlsteine aufgenommen, die ab 1950 als Spitzenprodukte mit den Namen »Plochina-Diamant« und »-Brillant« weite Verbreitung fanden. Dabei wurde je nach Verwendungszweck das Mischungsverhältnis zwischen griechischem Naxos-Schmirgel, Champagnequarz und Siliciumkarbid variiert und das zerkleinerte Rohmaterial mit Magnesit gebunden.

Aus technikgeschichtlicher Sicht sind folgende Bauten besonders erwähnenswert: die Mühlsteindreherei mit den alten Drehbänken, die Kunststeingießerei von 1914 mit kompletter Ausstattung (Mischanlage) und den Gießformen sowie die Schlosserei mit Werkzeugmaschinen, Schmiedehammer und Transmissionen.

Die Ende 1988 stillgelegte, in ihrer Art wohl einmalige Fabrikanlage befindet sich mittlerweile im Eigentum der Stadt Plochingen und harrt der geplanten künftigen Nutzung als Museum und als Ort anderer kultureller Einrichtungen.

Lit.: Otto Wurster, Heimatgeschichte Plochingen, 1949, S. 422 f. – Otto Lueger. Lexikon der gesamten Technik, 2. A. 1904 Stgt. und Leipzig; Stichwort: Mühlsteine – Esslinger Zeitung vom 11./12. Mai 1988

Goer

Rastatt
Brunnenhaus

Eine Beschreibung der Residenzstadt Rastatt aus dem Jahre 1832 stellt auch das Brunnenhaus vor: ». . . auf dem linken Ufer der Murg sieht man das herrschaftliche Brunnenhaus, welches ein mehrere Stock hohes Gebäude, halb von Stein und halb von Holz ist; durch Druckwerke und große Wasserräder wird das Wasser bis unter das Dach des Hauses getrieben und bekommt hierdurch den Fall, um die Stadt und das Schloß mit fließendem Wasser zu versehen. Letzteres ist so ergiebig, daß mehr als 30 Brunnen überflüssig Wasser geben . . .« (zit. nach Krämer, vgl. Lit.).

In seiner heutigen Form ist der sechsgeschossige Turm das Ergebnis mehrerer Bau- und Erneuerungsphasen. Für die ersten Jahre des 18. Jh. ist ein dreigeschossiger Fachwerkturm belegt, dem wohl bald nach 1714 der oben beschriebene Bau folgte. Die unteren drei massiven Geschosse dieses Barockbaus sind im heutigen Brunnenhaus erhalten; die Fachwerk-Obergeschosse wurden in der Mitte des 19. Jh. massiv ersetzt. Veränderungen in der Attikazone sind wohl um 1900 vorgenommen worden.

Mit der Errichtung und Inbetriebnahme des neuen Wasserturmes bei der Pagodenburg im Jahr 1901 verlor das Brunnenhaus seine zwei Jahrhunderte lang wahrgenommene Funktion.

Lit.: Gerhard Krämer, Das Brunnenhaus in Rastatt, in: Denkmalpflege in B.-W. 1977, S. 43 ff. – Slotta, Technische Denkmäler in der BRD, Band 2, Bochum 1977, S. 313 ff.

Schmidt

Ravensburg
Brunnenstube

In einer mittelalterlichen Stadt reichten die auf dem Lande gebräuchlichen Schöpf- und Pumpbrunnen zur Trinkwasserversorgung nicht aus, zumal deren Wasser durch die auch in den Städten üblichen Dunglegen verunreinigt sein konnte. Es war daher notwendig, Quellen in der Umgebung zu erschließen und ihr Wasser in Deicheln aus Holz (seltener aus Ton oder Blei) in die Stadt zu leiten, um dort die öffentlichen, ständig fließenden Laufbrunnen zu speisen. Derartige Wasserversorgungssysteme sind in den süddeutschen Städten seit dem 13. Jh. allgemein üblich. Vereinzelt sind sie auch bereits früher nachweisbar, so in Kempten schon 1012.

In der näheren Umgebung von Ravensburg liegt der einzige Quellhorizont mit ausreichender Wassermenge in dem Hanggebiet östlich oberhalb des Flattbachtales. Somit wurde hier, im »Vorderen Lumperwald«, eine Reihe von Quellen in kleinen Quellhäusern gefaßt. Ihr Wasser führte man in Holzdeicheln herab zur Brunnenstube, die auf halber Hanghöhe von der ehem. Landstraße Richtung Schlier-Wangen liegt. In ihrem mit Kieseln gefüllten Sammelbecken wurde es gereinigt und in zwei großen Strängen in die Stadt weitergeführt, um dort über 100 Brunnen zu speisen.

Dieses Leitungssystem wurde bereits im 15. Jh. angelegt. Die Brunnenstube hat sich seither kaum verändert; auch heute noch ist sie in die Wasserversorgung Ravensburgs integriert. Den ältesten schriftlichen Nachweis über den Bau finden wir in der 1514 von Ladislaus Strunthaim verfaßten Beschreibung Ravensburgs: ». . . Im Elschwag ist ein gewelpter Turn . . . dorin ain großer kuphener Kessel dorinn vill klain Kysselstain aus dem Kessel tailt man und rört das Wasser . . .«

Das massiv gemauerte Gebäude hat einen nahezu quadratischen Grundriß von etwa 9,50 m Seitenlänge. Dadurch daß die Traufhöhe nur 3,40 m beträgt, das steile, mit Mönch und Nonne gedeckte Zeltdach hingegen über 6 m hoch aufragt, erhält es sein charakteristisches, urtümlich anmutendes Aussehen. Im Innern liegt unter einem einfachen Gewölbe das viereckige Sammelbecken aus Sandstein, das früher, der obigen Beschreibung nach zu schließen, mit Kupferplatten ausgeschlagen war. Die Jahreszahl 1759 im Sandsteinsturz der Tür weist auf eine damals getätigte Baumaßnahme am Gebäude hin. Die letzte Instandsetzung (Erneuerung der Dachdeckung und der Aufzugsgaube) erfolgte 1975.

Brand

Reutlingen
Spinnereigebäude der Textilfabrik Gminder

Tafel 5

Das 1903/04 errichtete Spinnereigebäude der ehem. Textilfabrik Ulrich Gminder G. m. b. H. ist eines der eindrucksvollsten historischen Beispiele von Industriearchitektur unseres Landes. Die Pläne lieferte der Stuttgarter Architekt Philipp Jacob Manz, der sich mit großem international tätigem Büro auf Industriebauten spezialisiert hatte.

Das plastisch und reich gegliederte und mit dekorativen Bauelementen ausgestattete Gebäude erhebt sich dreigeschossig über einem rechteckigen Grundriß von 107 m Länge und 37 m Breite. Über allen vier Ecken des gigantischen Bauwerks Türme: dreimal ein mächtiger, mit aufwendiger Ziergliederung versehener Kubus; über der Südwestecke ein markanter Turm mit Pyramidendach über vergiebeltem und ebenfalls dekorativ gegliedertem Turmgeschoß.

Strebepfeilerartige Wandvorlagen – nur bedingt konstruktiv als Wandverstärkung notwendig – rhythmisieren die langen Fassaden. Wie Zinnen ragen die verdachten Giebelabschlüsse über die Traufkante des Flachdaches hinaus, bekrönen auch die Turmkuben und reißen die Silhouette nach oben lebhaft und eindrucksvoll auf. In der Horizontalen bestimmt eine dekorativ hervortretende Brüstungs- und Traufverzierung. Der Farbkontrast von rot und weiß des Baumaterials (Backstein, heller Kunststein und Putz) bringt in die detailreiche Baugestaltung zusätzlich etwas von Pracht.

Das auf beherrschende Wirkung angelegte Bauwerk ist ein spätes Beispiel für die Möglichkeiten der Prachtentfaltung historistischer Architektur. Worauf diese hier abzielt, zeigen nicht zuletzt die Türme, von denen nur zwei als Treppen- und Sprinklerturm auch technische Funktionen haben, sonst aber Attrappen sind. Die Funktion der Türme liegt in der Repräsentation. Der hohe Eckturm im Südwesten bezieht sich nicht auf das im Osten liegende Reutlingen, sondern, bei damals freier Lage der Fabrik, auf das Neckartal. In diesem weit in das Land hinein wirkenden Element stolzen bürgerlichen Selbstverständnisses und anspruchsvoller Firmenrepräsentation gipfeln die Intentionen der mit gesteigertem Aufwand auf dem Höhepunkt der Firmenentwicklung gestalteten Fabrikarchitektur.

Anregungen für die Gestaltung der Architektur gingen von England aus, das damals für die kontinentale Textilindustrie noch Vormachtstellung besaß; und zwar ist es das House of Parliament, das hier für die großbürgerliche Bauaufgabe in einigen wesentlichen Hauptformen als Vorbild herangezogen worden ist.

Howaldt

Rheinfelden, Kreis Lörrach
Laufwasserkraftwerk Tafel 83

Nach der geglückten Stromübertragung von Laufen a. N. nach Frankfurt 1891, die einen bislang unbekannten Wirkungsgrad von 75% erreichte, war der Weg frei zur Energiegewinnung mit Hilfe bisher ungenutzter Wasserkräfte. Vier Jahre später wurden die Kraftübertragungswerke Rheinfelden gegründet, und 1895 konnte mit dem Bau des Kraftwerks begonnen werden, das 1898 seinen Betrieb aufnahm. Hauptsorge der Betreiber war der Verkauf des zu erzeugenden Stroms. Zwei Firmen, die Zweigwerke in Rheinfelden errichteten, übernahmen eine Abnahmegarantie von 50%. Kunden für die andere Hälfte mußten erst noch gefunden werden. Das älteste Flußkraftwerk Europas wurde so Initiator weiterer Industrieansiedlungen in der Hochrheinregion.
Am Ende des sog. Beuggener Sees zieht sich ein Stauwehr quer durch den Rhein. Das aufgestaute Wasser wird in einem sich am Ufer entlangziehenden Kanal dem Maschinenhaus zugeführt. 20 Maschinengruppen, die einen Überblick über rund 100 Jahre Turbinengeschichte bieten – vier Turbinen stammen noch von 1898 –, erzeugen durchschnittlich 185 Gigawattstunden pro Jahr. Das gut in die Landschaft integrierte Krafthaus selbst ist ein schmaler, langgestreckter, vertikal gegliederter Bau, in Eisenbeton mit Steinverblendung errichtet. Rheinwärts scheint ein sechsachsiger, erhöhter Baukörper – ähnlich dem Mittelbau eines Schlosses – vorgelagert; von ihm gingen früher die Freileitungen ab. Form und Konstruktion des Maschinenhauses symbolisieren die sich dem Rhein entgegenstellenden, ihm Energie abtrotzenden Kräfte. Dabei korrespondieren die Eleganz des Baukörpers mit der technischen Meisterleistung der Anlage, die im unteren Bereich vorherrschende Kalksteinquaderung mit der wilden Kraft des Hochrheins.

Reinhardt-Fehrenbach

Riedbach → Schrozberg

Riedlingen, Kreis Biberach
Ehem. Posamentenfabrik Tafel 52

Das Gebäude in der Gammertinger Straße wurde 1857 am damaligen Stadtrand von Riedlingen für eine inzwischen nicht mehr handwerklich, sondern fabrikmäßig betriebene Herstellung von Posamenten errichtet.
In diesem für den kleinstädtischen Bereich bezeichnenden Fabrikbau ist ein selten gewordenes frühes Beispiel eigenständiger Fabrikarchitektur überliefert. Am Anfang stellte sich bei der Errichtung von Produktionsstätten, die allein in der Größe erheblich über eine Werkstatt hinausgingen, zwangsläufig die Frage nach dem möglichen Aussehen einer solchen Architektur. Naheliegend war, sich bei diesen vorwiegend außerhalb oder am Rand der alten Städte errichteten Gebäuden an geeigneten kleinstädtischen Vorbildern zu orientieren wie in Riedlingen u. a. an Schulgebäuden. Obgleich es sich bei dem zweigeschossigen Gebäude mit Satteldach nur um ein kleineres Fabrikbauwerk handelt (Grundriß 18×30 m), läßt dennoch schon die Gebäudegröße und überdies Größe und Lage des Eingangstores an der zur Straße gerichteten Giebelfront erkennen, daß es sich nicht um eine Schule handelt.
Die ehem. Posamentenfabrik führt vor, daß es der Fabrikarchitektur von Anfang an nicht allein um die Erstellung eines geeigneten technischen Nutzbaus, sondern auch um eine gewisse »bauliche Firmenrepräsentation« ging. Diese Ambitionen kommen im vorliegenden Fall deutlich in den Zierdetails zum Ausdruck. Das Gebäude ist in der um die Jahrhundertmitte auch außerhalb Norddeutschlands Verbreitung findenden Backsteinbauweise aufgeführt, die häufig in der attraktiven Kombination mit Zierfachwerk verwendet wird, so auch in Riedlingen, wo das Obergeschoß in einem von Andreaskreuzformen bestimmten Zierfachwerk ausgeführt ist, das zur Straße hin zusätzlich verschiedenartig gemusterte Backsteinausfachungen aufweist. Ein für einen Fabrikbau aufwendiges Zierdetail ist auch das mit Profilschmuck und Sägeornamenten versehene Holzwerk an Traufe und Giebel. Im beinahe unverändert erhaltenen Innern der Fabrik mit »Comptoir«, Arbeitssaal und Magazin sind dort, wo der Kunde Einblick hatte, die Deckenstützen mit verzierten Kopfhölzern versehen.
Der 1988 vorgesehene Abbruch konnte nach der Ausweisung der Fabrik als Kulturdenkmal durch eine Entscheidung des Petitionsausschusses abgewendet werden. Es ist vorgesehen, eine Fabrik darin unterzubringen.

Howaldt

Rosenberg-Sindolsheim → unter Walldürn-Altheim

Rottenburg a. N., Kreis Tübingen
Schlachthof Tafel 62

20 Jahre später als das kleinere Sigmaringen erhielt Rottenburg a. N. einen Schlachthof, und auch dies erst, nachdem der württembergische Staat entsprechenden Druck auf die Stadt ausgeübt und eine letzte Frist bis zum 1. 1. 1905 gesetzt hatte. Der Grund für diese Verzögerung war teils finanzieller Art, teils lag er am Widerstand der Metzger und am Mangel eines Bauplatzes. Nachdem jedoch die Stadt 1902 die neckarabwärts gelegene Ehinger oder Holzherrsche Mühle erworben hatte, und diese bald darauf abgebrannt war, stand ein gut geeigneter Ort zur Verfügung. Die Planung übertrug man der Maschinenbau AG Cassel (vormals Beck und Henkel), die als Architekten für die Gestaltung der Hochbauten wiederum Carl Kleinert in Wiesbaden hinzuzog, der sich auf derartige Bauaufgaben spezialisiert hatte.
Die auch heute noch als Schlachthof genutzte Anlage entstand in zwei Abschnitten 1902–1904 als gestreckter Winkelbau, wobei Kleinert den zweiten, westlichen Bauteil mit dem Verwaltungsgebäude im direkten Auftrag der Stadt errichtete. Die Gliederung des Baukörpers nach Funktionen ist zwar ablesbar, wird aber durch symmetrisch angeordnete Ziergiebel überspielt. Die Bauformen sind allgemein historisierend gehalten und entlehnen ihre Motive teils mittelalterlicher, teils aber auch der Renaissancearchitektur. Ein zinnenbekrönter Aufsatz hebt sich deutlich heraus: In ihm waren die Apparaturen zur Kühlung aufgestellt. Was der Anlage vor allem einheitliche Wirkung verleiht, ist die Verkleidung der Außenmauern mit farbigem Sichtbackstein, wobei die gliedernden Elemente rot vor gelbem Hintergrund stehen.
Der Standort des Schlachthofs unmittelbar am

wichtigsten Neckarübergang, der Kepplerbrücke, verlangte im damaligen Bauverständnis eine repräsentative Formgebung. Daß diese sich noch zu Beginn des 20. Jh. eng in einer historisierenden Bahn bewegt, ist erstaunlich und verrät eine starke Traditionsgebundenheit der öffentlichen Hand gegenüber einer neuartigen Bauaufgabe. Lediglich in den geschwungenen Stäben des die Anlage umschließenden Gitters verrät sich ein dem Jugendstil verpflichteter »moderner« Zug.

Krins

Rottweil

Saline Wilhelmshall Tafel 31

Nachdem 1822 im badischen Dürrheim Steinsalz gefunden worden war, führte man auch auf württembergischem Gebiet Probebohrungen durch. 1824 wurde daraufhin die Saline in Schwenningen in Betrieb genommen. Im selben Jahr genehmigte König Wilhelm I. auf Anregung des Salineninspektors Friedrich von Alberti den Bau einer zweiten Saline bei Rottweil-Rottenmünster.

Unter Mitwirkung des Salinenbaumeisters Karl Friedrich Stock wurde die Saline als rechteckige Anlage mit betonter Mittelachse errichtet. Als Standort wählte man einen Höhenrücken zwischen Nekkar- und Priemtal. Die zwei rechteckigen und vier runden Solebehälter waren auf dem höher gelegenen Gelände angeordnet, so daß die Sole in natürlichem Gefälle zu den sechs Siedehäusern abfließen konnte. Die Bohrhäuser lagen außerhalb dieser Anlage im Priemtal. Man nutzte die Wasserkraft der Priem, um die Sole zu fördern und zur Saline zu heben.

Von den Bauten der symmetrischen Anlage blieb nach der Stillegung 1969 nur einer der beiden rechteckigen Solebehälter erhalten. Dieses »Solehaus« ist als langgestreckter Fachwerkbau mit Walmdach ausgebildet, dessen Mitte auf beiden Längsseiten durch eine Wiederkehr mit flachem Giebel und dreiteiligem Tor in Form einer Serliana betont wird.

Eine Besonderheit der Rottweiler Saline waren die von Kuppeln überdeckten Solerundbehälter. Oberhalb des Solehauses ist eine der ins Gelände eingetieften runden Solewannen erhalten geblieben, allerdings verfüllt. Die zugehörige Holzkuppel mit einer Konstruktion aus gekrümmten Bohlenbindern, einem Schindelmantel und einer gläsernen Laterne wurde zum Unteren Bohrhaus ins Priemtal versetzt. Die Kuppeln von zwei weiteren Rundbehältern sind im Kurpark von Bad Dürrheim neu aufgebaut worden.

Das Untere Bohrhaus, eine Gruppe einfacher Fachwerkbauten, vermittelt noch den ursprünglichen Eindruck. Die Bohrhäuser über den beiden älteren Solebrunnen bilden mit dem dazwischenliegenden Wohntrakt des Pumpenwärters und dem Maschinenhaus eine T-förmige Anlage. Die beiden anschließend errichteten freistehenden Bohrhäuser sind noch mit ihren holzverschalten Turmaufbauten erhalten.

Lit.: F. Rimmele, Die alte Königlich württembergische Saline Wilhelmshall, in: Die Denkmalpflege, 16. Jg. (1914), S. 81–83 – Günter Schulz, Die Saline Wilhelmshall bei Rottweil 1824–1969. Veröff. des Stadtarchivs Rottweil, Bd. 1, Rottweil 1970 – Walter Carlé: Beiträge zur Geschichte der württembergischen Salinen. Veröff. der Kommission für geschichtliche Landeskunde in Baden-Württemberg, Reihe B Forschungen, Bd. 43, bes. S. 132–135 – Gertrud Lukert, Baugeschichte der Salinen in Baden-Württemberg. Diss. Tübingen 1970, bes. S. 94–100 – Slotta, Technische Denkmäler in der BRD Band 1, Bochum 1975, S. 96

Roth

Rottweil. Saline Wilhelmshall, Solelangbehälter von 1825, Aufnahme 1989

Pulverfabrik Tafel 60

Aus den bescheidenen Anfängen einer seit 1564 belegten Pulvermühle erfuhr die Pulverfabrik Rottweil, im Neckartal nördlich der Stadt gelegen, einen ungeheuren Aufschwung, nachdem die Familie Duttenhofer ab 1853 Besitz und Leitung angetreten hatte. 1856 bereits größte Pulverfabrik Württembergs, dehnte sich das Gelände der ab 1872 als AG geführten Firma im Jahr 1875 schon über 125 Morgen aus und umfaßte 25 Gebäude; Tochtergründungen und Zusammenschlüsse folgten in den Jahrzehnten darauf. Nach einem kriegsbedingten Produktionsboom 1914/1918 entschloß man sich zur Umstellung auf die »friedliche« Herstellung von Kunstfasern.

Die erhaltenen, in der Mehrzahl zwischen 1907 und 1916 entstandenen Bauten veranschaulichen die Entwicklung der Rüstungsfabrik bis zum 1. Weltkrieg und stellen einen vielschichtigen Organismus aus Bestandteilen unterschiedlicher Funktion von z. T. herausragender architektonischer Qualität dar: Gebäude der Produktion, der Forschung, Energiegewinnung, Verwaltung, Wohnhäuser, Fabrikantenvilla usw. Besonders hervorzuheben sind: Chem. Laboratorium, 1910/11, Architekt H. Henes, Stuttgart, ein am Klassizismus der Zeit um 1800 inspirierter, wuchtiger Bau. – Kraftwerk mit Kohlelager, 1915/16, Architekt P. Bonatz, Stuttgart, ein Industriebau in Skelettbauweise, dessen Monumentalität durch Adaption klassischer Vokabeln getragen wird. – Stahlbeton-Fabrikhalle, 1915, Firma Ludwig Bauer Betonbau, Bad Cannstatt, ein gewaltiger moderner Bau mit sechsjochigem hohem Mittelschiff und doppelgeschossigen Seitenschiffen von elegant-strenger Konstruktion.

Ferner seien erwähnt: Museumssaal (1899), Wasch- und Umkleidegebäude für Arbeiter, die sog. Jakobskirche (1913), Villa Duttenhofer (1860 ff.), Angestelltenwohnhäuser (1910–1914),

Pulverabfüllung, Ätherfabrik, Kesselhaus, Verwaltungs-/Sozialgebäude, Walzenwehr (letztere sämtlich zwischen 1907 und 1916).

Lit.: Bernhard Laule, Die ehemalige Pulverfabrik in Rottweil am Neckar; in: Denkmalpflege in B.-W. 1984, S. 124–133

Schmidt

Satteldorf-Gröningen, Kreis Schwäbisch Hall
Hammerschmiede Tafel 41

Die Hammerschmiede liegt nördlich von Crailsheim im Gronachtal, einem schluchtartig eingeschnittenen Seitental der Jagst.
Von einem Wehr der aufgestauten Gronach zweigt ein Wasserkanal zur Hammerschmiede ab, die 1804 von Johann Adam Bäuerlein neben einer bereits im 17. Jh. genannten Ölmühle errichtet wurde. Dieses durch Radstube und Wasserrinne getrennte ältere Gebäude wurde 1847 mit der Hammerschmiede verbunden. Mehrere Nebengebäude – u. a. ein Backhäuschen, ein Eisenmagazin und landwirtschaftliche Ökonomiegebäude – ergänzen die Anlage.
Das heutige, 1892 aufgestockte Gebäude der Hammerschmiede ist ein langgestreckter, sachlicher Putzbau mit einem hohen steinernen Hanguntergeschoß und zwei Fachwerkgeschossen, dessen Satteldach von einem auf der Giebelseite zur Gronach vorgebauten Ziegelschornstein überragt wird. Die Schmiedewerkstatt nimmt das ganze Untergeschoß ein. Ein zusätzlicher Werkstattraum und ein Verkaufsraum liegen im Hochparterre neben den Wohnräumen.
Herzstück der Schmiedewerkstatt ist ein großes wassergetriebenes Hammerwerk mit drei im Kern aus Holz gefertigten Schwanzhämmern. Sie werden über ein oberschlächtiges Wasserrad mit hölzernem Wellbaum (ca. 8 m lang, 70 cm dick) in Bewegung gesetzt. Zwei Francis-Turbinen (1897 bzw. 1912) liefern die Energie für die über eine lange Rohrleitung geführte Druckbelüftung der Schmiedeessen bzw. für die Schleiferei, für weitere, modernere Hämmer und eine Transmissionsanlage, über die im Hochparterre verschiedene Bearbeitungsmaschinen in Gang gesetzt werden können. Die bis zur Stillegung 1948 in Familienbesitz befindliche Hammerschmiede stellte eine breite Palette von Eisengerätschaften für den bäuerlichen und handwerklichen Bedarf her (Schaufeln, Hacken, Beile, Sägen usw.). Nach sorgfältiger Inventarisierung und Restaurierung durch den Schwäbischen Heimatbund ist sie seit 1982 eine wieder in allen Teilen funktionsfähige Anlage der Schmiedetechnik, bei der in einzigartiger Weise der traditionelle Handwerksbetrieb und der Übergang zur Kleinindustrie auf dem Land dokumentiert und nachvollziehbar sind. Seit 1988 ist sie eine Außenstelle des Hohenloher Freilandmuseums Schwäbisch Hall-Wackershofen.

Lit.: Albert Rothmund, Die Hammerschmiede in Satteldorf-Gröningen, in: Schwäbische Heimat 31. Jg. 1980, H. 1, S. 22–28 – Frieder Schmidt, Die Hammerschmiede Gröningen als technisches Denkmal, Stuttgart 1984

Schöck

Schelklingen, Alb-Donau-Kreis
Stellwerke Tafeln 23, 24

Zum Bahnhof Schelklingen, rund 20 km westlich von Ulm an der Donaubahn gelegen, gehören auch drei Stellwerke zur Sicherung des Eisenbahnbetriebes. Zwei davon, die Wärterstellwerke 1 und 2 an den Bahnhofseinfahrten vertreten die württembergische Bauform der Jahrhundertwende: Einem Untergeschoß aus Natursteinquadern folgt ein aus Ziegeln gemauertes Sockelgeschoß mit Fensterleibungen aus Sandstein. Nach oben schließt ein mit 35° geneigtes, ziegelgedecktes Satteldach das Gebäude ab. Eine eiserne Freitreppe führt zum Stellwerksraum im Obergeschoß, durch dessen großzügige Front von Sprossenfenstern die Gleisanlagen gut zu überblicken sind. Beide Wärterstellwerke sind nahezu identisch in ihren Abmessungen, Stellwerk 2 ist lediglich 3 m länger als Stellwerk 1, bedingt durch die längere Hebelbank, von der aus zusätzlich die nach Oberheutal/Münsingen abzweigende Strecke zu bedienen ist.
Das dritte Stellwerk befindet sich in einem Raum im Erdgeschoß des Empfangsgebäudes, bestehend aus einem eisernen Schrank mit zwölf Fahrstraßen- und vier Riegelkurbeln: das Befehlsstellwerk. Es ist die Zentrale einer rein mechanisch aufgebauten Logistik. Von den mit den Kurbeln verbundenen Drahtseilzügen werden »Befehle« an die beiden Wärterstellwerke erteilt, die dort in ein System von mechanischen Verschlüssen der Weichen-, Fahrstraßen- und Signalstellhebel eingreifen. Nur wenn die für eine gefahrlose Zugfahrt notwendigen Sicherungen vorgenommen worden sind, die als Verschlußmechanismen die Fahrtstellung eines Signals verhindern, läßt sich das Signal für diese Zugbewegung auf Fahrt stellen.
Das Kurbelstellwerk und die beiden Hebelstellwerke (Bauart G) sind 1904 von der Maschinenfabrik Esslingen geliefert worden; im selben Jahr dürften auch die Stellwerksbauten errichtet worden sein. Die rein mechanisch arbeitende Verknüpfung von Wärter- und Befehlsstellwerk ist heute außer in Schelklingen nirgends mehr erhalten.

Knauer

Schelklingen-Schmiechen, Alb-Donau-Kreis
Fallenstöcke der Wiesenbewässerung

Der Lauf der Schmiech wird zwischen Teuringshofen und Schmiechen durch eine Reihe kleiner Wehranlagen geprägt, die 1885 errichtet wurden und als »Fallenstöcke« bezeichnet werden. Über betonierten Pfeilern tragen sie den Eisenträger mit der einfachen Mechanik für die Regulierung der hölzernen Falle mittels eines Zahngestänges.
Seit 1332 ist die Anlage von Bewässerungsanlagen an der Schmiech bezeugt, und bereits früh wurden Wehre angelegt, um das Wasser auf die Wiesen zu leiten, was auf dem porösen Kalkgrund einen ertragreicheren Ackerbau ermöglichte. Die Verteilung des Wassers und damit die Grundlage wirtschaftlichen Wohlergehens wurde durch »geschworene Wässerer« überwacht.
Nach größeren Überschwemmungen, wie der des Jahres 1876, und nach Einrichtung des Wasserwerkes der Albwasserversorgungsgruppe VIII unter Karl Ehmann in Teuringshofen 1871 wurde die große Schmiechkorrektur 1882 durchgeführt. Bei der Neuanlage des Bachbettes wurden die »Fallenstöcke« eingerichtet, die einerseits den Wasserstand des Flusses regulierten und in zweiter Funktion mit den jeweils oberhalb liegenden Einlaßfallen die Entnahme des Wassers für das überkommene Bewässerungssystem gewährleisteten. Eine genossenschaftlich organisierte Bewirtschaftung trug bis in die Mitte unseres Jahrhunderts diese Flurbewässerung.
Die »Fallenstöcke«, die inzwischen für die Land-

schaft dieses Talabschnittes charakteristisch geworden sind, gelten als Beispiel des Wasserbaus des ausgehenden 19. Jh., das aus der Tradition alter Gepflogenheiten gewachsen ist.

Lit.: Beschreibung des Oberamtes Ehingen, Stuttgart und Tübingen 1826, S. 26 – Beschreibung des Oberamtes Ehingen, Stuttgart 1893, S. I. 63 – Gerold Amann, Soziale Strukturen der Schelklinger Teilorte, in: Schelklingen – Geschichte und Leben einer Stadt, Ulm 1984, S. 269 – Eckart Hannmann, Technische Kulturdenkmale im Alb-Donau-Kreis, in: Denkmalpflege in B.-W. 1984, S. 152–159

Wilhelm

Schiltach, Kreis Rottweil
Flößerei

Nur ein geübtes Auge erkennt entlang den Flüssen Schiltach und Kinzig die zahlreichen Flußbauten, die für die Flößerei notwendig waren. Bis ins 12./13. Jh. reichen die Anfänge der Kinzigflößerei zurück. Eine erste Floß- und Zollordnung ist für Wolfach aus dem Jahre 1470 überliefert. Die waldreichen Gebiete des Schwarzwalds mit seinen zahlreichen Wasserwegen waren der Nährboden für das einst blühende Gewerbe.
Während der Winterszeit, in der nicht geflößt werden durfte, wurde das Holz gehauen und auf die Spannplätze gebracht. Auch die zum Binden nötigen Floßwieden aus schlanken Fichten, Eichen, Eschen oder Haselnußstangen wurden gefertigt. An den Spannstätten erfolgte das Rüsten, Zusammenfügen des Holzes zu Gestören, welche dann, aneinandergefügt, ein Floß ergaben. Die vorderen Gestöre bestanden aus dünneren, die hinteren aus dickeren Stämmen. Jede davon mußte oben und unten mit Wieden eingebunden werden. Für die Schiltacher Schifferschaft waren wichtige Spannplätze der Schenkenzeller Weiher, ferner die Laibachwag sowie der Kirchenweiher. Auf der Schiltach befand sich beim heutigen »Bienen-Herzog« ein Bindeplatz mit dem noch erkennbaren Wehr. Zum Lenken des Floßes wurde ein sog. Vorplätz, ein kleines bewegliches Gestör, vorgebunden, das ein Ruder besaß. Als Bremse waren auf den hinteren Gestören Sperren angebracht. War das Floß zur Abfahrt bereit, öffnete man das Stauwehr eines oberhalb der Spannstätte gelegenen Weihers und sobald das »Schnellwasser« das Floß erreichte, löste man es vom Floßhaken und die Fahrt »ins Land« begann. Sie endete in Willstätt, wo die Kinzigflößer das Floß den Rheinschiffern übergaben. Zahlreiche heute noch erkennbare Wehre waren bis dahin zu passieren.
Durch das Wachsen der Industrie sowie den Ausbau von Straße und Eisenbahn kam die Flößerei in unserem Jahrhundert zum Erliegen. Das letzte Floß fuhr 1925 die Kinzig abwärts.

Lit.: H. Fautz, Die Geschichte der Schiltacher Schifferschaft, in: Die Ortenau, Heft 28, 1941, S. 150 ff.

Reinhardt-Fehrenbach

Seilerei Armbruster

An den Fuß des Kirchbergs in Schiltach schmiegen sich die langgestreckten Baulichkeiten der Seilerei Armbruster, die seit 1888 in Schiltach besteht. Kleine, schuppenähnliche hölzerne Bauten nehmen die zur Seilherstellung benötigten Werkzeuge und Maschinen auf. Die zum Drehen notwendige Bahn ist teilweise überdacht. Der Seiler ist einer der traditionsreichen Berufe, die durch maschinelle Fabrikproduktion verdrängt wurden. In Schiltach sind z. B. 1720 zwei Seiler urkundlich erwähnt. Ihnen wird angeraten, neben ihrem Handwerk noch Handelsware feilzubieten, denn »die Bauern stellen den Hanf für ihre Arbeit selbst, daher haben die Sayler kein hohen Verdienst.«
Die Seilerei Armbruster besitzt eine Seilschlagmaschine zum Herstellen dicker Seile, wie sie früher vorwiegend für Transmissionen verwendet wurden, ferner eine Seilmaschine, z. B. für Kälberstricke, sowie eine Preß- und eine Spleißmaschine zum Kürzen und Reparieren von Stahlseilen. Die Spinnmaschine zum Selberspinnen des Hanfs wird heute nicht mehr benötigt.
Bis vor 70 Jahren war in Mittelbaden Deutschlands bekanntestes Hanfanbaugebiet. Ungesponnen wurde das Rohmaterial an die Seilereien geliefert. Heute kommt der schon gesponnene Hanf meist aus China oder Korea.

Reinhardt-Fehrenbach

Schluchsee, Kreis Breisgau-Hochschwarzwald
Schluchseewerk Tafel 20

Die günstigen topographischen und klimatischen Verhältnisse (große Fallhöhen, reichhaltige Niederschläge) waren hervorragende Bedingungen für die Gewinnung von elektrischer Energie im südlichen Schwarzwald. Diese Umstände sowie der badische Wunsch nach größtmöglicher Unabhängigkeit von Stromimporten waren der Anlaß zum Bau der Werksgruppe Schluchsee in den Jahren 1929–1953 durch die Schluchseewerk AG.
Bei einem Gesamthöhenunterschied von 620 m wird in den drei Kraftwerken Häusern, Witznau und Waldshut mit dem in vier Speicherseen gesammelten Wasser Energie zur Deckung von Bedarfsspitzen des deutschen und europäischen Elektrizitätsverbundes gewonnen. Eine Ergänzung der zur Energiegewinnung benötigten Wassermenge aus dem natürlichen Einzugsgebiet erfolgt durch Rheinwasser, das nachts bzw. an Wochenenden mit preisgünstigem Strom fremder Kraftwerke in die Speicherseen gepumpt wird.
Der größte von ihnen, der Schluchsee, mit seiner imposanten Staumauer von 63 m Höhe und einer Kronenlänge von 250 m, speichert 108 Mio. m^3 Wasser (Bau der Staumauer 1929–1932; Inbetriebnahme des Kraftwerks Häusern mit 4 Maschinensätzen von insgesamt 128 000 kVA Generatorenleistung 1933). Der leicht und grazil wirkende hellrote Backsteinbau des Kraftwerks Häusern ist in seiner formalen Gestaltung der Architekturauffassung des Neuen Bauens verpflichtet. Anders dagegen das Sperrenkraftwerk Witznau (4 Maschinensätze mit insgesamt 220 000 kVA Generatorenleistung), das zwischen 1938 und 1943 entstand und mit seinen konservativen Architekturformen der vierziger Jahre ganz im Gegensatz zum modernistischen Äußeren des Kraftwerks Häusern steht. Das unmittelbar am Rhein gelegene Kraftwerk Waldshut (4 Maschinensätze mit insgesamt 176 000 kVA Generatorenleistung) konnte erst 1951 in Betrieb genommen werden. Vom Schluchsee stürzt das Wasser durch kreisrunde Druckstollen bzw. Fallrohre zu den Kraftwerkstufen. Der nach Waldshut führende 9,46 km lange Rheinstollen weist einen Durchmesser von 6 m auf. Zur Ausschwingung der Wassersäulen nach dem Abstellen der Maschinensätze dienen drei Wasserschlösser von festungsartigem Charakter. Jenes von Waldshut ist das mächtigste und hat eine Schachttiefe von 160 m bei einer lichten Weite von 14 m.
Mit seinen drei Kraftwerkstufen stellt das Schluchseewerk als größtes deutsches Spitzenkraftwerk eine wertvolle Energiereserve von annähernd

460 000 kW bereit, die in Spitzenzeiten dem Verbundnetz zur Verfügung steht.

Lit.: Schluchseewerk, Hrsg.: Schluchseewerk AG, Freiburg 1951

Kaiser

Schmiechen → Schelklingen
Schollach → Eisenbach

Schramberg, Kreis Rottweil
Terrassenbau der Firma Junghans Tafel 61

1861 gründete Erhard Junghans die Uhrenfabrik Gebrüder Junghans in Schramberg. Zusammen mit seinem Bruder brachte er die Uhrenfertigung nach amerikanischem System in den Schwarzwald. Der Betrieb entwickelte sich vielversprechend: 1870 fanden bereits 100 Arbeiter bei Junghans ihr Auskommen. Unter den Söhnen des Gründers entwickelte sich die Firma zu einem Fabrikationsbetrieb mit Weltruf. 1914 waren 3500 Arbeiter beschäftigt, die tägliche Produktion betrug 10 000 Uhren. Dieses rasche Wachstum der Firma hatte zahlreiche Fabrikationsgebäude entstehen lassen. Hervorzuheben ist der 1918 fertiggestellte Terrassenbau, der – zur Taschenuhrenherstellung konzipiert – sofort für die Kriegsproduktion (Zünderherstellung) verwendet wurde. Die Pläne für den Terrassenbau wurden nach einem Entwurf von Arthur Junghans durch den Stuttgarter Architekten Ph. J. Manz gefertigt.
Der Baukomplex setzt sich aus zwei Teilen zusammen: dem viergeschossigen, schmalen Fabrik-Eingangsbau und dem neunstufigen Montage-Terrassenbau. Der großzügig durchfensterte, in Skelettbauweise errichtete Eingangsbau stellt sich riegelartig vor die geschickt in den Berg gesetzten, ihn weit überragenden Terrassen des Montagebaus. Vier turmähnliche Bauten, in denen sich Versorgungseinrichtungen wie Toiletten, Waschräume und Kleiderspinde befinden, begrenzen beidseitig die Terrassen. Die ungewöhnliche Organisation des Baus ergibt sich aus dem Ziel, jeden einzelnen Arbeitsplatz mit natürlichem Licht zu erhellen. Die Geländeform ausnutzend, wurden somit optimale Bedingungen für die Montage feinmechanischer Teile geschaffen. Es gelang dem Architekten, die vom Auftraggeber vorgegebenen Bedingungen im Innern zu erfüllen und gleichzeitig ein zeichensetzendes Gebäude für die Fabrikarchitektur Süddeutschlands zu schaffen.

Reinhardt-Fehrenbach

Schriesheim, Rhein-Neckar-Kreis
Silberbergwerk im Branich

Sichere Nachrichten über Bergbautätigkeit sind vom westlichen Odenwaldrand seit dem späten Mittelalter bekannt. Pfalzgraf Friedrich der Siegreiche förderte hier die bergmännische Erschließung seines Territoriums. Er richtete 1472–1476 auch in Schriesheim ein Bergwerk ein, die erste Bergwerksordnung ist von 1472 erhalten. Das Silberbergwerk und die zugehörigen Verarbeitungsanlagen (Schmelze, Pochwerk) hatten nicht lange Bestand; auch die Abbauversuche des 16. Jh. zeitigten anscheinend nicht den gewünschten Erfolg. Im 18. Jh. wurde die Gewinnung von Eisenvitriol aufgenommen, mußte aber um 1820 schon wieder aufgegeben werden.
Die weiträumigen Stollenanlagen werden seit einigen Jahren wieder zugänglich gemacht; ihre museale Nutzung ist vorgesehen. Es handelt sich in erster Linie um die Abbaue des 18./19. Jh., die z. T. hohe Weitungen aufweisen. In den zerklüfteten und unregelmäßigen Abbauen sind noch Reste hölzerner Galerien vorhanden. Die Erscheinung des schwer zugänglichen Silberstollens des 15./16. Jh. hebt sich von den jüngeren Anlagen deutlich ab. Er zeigt sich als ein äußerst sorgfältig in den Fels gehauener Gang, dessen spitzbogige Form an spätgotische Architektur erinnert.
Vor dem heutigen Bergwerkseingang (Talstr. 157) sind Reste einer Erzbühne erkennbar. Diese soll wie auch andere hier ehemals befindliche und nur noch archäologisch faßbare Anlagen rekonstruiert werden. Ähnliche Absichten verfolgt man mit dem davor gelegenen ehemaligen Sudhaus von 1801/02 (Talstr. 157 rechter Teil), in dem heute nur noch die rauchgeschwärzten Gefache der Decke auf seine ehem. Funktion hinweisen. Im Hangbereich über dem heutigen Bergwerkseingang sind noch zwei Luftschächte (Wetter) vorhanden.

Seidenspinner

Schrozberg-Riedbach, Kreis Schwäbisch Hall
Brauerei Frankenbräu Gebr. Krauß

An der den Ort durchquerenden traditionsreichen Kaiserstraße mit einer Zollstation des Bistums Würzburg hatten Gasthäuser mit eigener Brauerei seit alters eine besondere Bedeutung. Auch die Brauerei Frankenbräu steht letztlich in dieser Tradition. Das Bemerkenswerte an ihr ist, daß sie einerseits über ein Jahrhundert der baugeschichtlichen Entwicklung einer Brauerei vollständig anschaulich macht und andererseits in nur noch selten überlieferter Weise alle mit einer Brauerei zusammenhängenden Baulichkeiten dokumentiert.
Betritt man den Ort von Norden, so fällt gleich nach der Kirche links ein barockes Gasthaus mit ornamentiertem Eckständer auf: das Brauerei-Gasthaus aus dem Jahre 1804. Weiter südlich schließt die 1886 erbaute Brauerei an, deren Mälzerei noch ihre vollständige technische Einrichtung aufweist und mit dem Kamin das Ortsbild entscheidend mitbestimmt. Die Mälzerei wird an ihrer Südseite vom ehem. Wohn- und Verwaltungshaus aus dem Jahre 1811 flankiert, das später ebenfalls die Funktion einer Brauereigaststätte übernahm. Diese Häuserzeile an der östlichen Straßenseite bildet eine eindrucksvolle Sachgesamtheit mit dem gegenüberliegenden Gehöft aus dem Jahre 1915: U-förmig angeordnet steht hier das villenartige, auffallend anspruchsvoll gestaltete Wohnhaus des Brauereibesitzers, anschließend die Stallungen für 14 Brauereipferde und die Futterspeicher.
Am Südrand des Ortes befindet sich schließlich seit der Jahrhundertwende das neue Brauereigebäude, in dem noch heute – allerdings mit moderner Technik – gebraut wird. Der in leicht erhöhter Lage stehende, weithin sichtbare farbige Ziegelbau ist durch die im Stil der deutschen Renaissance gehaltene Fabrikarchitektur mit Risaliten, Giebeln, Friesen etc. gekennzeichnet. Im Innern sind historistische gußeiserne Säulen mit dekorativen Kapitellen erhalten und vermitteln einen Eindruck von dem gestalterischen Anspruch, den man um 1900 der Fabrikarchitektur entgegenbrachte.

Lit.: Die Baugewerbe, Jg. 1865, Nr. 2 – K. Weber, Die Malzfabrikation (Wien 1887) – E. Thausing, Malzbereitung und Bierfabrikation (Leipzig 1907) – Illustriertes Brauereilexikon (1925)

Fekete

Schwäbisch Gmünd, Ostalbkreis
Ehem. Silberwarenfabrik Josef Pauser
Tafeln 48, 49

Aus dem Gewerbe des Sensenschmieds, das bei der Herstellung von verzierten Sensen und Sicheln eine große Kunstfertigkeit erforderte, entwickelte sich in Schwäbisch Gmünd das Gold- und Silberschmiedehandwerk, welches im 18. und 19. Jh. zu einer Blüte gelangte und den ganzen süddeutschen Raum belieferte. Die ehem. Silberwarenfabrik Josef Pauser KG zeigt die Bijouteriewarenfabrikation aus der Mitte des 19. Jh. bis hinein ins 20. Jh. und ist mit ihrer kompletten Ausstattung einmalig für diesen Gewerbezweig.

Bei dem Fabrikgebäude, gegenüber dem historischen Kornhaus gelegen, handelt es sich um einen schlichten zweigeschossigen Putzbau mit Walmdach und beidseitigen rundbogigen Toreinfahrten. Im Hauptbau sind die Büro- und Repräsentationsräume untergebracht. Im rechten Winkel dazu befindet sich der ebenfalls zweigeschossige Produktionsbau – ein Saalbau, in dem der untere Raum als Maschinenraum diente, und in dem in den oberen Räumlichkeiten die Arbeitsplätze der Goldschmiede untergebracht waren.

1844 hat Nikolaus Ott die Firma Ott & Cie in diesem Gebäude gegründet und begann mit der maschinellen Fabrikation von Bijouteriewaren in Schwäbisch Gmünd. Zur Steigerung der Produktion erstellte Ott 1855 in der Fabrik die erste Gmünder Gasfabrik, welche auch andere Fabriken sowie Gasthäuser und öffentliche Einrichtungen belieferte. 1900 wurde ein Hammerwerk eingerichtet und 1906 eine Sauggeneratorenanlage, welche noch heute die Transmission antreibt.

1929 verkaufte Ott die Fabrik samt Maschinen an die Firma Oskar Pauser, in deren Familienbesitz sie bis 1986 war. Heute ist die Fabrik ein Museum.

Dank der noch original erhaltenen Maschinen des 19. Jh., der Arbeitsplätze mit Werkzeug und Halbwaren, der komplett erhaltenen Büroausstattung mit Comptoir und Musterraum hat die Silberwarenfabrik Ott-Pauser eine sehr hohe Authentizität für die Bijouteriewarenfabrikation.

Lit.: Peter Scherer, Das Gmünder Schmuckhandwerk bis zum Beginn des XIX. Jh. – Roth/Vogel, Inventarliste Silberwarenfabrik Josef Pauser KG

Mayer

Schwäbisch Hall
Aquädukt Teuchelsbrücke Tafel 69

Wer Schwäbisch Hall in Richtung Gelbingen verläßt und gleich hinter dem Nicolaifriedhof rechts abbiegt, betritt die Wettbachklinge und stößt nach wenigen hundert Metern auf eine mächtig wirkende Steinbrücke. Wie im Haller Archiv vorhandene Karten aus dem 18. Jh. zeigen, war dieses Bauwerk Teil der städtischen Wasserversorgung. Hiernach wurde das Wasser aus drei Quellen im Bereich von Eltershofen zusammengeführt und dann über 2 km von Norden in die Stadt geleitet. Nach den Archivunterlagen wurde 1580 ein Holzbauwerk über die Klinge durch einen Steinaquädukt ersetzt, der 1683 laut Inschriftenstein instandgesetzt wurde.

Die 47 m lange vierbogige Brücke ist in ihrem Verlauf stark abgewinkelt. Sie wirkt zwar sehr massiv, da die Pfeiler etwa ebenso breit sind wie die Bögen, dennoch aufgrund ihrer Höhe von 12 m gut proportioniert. Im höchsten Bogen ist aus statischen Gründen zusätzlich ein stegähnlicher kleiner Bogen eingefügt, durch den die Straße führt. Das Bauwerk ist – unregelmäßig geschichtet – als Zweischalenmauerwerk in Kalksandstein aufgeführt, wobei die Bögen durch sorgfältig gesetzte, größere Quader gekennzeichnet sind.

Über diesen Aquädukt wurde das Quellwasser ursprünglich in einer 25 cm breiten halbkreisförmigen Rinne geführt, die sich aus 80 cm langen Sandsteinen zusammensetzte und einst abgedeckt war. Dieser Wasserführung in Rinnen – beim Vorgängerbau noch in Holz –, den sog. Teucheln oder Deicheln, verdankt er seinen Namen.

Anscheinend wurde die Brücke auch für den Verkehr benutzt, denn ihre Oberseite ist 2,50 m breit und mit einem sorgfältig gearbeiteten Geländer abgesichert, bei dem sich Eichenpfosten mit Sandsteinpfeilern abwechseln. Letztere sind über 60 cm tief bündig in die Brücke eingesetzt.

Dieses für eine städtische Wasserversorgung jener Zeit bedeutsame und in dieser Ausführung in Baden-Württemberg wohl einzigartige Bauwerk wurde 1983/84 instandgesetzt. Durch Vernadeln und Verpressen konnte der Aquädukt in der alten Verformung erhalten werden.

Boedeker

Schwetzingen, Rhein-Neckar-Kreis
Wasserwerke des Schloßgartens Tafeln 70b, 71

Die beiden Wasserwerke des Schwetzinger Schlosses wurden von dem Architekten Nicolas de Pigage erbaut. Das obere Werk entstand 1770–1775 anstelle eines Vorgängerbaus aus dem frühen 18. Jh., das untere Werk bereits 1762–1765. Die originale Maschinerie stammte von dem Pumpenmeister Thomas Breuer; beide Werke werden aber seit der Jahrhundertwende elektrisch betrieben.

Architektonisches Zentrum des nördlich vom Schloß errichteten oberen Wasserwerkes ist der zweigeschossige, äußerlich schlicht gestaltete Wasserturm. An seiner Nordseite ist das ehem. Kühlhaus angebaut; östlich grenzt das Pumpenhaus an den Turm. Die beiden Schaufelräder wurden unterschlächtig vom Leimbach angetrieben. Während das obere Wasserwerk den Druck für die Fontänen der fünf Becken des Parterres erzeugt, versorgt das untere Wasserwerk – in dem am weitesten nach Norden vorgeschobenen Zwickel des Schloßgartens gelegenen – sämtliche Brunnen und Wasserfälle des Parks. Dieser Gebäudekomplex umfaßt außer dem Wasserturm und dem Pumpenhaus auch noch eine Knochen- oder Stampfmühle sowie das ehem. Schlachthaus. Auch hier wurden die beiden im Wasserturm installierten Schaufelräder unterschlächtig betrieben; ihre Wellen setzten die Pumpanlage sowie die Stößel der Stampfmühle in Bewegung.

Lit.: Kurt Martin, Stadt Schwetzingen, Die Kunstdenkmäler Badens, Bd. X, 2, Karlsruhe 1933 – Wiltrud Heber, Die Arbeiten des Nicolas de Pigage in den ehemals kurpfälzischen Residenzen Mannheim und Schwetzingen, Worms 1986

Heber

Sigmaringen
Alter Schlachthof

Die stärkere Beachtung hygienischer Vorschriften führte gegen Ende des 19. Jh. in vielen Städten zum Neubau von Schlachthäusern. Diese lagen nicht mehr innerhalb der Stadtmauern, sondern außerhalb an einem möglichst luftigen und trockenen Ort, der außerdem leicht mit Wasser zu versorgen und zu entwässern sein sollte und eine gute Verkehrsanbindung haben mußte. Die bauliche Gestaltung dieser neuen Einrichtungen wurde

durch Vorschriften geregelt, so in Preußen (wozu Sigmaringen seit 1849 gehörte) bereits 1855. Für Sigmaringen legte der preußische Regierungsbaurat Wilhelm Laur (1820–1901) 1883 Pläne eines Schlachthauses vor, nach denen dieses bis 1885 fertiggestellt wurde.
Das Schlachthaus steht im Westen außerhalb der Altstadt, unweit eines heute nicht mehr existierenden Donaubogens und nahe der Hauptstraße nach Laiz in der Georg-Zimmerer-Str. 7. Die auf einem leicht trapezförmig zugeschnittenen Grundstück errichtete Anlage besteht aus drei asymmetrisch angeordneten Gebäuden, von denen das eigentliche Schlachthaus als Hauptgebäude in der Straßenflucht liegt. Die Mitte des langgestreckten Backsteinbaus wird durch einen kräftig ausgebildeten und stark gegliederten Risalit betont. Große, teilweise zu Paaren zusammengefaßte Rundbogenfenster und historisierende Details verleihen der Fassade Anspruch und Wirkung.
Bis 1965 diente der Schlachthof seinem Zweck, anschließend war bis 1983 der Bauhof darin untergebracht. Eine Anschlußnutzung war zunächst nicht gegeben, so daß der Abriß erwogen wurde. Aufgrund der Ausweisung als Kulturdenkmal und des Interesses des »Vereins für die Jugend« an einer Anmietung konnte jedoch der Weg zu einer erhaltenden Erneuerung der Anlage beschritten werden. Inzwischen ist der »alte Schlachthof« zu einem weithin beachteten kulturellen Zentrum mit einem vielfältigen Angebot geworden.
Der Sigmaringer Schlachthof vertritt in anschaulicher Weise – auch im Innern konnten technische Anlagen wie die Kranbahn erhalten werden – den kleinstädtischen Typ dieser Versorgungseinrichtung. Zugleich belegt er den preußischen »Vorsprung« auf dem Gebiet der technischen Stadtentwicklung: Erhielt die Kleinstadt Sigmaringen doch bereits 1862 ein Gaswerk, 1868 eine moderne Wasserversorgung, 1870/1874 eine Kanalisation und 1894 ein Elektrizitätswerk. Für die benachbarte, gleichgroße württembergische Stadt Saulgau wurden diese Einrichtungen – mit der bezeichnenden Ausnahme der bereits 1892 eingeführten Elektrizität – beispielsweise erst Jahrzehnte später eingeführt.

Lit.: Das Gebäude, Ateliers im Alten Schlachthof, Sigmaringen 1984

Krins

Simonswald. Zweribach-Kraftwerk, Generatorenhaus, Umspannhaus und Wärterwohnung, Aufnahme 1990

Sigmaringen-Laucherthal

Hochofen Tafel 29

1471 verlieh Kaiser Friedrich III. den Grafen von Zollern das Bergregal. In der Lauchterthaler Hütte wurde das heimische Bohnerz verarbeitet. Fürst Meinrad II. von Hohenzollern-Sigmaringen baute ab 1707 diese Hütte zu einem größeren Betrieb aus.
Seitdem wurden die Werksanlagen immer wieder modernisiert, doch blieben dabei etliche der älteren Gebäude erhalten. Zu diesen gehört vor allem das Hochofengebäude. Auch dieses wurde mehrfach erweitert und verändert, geht aber im wesentlichen auf die Ausbauphase im 18. Jh. zurück. 1853/54 wurde es erhöht, 1879 der Hochofen stillgelegt. Doch haben sich im Innern »die Hochofenbrust mit abgetreppter Abstichsöffnung und ein dazugehöriger Eisenkran mit 2500 kg Tragkraft aus dem 19. Jh.« erhalten. »Es ist ein seltener Glücksfall, daß sich in einem noch produzierenden Hüttenwerk ein solcher Hochofen erhalten hat; zusammen mit dem Kran steht ein technisches Denkmal ersten Ranges vor uns.« (Slotta)

Lit.: Johannes Maier, Geschichte des Fürstlich Hohenzollerischen Hüttenwerks Laucherthal, in: Hohenzollerische Jahreshefte 18. Bd. Jg. 1958, 1 ff. – Slotta, Technische Denkmäler in der BRD, Band 1, Bochum 1975, 159 ff.

Krins

Simonswald-Obersimonswald,

Kreis Emmendingen
Zweribach-Kraftwerk

Die Geschichte der Stromversorgung durch die Nähseidenfabrik Gütermann reicht bis in die achtziger Jahre des 19. Jh. zurück. Eine 110-Volt-Gleichstrombatterie mit 60 Zellen machte den Anfang; es folgte eine erste kleine Wasserkraftanlage, bald eine Dampfmaschine und schließlich ein Laufwasserkraftwerk in Gutach, das 1910 mit einer Leistung von 160 kW in Betrieb genommen werden konnte.
Die Firma Gütermann produzierte Elektrizität nicht nur für den eigenen Bedarf, sondern versorgte auch die umliegenden Schwarzwaldtäler, insgesamt 21 Gemeinden. Steigende Energienachfrage veranlaßte Gütermann, sich ab 1924 das Zweri-

bach-Kraftwerk durch die Karlsruher Ingenieurfirma Ludin AG projektieren zu lassen.
An einer sehr vorteilhaften Stelle, am Rande eines Hochplateaus, der sog. Platte bei St. Peter, wurde ein Stausee angelegt. Die Gefälleitung hat bei einer vergleichsweise starken Höhendifferenz von 485 m lediglich eine Länge von 1360 m. Die ursprüngliche Staumauer war eine von den Baukosten her günstige sog. »aufgelöste Sperrmauer«, ähnlich der benachbarten Linachtalsperre. In den gewachsenen Fels waren eine Folge von Betonpfeilern fundamentiert, zwischen denen Kreissegmente aus Beton eingespannt waren. Schwierigkeiten mit der Dichtheit veranlaßten Gütermann 1939 zum völligen Neubau der Talsperre, wodurch der nutzbare Speicherinhalt auf 150 000 m³ erhöht werden konnte.
Die neue Sperrmauer wurde als aufgeschütteter Erdwall errichtet. Er ist 120 m lang und 13 m hoch, seine talseitige Böschung ist mit Rasen begrünt. Der Krafthauskomplex im Simonswäldertal, den der bedeutende Karlsruher Architekt Alker konzipierte und der aus Generatorenhaus mit Schaltwarte, Umspannhaus und Wärterwohnung besteht, ist geschickt in die Landschaft gesetzt. Das Generatorenhaus mit großen rundbogigen Tor- und Fensteröffnungen im Erdgeschoß und einem weitvorspringenden Walmdach ist der beherrschende Baukörper. Alle Fassaden sind sorgfältig gestaltet und weisen in Detailformen wie den Zackenblitzen der Fenstergitter Motive auf, die auf die Stromerzeugung hindeuten.
Sehr beeindruckend ist die weitgehend in ihrer ursprünglichen Form bewahrte Maschinenhalle mit zwei Maschinensätzen (Freistrahlturbinen der Firma Voith, Baujahr 1924) und der Schaltwarte mit Schaltfeldern aus Marmor mit runden Messingarmaturen. Eine neunstufige Speicherpumpe, die man für den Pumpspeicherbetrieb des Kraftwerks vorgesehen hatte, wurde wegen zu geringer Wasserführung des Talbachs kaum benutzt. Das Zweribach-Kraftwerk hat die höchste Gefällstufe aller deutschen Kraftwerke.

Lit.: Slotta, Technische Denkmäler in der BRD, Band 2, Bochum 1977, S. 194 f.

Kaiser

Sindolsheim → Rosenberg

Sinzheim-Leiberstung. Tabakscheunen, Aufnahme 1990

Sinzheim-Leiberstung, Kreis Rastatt
Tabakscheunen in der Rheinebene

Der Tabakanbau wird in der Rheinebene mit ihren Sandböden seit über 100 Jahren gepflegt. Eine ganz besondere Bedeutung erlangte er in den beiden Weltkriegen, als Tabakwaren jeder Art zu den wichtigsten Versorgungsgütern der Soldaten gehörten. Ein zweiter Anstoß ist in Arbeitsbeschaffungsprogrammen für die Landwirtschaft zu sehen, die sich nach Jahrhunderten der Wald- und Wiesenwirtschaft im Rheintal nach neuen Erwerbsquellen umsehen mußte. Auf neue Formen einer zentralen Landwirtschaftsverwaltung und der Betriebsrationalisierung durch das »Dritte Reich« geht in den dreißiger Jahren die Gründung von sog. Tabakvereinen in Mittel- und Nordbaden sowie in der Pfalz zurück, für die typische Holzbauten als zentrale Speicherbauten für die Trocknung der Tabakblätter an den Ortsrändern oder in der freien Feldlage errichtet wurden.
Nach einem einheitlichen Plan entstanden dreistökkige Holzskelettkonstruktionen mit flach geneigten Satteldächern und Tonziegeldeckung, deren Außenwände aus verstellbaren, horizontal gelagerten Holzlamellen bestehen. Im Innern sind einfache Lattengerüste für die Aufnahme der Tabakbündel installiert.
Das Bild dieser dunkelbraunen oder silbrig verwitterten Tabakscheunen gehört seither unverwechselbar zu den Dörfern in der Rheinebene. Mit der Zeit haben manche dieser Scheunen infolge des Rückgangs des Tabakanbaus ihre eigentliche Funktion verloren und dienen nur noch als Abstellschuppen für kleineres landwirtschaftliches Gerät. Die meisten von ihnen sind noch in sehr gutem Zustand und zeugen von der Entwicklung eines besonderen Zweiges der Landwirtschaft in dieser Region.

Ohr

Staufen i. Br., Kreis Breisgau-Hochschwarzwald
Baumtrotte

In der Fauststadt Staufen steht im rückwärtigen Hof des Weingutes Ulmann eine der ältesten Baumtrotten Süddeutschlands. Schon den Römern waren Baumtrotten bekannt, und das Mittelalter bewahrte das Wissen um diese für den Weinbau so wichtigen Konstruktionen. Die Staufener Trotte wurde ausweislich einer Datierung am Trottbaum 1738 erbaut und befindet sich noch heute an ihrem ursprünglichen Standort.
Sie setzt sich aus dem Trottbett oder Trottbiet, dem Trottbaum – einem mächtigen Eichenbalken – und der Spindel zusammen. Der Trottbaum ist an seinem einen Ende zwischen zwei Eichenständer eingehängt, am anderen Ende wird er von der Spindel durchstoßen. Dazwischen steht das Trottbett, das zur Ausnutzung der Hebelwirkung aus der Mitte zwischen Spindel und Eichenständer gerückt ist. Auf dem Trottbett verteilte man die zu pressenden Trauben, welche durch Bretter abgedeckt wurden. Zwei Männer konnten mit Hilfe der zusätzlich durch mächtige Steine beschwerten Spindel den Trottbaum herunterdrehen und so die Deckbretter auf die darunterliegenden Trauben drücken. Unter der Wucht des Druckes wurde der Saft aus den Trauben gepreßt. Er lief durch seitliche Ausflüsse in bereitgestellte Bottiche. Der große Vorteil der Baumtrotten gegenüber den ebenfalls sehr verbreiteten Spindeltrotten (vgl. die 1840 datierte Spindeltrotte vor der Winzergenossenschaft Staufen) lag in ihrer einfachen Konstruktion. Sie hatten eine geringere Reparaturanfälligkeit, und ihre Wartung war sehr einfach. Als erheblicher Nachteil erwies sich der große Raumbedarf, der für die unförmigen Baumtrotten notwendig war.

Lit.: Bruno Götz, Mosaik zur Weingeschichte, Freiburg 1982

Kaiser

Gußeisenbrücke Tafel 102

Der Fußgänger, der die Staufener Altstadt von Süden her betritt, muß den kleinen Fluß Neumagen überqueren. Dabei benutzt er eine der wenigen in Deutschland erhaltenen Gußeisenbrücken. Sie wurde 1845 zunächst als Eisenbahnbrücke für die Rheintalbahn Frankfurt–Basel bei Hecklingen errichtet, später jedoch wieder demontiert und 1870 in Staufen als Ersatz für die vom Hochwasser zerstörte Neumagenbrücke wieder aufgebaut.
Das Zusammenfügen der Konstruktion aus nur wenigen großen Teilen ist charakteristisch für die frühesten Gußeisenbrücken. Bei der Neumagenbrücke berühren sich die Tragrippen in der Brükkenmitte. Neben den Endquerträgern bei den Widerlagern gibt es ingesamt sechs weitere Querträger, welche beidseitig mittels zweier Stangen – je eine innen bzw. außen – an den Obergurt der Tragwand mit Hilfe eines Bolzens gelenkig aufgehängt sind. Nur die Querträger der Brücke sind aus Schmiedeeisen gefertigt, und zwar mit aus Blechen und Winkeln zusammengenieteten Querschnitten in Doppel-T-Form. Eine Besonderheit der Staufener Brücke ist ihre untenliegende Fahrbahn im Gegensatz zu den verbreiteten Beispielen mit aufgeständerten Konstruktionen.

Lit.: Ernst Werner, Ein Stück Geschichte: Brücken aus Guß, in: Der beratende Ingenieur, VBI, 4/68, S. 19 ff – Ulrich Boeyng: Die ältesten eisernen Brücken der Deutschen Bundesbahn in Baden-Württemberg, in: Erhalten historisch bedeutsamer Bauwerke. Jahrbuch 1988. Berlin 1989, S. 217 ff.

Kaiser

Stetten → Haigerloch

Stuttgart
Merkursäule

Stuttgart. Dorische Säule mit Wasserkasten, Aquarell von 1865 (heute Merkursäule)

An der Südostecke der Alten Kanzlei, gegenüber dem Alten Schloß, fällt ein Bauwerk ins Auge, das heute mehr den künstlerisch als den technisch interessierten Betrachter ansprechen dürfte. Es handelt sich um die Merkursäule, an deren Fuß sich das Kosakenbrünnele befindet.
Bis 1862 war sie als »Dorische Säule« bekannt, die bereits 1598/99 auf Veranlassung Herzog Friedrich I. als zweiter Wasserturm Stuttgarts für die Bewässerung der Brunnen und Wasserspiele des Alten Schlosses und der herzoglichen Lustgärten erbaut worden war. Über dem mit Rollwerk verzierten Kapitell befand sich ein hölzerner Wasserkasten, der als Wasserspeicher diente. Vorbild für die »Dorische Säule« war wohl der bereits 1579 am unteren Tor des Lustgartens erbaute erste Wasserturm, . . .»in welchem das Wasser des Nesenbaches und etlicher benachbarter Quellen durch ein Mühlrad bis unters Dach getrieben wurde, von da floß es aus einem großen Kessel in bleiernen Röhren nach dem Lustgarten und in die dortigen Wasserkünste.« (Karl Pfaff)
1862 wurde der Wasserkasten durch ein vergoldetes Merkurstandbild ersetzt, das Ludwig Hofer nach dem Florentiner Merkur von Giovanni Da Bologna geschaffen hatte.
Wenn auch heute die künstlerische Bedeutung der Merkursäule im Vordergrund steht, so ist sie doch in ihrer ursprünglichen Funktion eine Vorform der hochgelegenen Wasserbevorratung wie sie im 19. und 20. Jh. als ausgleichende Speicher für den variablen Wasserverbrauch in den Städten sowie bei Industrie und Eisenbahn (Wasserbedarf der Dampfmaschinen) große Verbreitung fanden.

Lit.: Werner Fleischhauer, Renaissance im Herzogtum Württemberg, Stuttgart 1971 – Walter Meyer-König, Stuttgart und das Wasser. Geschichte der Stuttgarter Wasserversorgung, Stuttgart 1983 – Karl Pfaff, Geschichte der Stadt Stuttgart, Stuttgart 1845 – Gustav Wais, Alt Stuttgarts Bauten im Bild, Stuttgart 1951

Lohkamp

Hauptbahnhof mit technischen Anlagen
Tafel 101

Am östlichen Eingang zum Stuttgarter Talkessel laufen Nah- und Fernverkehrsgleise aus verschiedenen Richtungen zusammen und münden in den weitgehend aus Muschelkalkstein erbauten Sackbahnhof ein. Zum Hauptbahnhof im weiteren Sinn zählen ferner der Güterbahnhof, der Abstellbahnhof mit dem Lokomotivschuppen und der Postbahnhof.

1910 schrieben die Kgl. Württembergischen Staatseisenbahnen den Wettbewerb für ein neues Empfangsgebäude an der Schillerstraße aus. Gewinner waren die Architekten Paul Bonatz und Friedrich Eugen Scholer. Die Pläne wurden mehrmals überarbeitet und mit kriegsbedingten Unterbrechungen 1914–1928 ausgeführt.

Architektonische Hauptmerkmale sind neben der durch die Kalksteinbossen zusätzlich betonten Monumentalität die städtebaulich geglückte Einfügung der kubischen Baumassen sowie die in hohem Maß erreichte Funktionalität des Hauptbahnhofs. Baugeschichtlich steht dieses bekannteste Beispiel der »Stuttgarter Schule« zwar unter dem Einfluß des ausgehenden 19. Jh. (Stadttorsymbolik u. a.) und der Arts and Crafts Bewegung (Wertschätzung des Handwerklichen), die blockhaften Formen der einzelnen Bauteile und der vom Funktionalen bestimmte Grundriß jedoch machen den Stuttgarter Hauptbahnhof zu einem der ersten und bedeutendsten Bauwerke der Moderne in Südwestdeutschland.

Folgende Besonderheiten aus der Erbauung sind erwähnenswert: Der ehemals sumpfige Untergrund am Turm machte sorgfältige Fundamentierungen notwendig. Zur Vermeidung der befürchteten Senkungen wurden 290 Baumstämme von je 11 m Länge eingerammt. Eine drohende Zerstörung des Personenbahnhofs bei Bremsversagen von Zügen und damit eine Gefährdung von Menschenleben sollten massive Betonpfeiler in der sonst aus Backstein erbauten sog. Kopfbahnsteighalle verhindern. Die Gleise 1–15 liegen auf festem Grund, während Gleis 16 aufgrund des abfallenden Geländes weitgehend auf einer brückenartigen Stahlkonstruktion ruht, die im der Öffentlichkeit unzugänglichen Erdgeschoß des Bahnhofs gut zu erkennen ist.

Eine weitere Besonderheit stellt vor allem die Ausführung des Empfangsgebäudes in zwei Bauteilen dar. Die Gleise zum alten Bahnhof an der Bolzstraße verliefen mitten durch das Baugelände, so daß vor ihrer Entfernung der erste Bauteil betriebsfertig sein mußte. Dies erklärt teilweise die asymmetrische Anlage des Hauptbahnhofs. Die nächtliche Umstellung des Betriebs 1922 stellt eine von Bonatz bewunderte Ingenieurleistung dar: »Welche planvolle Arbeit darin steckte . . . in fieberhafter Nachtarbeit neue Weichen einbauen – das kann ein Laie nie ermessen . . . Mit äußerst komplizierten Kunstbauten der Ingenieure längs der Anlagen waren die Überwerfungen manchmal in drei Stockwerken übereinander so gelöst, daß keine Schienenkreuzung mehr blieb.« Diese provisorischen Bauten am Treffpunkt der verschiedenen Strecken wurden vor 1924 durch das bis heute erhaltene sog. »künstliche Tunnelgebirge« aus Beton ersetzt, das ebenfalls bis zu drei Geschosse aufweist. Es besteht aus Tunneln, Rampen und Brücken.

Das Bemühen um kurze Wege und reibungslose Verkehrsströme innerhalb und außerhalb des Empfangsgebäudes führte zu einer Vorortverkehrshalle, der »Kleinen Schalterhalle«, und zu einer Halle für den Fernverkehr, der »Großen Schalterhalle«. Auf Straßenhöhe befinden sich zwischen Mittelausgang und Großer Schalterhalle die Gepäckschalter, so daß die Reisenden ihr Gepäck bequem aufgeben bzw. abholen können, das unterirdisch zu den höher gelegenen Bahnsteigen transportiert wird. Das Briefabgangspostamt und die Expreßgutschalter wurden in den Seitenflügeln am Nordausgang und an der Cannstatter Straße untergebracht, um sowohl den Betriebs- als auch den Zubringerverkehr zu entflechten.

Jeweils ein Tunnel unter den Gleisen dient dem Post- und Expreßguttransport und erspart den Reisenden beim Umsteigen zeitraubende und mühsame Umwege. Die Bahnsteighallen wurden auffallend niedrig ausgeführt und mit Rauchschlitzen nach Darmstädter Vorbild ausgestattet. Auf diese Weise kam es zu keiner nennenswerten Rauchbelästigung der Reisenden und der Zwang zum häufigen Reinigen entfiel. Ein weiterer Vorteil dieser Konstruktion ist der Verzicht auf hinderliche Stützen auf den Personenbahnsteigen.

Neben erheblichen Kriegszerstörungen und leicht abgewandeltem Wiederaufbau sind zahlreiche Veränderungen in den letzten Jahren erfolgt, die teilweise im Zusammenhang mit dem Bau der unterirdischen Klettpassage und der S-Bahn stehen.

Lit.: Paul Bonatz, Der Bahnhof in Stuttgart . . . , in: WMB XII, 1928, S. 145–152 – Mihály Kubinszky, Bahnhöfe Europas, Stuttgart 1969, S. 34, 141–143 – Volker Osteneck, Fragen zum Denkmalwert technischer Anlagen, in: Denkmalpflege in B.-W. 1987, S. 24–36 – Matthias Roser, Der Stuttgarter Hauptbahnhof, Ein vergessenes Meisterwerk der Architektur, Stuttgart 1987

Roser

Schwabtunnel Tafel 109

Am 4. Oktober 1894 beschloß der Gemeinderat der Stadt Stuttgart den Bau eines Straßentunnels durch den »Hasenberg«, um zwischen der »Karlsvorstadt« (Heslach) und der »Oberen Stadt« (Stuttgart West), die der Berg voneinander trennte, eine kurze Verbindung zu schaffen. Beide Vorstädte waren durch Handwerks-, Industriebetriebe und Arbeiterwohnsiedlungen stark angewachsen. Der bisher über erhebliche Umwege verlaufende tägliche Personenverkehr betrug ca. 4000 Fußgänger in beiden Richtungen.

Den Entwurf für den Tunnel fertigte der damalige Stadtbaurat Karl Kölle; die Gestaltung der Treppenaufgänge wurde dem Bildhauer Theodor Bausch übertragen.

Der Durchbruch des Tunnels erfolgte in der sog. englischen Tunnelbauweise, bei der erst nach Ausbruch und Einzimmerung des gesamten Querschnittes die Ausmauerung vorgenommen wird. Um den Holzverbrauch so gering wie möglich zu halten, vollzog sich dies in Ringen von 5–7,5 m Länge. Die Ausmauerung wurde in Backstein, Portale und Treppenaufgänge zum Hasenberg in Buntsandstein und Granit ausgeführt.

Obwohl sich der Baugrund als schwierig erwies (Keupermergel von unterschiedlicher Schichtung) und die 300 Jahre alte Hauptwasserleitung der Stadt gesichert werden mußte, konnte der »Schwabstraßentunnel« – heute kurz Schwabtunnel – nach knapp zweijähriger Bauzeit seiner Bestimmung übergeben werden. Technische Daten: Länge 125 m, nördlicher Voreinschnitt 30 m, südlicher Voreinschnitt 50 m, lichte Weite 10,5 m, lichte Höhe in der Mitte 6,5 m, lichte Höhe an den Portalen 8–8,5 m.

Nach vorliegender Literatur ist der Schwabtunnel

der erste städtische Straßentunnel des Deutschen Reiches gewesen und zur Entstehungszeit der weiteste Tunnel des Kontinents.

Lit.: Der Schwabstraßentunnel. Neues Tagblatt und Generalanzeiger für Stuttgart Nr. 154, 4. 7. 1896 – Hans Schleuning (Hrg.) Stuttgart Handbuch, Stuttgart 1985

Lohkamp

Standseilbahn zum Waldfriedhof Tafel 98

Der 1914 hoch über dem Heslacher Tal im Südwesten Stuttgarts eröffnete Waldfriedhof ist ursprünglich durch eine Omnibuslinie bedient worden. Schon bald wurde aus betriebswirtschaftlichen Gründen die Erbauung einer Seilbahnverbindung vom Tal hinauf erörtert, denn eine Straßenbahnverbindung kam aus topographischen Gründen nicht in Frage. Nach langjähriger Auseinandersetzung kam die Verwirklichung der Seilbahnverbindung 1929 zustande. Sie ist dann in Fachkreisen als »Deutschlands neuzeitlichste Standseilbahn« und »die schnellste dieser Art auf der Welt« bezeichnet worden.

Diese Auszeichnung verdiente sie sich dadurch, daß sie als erste in Deutschland als automatisch arbeitende Anlage mit Druckknopfsteuerung konzipiert war, daß sie die Fahrkarten bereits am Automaten verkaufte und eben dadurch, daß sie mit einer Geschwindigkeit von 3 m/Sek. auf einer Maximalsteigung von 28% eine stündliche Beförderungskapazität von bis zu 1200 Personen erreichte.

Die Standseilbahn ist auch eine ökologisch beachtenswerte Leistung gewesen: Der angeschnittene Wald wurde weitestmöglich geschont, die Erdbewegung auf das geringste Maß beschränkt.

Zwischen den architektonisch bewußt schlicht gehaltenen Stationen zieht ein Stahlseil die von der Maschinenfabrik Esslingen gelieferten Wagen, deren rustikale Holzkonstruktion aus Mahagoni und Teakholz eine heimelige Atmosphäre ausstrahlt. Die elektrische Ausrüstung der Anlage lieferte die AEG, sie ist im Maschinenhaus im Untergeschoß der Bergstation untergebracht. Über das Windwerk dieser Station wird das Seil geführt, an dessen Enden die beiden Wagen befestigt sind – sie fahren somit gegeneinander und zwar mit derselben Geschwindigkeit. In der Mitte der eingleisigen Strecke befindet sich eine zweigleisige Ausweiche, in der sich die Wagen begegnen. Da sie sich immer auf einer Steilstrecke fortbewegen, sind die drei Abteile der Seilbahnwagen gegeneinander höhenversetzt und gegenüber der Wagenlängsachse geneigt. Jeder der beiden Wagen bietet 20 Fahrgästen einen Sitzplatz und zusätzlich 54 Stehplätze.

Die Seilbahn ist weitestgehend im Originalzustand überliefert, sie verkehrt noch heute fahrplanmäßig zwischen der Stadtbahnhaltestelle Südheimer Platz und dem – ebenfalls sehenswerten – Waldfriedhof.

Lit.: Deutschlands neuzeitlichste Standseilbahn, in: Die Bauzeitung, 3. 5. 1930 – Paul Loercher, Die Geschichte der Stuttgarter Straßenbahnen von 1928–1958, Stuttgart 1963 – Die Stuttgarter Standseilbahn zum Waldfriedhof, in: Über Berg und Tal, 5/1979

Fekete

Gasbehälter II Tafel 82

An der Bundesstraße 10 entlang des Neckars fällt beim Stadtteil Gaisburg der Blick unwillkürlich auf einen riesigen Gasbehälter modernerer Bauart. Hinter diesem steht noch der letzte erhaltene Behälter aus der Frühzeit des Gaswerkausbaus in städtischer Regie, Baujahr 1910.

Nahezu 25 Jahre war das Gaswerk am heutigen Standort von privater Hand betrieben worden, ehe es 1899 in den Besitz der Stadt Stuttgart überging. In kluger Voraussicht auf eine künftige Fernversorgung wurde das Werk entschieden modernisiert und für eine Tagesleistung von 200 000 m^3 Gas geplant. Dem ersten, 1906 erbauten Gasbehälter mit 100 000 m^3 Inhalt folgte 1910 der noch erhaltene baugleiche Gasbehälter II. Bei diesen sog. Glockengasbehältern mit vierteiliger, teleskopartig ausziehbarer Glocke taucht die untere, offene Seite in ein Wasserbecken zur einwandfreien Gasdichtung. Auch die konzentrischen Teleskopringe werden untereinander mit umlaufenden wassergefüllten Ringen gasdicht gehalten. Daher rührt die saloppe Bezeichnung »nasser« Behälter. Gegen das Einfrieren ist eine Dampfstrahlheizung vorgesehen.

Neu war diese Konstruktion um 1910 oder auch 1906 an sich nicht, eher ein gutes halbes Jahrhundert alt, abgesehen von den viel älteren Laborprototypen aus Glas. Allein für das äußere Gerüst zur Führung der je nach Gasfüllung höhenveränderlichen Glocke besaß der renommierte Hersteller F. A. Neuman aus Eschweiler ein neueres Reichspatent. Mit rund 63 m Höhe vom Flachboden des Wasserbeckens aus und knapp 52 m mittlerem Durchmesser erscheint der Behälter dem untenstehenden Betrachter jedoch nicht nur imposant, sondern auch als solide und dauerhafte Konstruktion. Ein Eindruck, der durch die Bewährung im Betrieb angesichts des Baujahres 1910 nachhaltig verstärkt wird.

Unproblematisch, wie es den Anschein hat, waren aber die nunmehr 80 Betriebsjahre des Gasbehälters nicht. Schon 1916 zeigten sich Verformungen des Wasserbeckens durch Bodensetzung, die mit Unterzügen und Preßzement von einer Berliner Firma aufgefangen werden mußten. Danach scheint der Betrieb ungestört gewesen zu sein, bis der Behälter bei einem Fliegerangriff 1944 schwer beschädigt wurde. Unter allen erdenklichen Schwierigkeiten wurde er 1945/46 repariert, wobei Teile, insbesondere das gesamte Gespärre des Glockendachs, vom irreparablen Gasbehälter I verwendet wurden. Dem Glücksfall, daß der Gasbehälter II als einziger die Bomben noch reparaturfähig überstand, ist letztlich seine Erhaltung bis heute zu verdanken.

Lit.: Otto Lueger (Hrsg.), Lexikon der gesamten Technik und ihrer Hilfswissenschaften, 4. Bd., [2]Stuttgart u. Leipzig 1904, S. 269ff.

Münzenmayer

Wasserversorgung im Wildpark

Stadt und Residenz Stuttgart litten über Jahrhunderte unter Wasserknappheit.

Schon 1490 wurden von Graf Eberhard im Bart erste Anstrengungen unternommen, durch eine 5 km lange Holzdeichelleitung das Wasser Kaltentaler Quellen in einen Rohrbrunnen im Schloßhof zu leiten. 1566 ließ Herzog Christoph in einem ehem. Moor nahe Vaihingen durch die Anschüttung eines Dammes den Pfaffensee anlegen. Gleichzeitig wurde mit den Arbeiten an einem Stollen begonnen, der das Wasser vom Pfaffensee zur Heidenklinge führen sollte. Er wurde 1575 vollendet, war gemauert und hatte eine Länge von 2810 Fuß.

Herzog Johann Friedrich ließ, nach erneuten Klagen der umliegenden Müller über Wassermangel, 1618 den hauptsächlich vom Bärenbach gespeisten Bärensee anlegen. – 1812, unter König Friedrich, wurde der Katzenbach- und Steinbachsee an-

gelegt und durch Zuleitungskanäle mit dem 3 km entfernten Pfaffensee verbunden.
Eine weitere wichtige Maßnahme zur Wasserversorgung Stuttgarts war 1825 die Anlegung des sog. Neuen Sees. Damals wurden auch durch einen Vertrag zwischen Stadt und Land die Wasserrechte geregelt. Zur Versorgung der Stadt wurden zwei neue Hauptleitungen aus Stein gebaut. Markantestes heute noch erhaltenes Bauwerk dieser Wasserversorgungsanlage ist der Aquädukt über die Heideklinge.
Aus der damaligen Ausbauphase erhalten sind außerdem noch am Pfaffensee der sog. »Bärenzwinger«, der als gemauerter Brunnen mit gewendelter Mauerstaffel einen Zugang zum Christophstollen darstellt. Neben dem »Bolzenhäuschen« von 1826 sind am Neuen See noch die damaligen terrassierten Überläufe mit Wasserrinnen zu sehen. 1874 dann wurde durch Zuleitungen das Wasser sämtlicher Parkseen zum Seewasserwerk Hasenberg geleitet.
Noch heute dienen die Parkseen der Wasserversorgung der Landeshauptstadt Stuttgart, und der Neue See wird zur Speicherung von Bodenseewasser eingesetzt.

Lit.: Walter Meyer-König, Stuttgart und das Wasser, TWS Stuttgart 1983

Mayer

Stuttgart-Bad Cannstatt. Zuckerberg mit Seilbahn im Vordergrund, Aufnahme 1988

Stuttgart-Bad Cannstatt
Weinberg Zuckerberg

Der Zuckerberg in Stuttgart-Bad Cannstatt liegt am Prallhang des Neckars. Der Fluß umfließt hier in einer großen Schleife den gegenüberliegenden Stadtteil Münster. Mit dem terrassierten Hochufer hat sich hier ein Kulturlandschaftsbild erhalten, wie es über Jahrhunderte für die gesamte Region bestimmend war.
Nach heutigem Kenntnisstand haben die Franken im Zusammenhang mit dem Christentum den für den Kult notwendigen Weinanbau nach Württemberg gebracht. Für das benachbarte Esslingen ist das frühe Datum 784 belegt. Der wohl ähnlich weit zurückreichende Cannstatter Weinbau ist urkundlich erst 1280 nachgewiesen. Der Wein wurde zuerst auf relativ flachem Gelände (Weingarten = »Wengert«) angebaut, ab etwa 1000 auch in Terrassen. Dies vermutlich zunächst mit festgestampften, grasbewachsenen Rainen (»Räule«) und erst später mit den aus dem Mittelmeerraum stammenden Trockenmauern.
Der Cannstatter Zuckerberg ist eine Muschelkalklage mit starker Hangneigung und hier zudem an der oberen Hangkante freiliegender Felsformation. Typisch ist, daß die mit Material des Berges aufgerichteten Trockenmauern hangparallel verlaufen (im Gegensatz zu den flacheren Keuperlagen, deren Kennzeichen zick-zackartig angelegte Mauern sind). Je steiler der Hang ansteigt, desto schmaler sind auch die Terrassen.
Die vertikal verlaufenden schmalen Treppen, die Wasserstaffeln, dienen als Fußwege, Grenzlinien und zum Ableiten des Regenwassers. Sie stehen in baulichem Verbund mit den Quermauern bzw. werden im Flachen von seitlichen Stellplatten begrenzt. Der Zuckerberg wird von zahlreichen Weinberghäuschen, Fachwerk- und Klinkerbauten des 19. und frühen 20. Jh., mit z. T. recht aufwendiger Gestaltung, und von mehreren, in den Schneisen der Wasserstaffeln installierten Seilbahnen geprägt.

Lit.: Karl Heinz Schröder, Weinanbau und Siedlung in Württemberg, in: Forschungen zur dt. Landeskunde, 73 (1953) – Christiane Weiß-Alt, Historische Weinlagen und Mileuwerte, Stadtplanungsamt Stuttgart, 1989 – Jürgen Rieger, Wengertmäuerle und Wasserstaffeln im Remstal, in: Buocher-Hefte, 10 (1990), 11 (1991)

Wichmann

Travertinwerk Lauster Tafel 28

Der Autofahrer, der Bad Cannstatt auf der Neckartalstraße in Richtung Münster verläßt, erblickt beim Durchfahren des TWS-Kraftwerkkomplexes linkerhand eine Reihe kolossaler Travertinsäulen. Vorgesehen waren sie für ein von Hitler in Auftrag gegebenes Mussolini-Denkmal in Berlin. Hinter diesen nicht mehr abgeholten Säulen beginnt das Areal des ehem. Lausterschen Steinbruchbetriebes, dessen Anfänge in das frühe 19. Jh. zurückreichen. Im Jahre 1902 erwarb die Firma das Gelände auf der Cannstatter, 1923 das benachbarte Areal auf der Münsteraner Gemarkung.
In Deutschland gab es lediglich drei bedeutende Travertinabbaugebiete. Der gelbfarbene, sehr wetterbeständige Cannstatter Travertin fand und findet noch immer Verwendung bei Bildhauerarbei-

ten, Einfriedungen und vor allem als Baustein und als Wandbekleidung von Bauwerken (z. B. Erweiterungsbau der Staatsgalerie Stuttgart 1979–1984). Während die meisten der heute bestehenden Bauten des Travertinwerks aus den zwanziger Jahren stammen und sich durch eine vom Expressionismus oder vom Bauhausstil beeinflußte Architektur auszeichnen, entstand die große Sägehalle hier auf dem Grund des Steinbruchs zwischen 1937 und 1940 in einer spezifisch historisierenden Architekturgestalt.
Die über langrechteckigem Grundriß erbaute Sägehalle hat mit 25 m Breite, 125 m Länge und maximal 25 m Höhe beachtliche Dimensionen und orientiert sich am Gebäudetypus der Schwermaschinenhalle, der sich wesentlich in der 2. Hälfte des 19. Jh. herausgebildet hat. Die gesamte Innenbreite der Halle wird von fahrbaren Kranbrücken überspannt, die als Unstetigförderer das schwere Steinmaterial bewegten. Der gesamte Bau ist in Travertinquadern aufgeführt, wobei die Rustizierung der Fassaden die dem Material dank seiner Farbnuancen und seiner porösen Oberfläche innewohnende Lebhaftigkeit unterstreicht. Die Architekturgliederung der Sägehalle weckt Assoziationen an die Sakralbaukunst. So wird etwa das Innere von großen Rundbogenarkaden an der westlichen Längswand und seitenkapellenartigen Rundbogennischen an der östlichen Längswand bestimmt. Stilistisch orientiert sich die Laustersche Sägehalle, etwa mit dem monumentalen Rundbogenfenster aus kräftigem Travertin-Gitterwerk an der Hauptfassade, am pathetischen Neuklassizismus nationalsozialistischer Partei- und Staatsbauten. Die wohl beabsichtigte gestalterische Wirkung der Halle, Dauerhaftigkeit, Unzerstörbarkeit und Festigkeit zu demonstrieren, wird quasi zur gebauten Visitenkarte eines Firmenproduktes.
Nach langem Tauziehen um die Zukunft der Sägehalle konnte 1989 der Erhalt des Bauwerks im wesentlichen gesichert werden.

Lit.: Manfred Frank, Die Natürlichen Bausteine und Gesteinsbaustoffe Württembergs, Stuttgart 1944 – Winfried Reiff, Friedrich Wurm, Geologische Wanderungen, in: Stuttgart-Handbuch, S. 30–64 – Frank Werner, Stuttgarter Architektur bis 1945, in: Stuttgarter Kunst im 20. Jh., Stuttgart 1979, S. 204f.

Goer

Stuttgart-Degerloch

Fernsehturm Tafel 116

Der Stuttgarter Fernsehturm, heute Wahrzeichen der Stadt, gilt als ingenieurtechnische Pionierleistung für die Anwendung von Stahlbeton beim Turmbau. Als erster Bau dieser Konstruktionstechnik hat er überall auf der Welt Nachfolger gefunden.
Als Anfang 1953 beim Süddeutschen Rundfunk Überlegungen zu einem Sendeturm angestellt wurden, ging man zunächst von einem Stahlgittermast aus, der mit einer Antennenhöhe von ca. 200 m vom Hohen Bopser aus eine Ausstrahlung ins umliegende Land sicherstellen sollte. Der Stuttgarter Hochschullehrer Prof. Dr. Fritz Leonhardt legte nach Bekanntwerden der Bauabsicht des Süddeutschen Rundfunks einen Alternativentwurf vor, welcher statt des Gittermasts einen Stahlbetonturm zeigte, der neben der Antenne eine Aussichtsplattform mit Gaststätte tragen sollte. Leonhardt erklärte die Herausforderung zu einer alternativen Planung zu den damals üblichen Gittermasten so: . . . »mit diesem Bauwerk einen Weg gewiesen zu haben, wie man technisch notwendige Einrichtungen auch schön und anziehend bauen kann, so daß sie der Allgemeinheit Freude und Genuß spenden«. Der dann im Juli 1954 begonnene Turm wurde im Februar 1956 fertiggestellt.
Insgesamt hat die Anlage mit Antenne eine Höhe von 211 m. Der tragend-konstruktive Teil besteht aus einer ca. 161 m hohen Betonröhre, deren Durchmesser sich von 10,60 m am Fuß auf 5,04 m an der Spitze verjüngt. Als Meisterleistung im Ingenieurbau und im Turmbau erstmalig muß die eingespannte »Halmkonstruktion« gesehen werden, welche durch das Ringfundament aus vorgespanntem Stahlbeton mit radialen Spanngliedern nur eine Fundamenttiefe von ca. 8 m benötigt. Die Verbindung von Fundamentring zum Turmschaft stellt eine Kegelschale her, die durch eine umgekehrte, innere Kegelschale ausgesteift wird. Bei einer Wandstärke von 60 cm am Fuß und gleichmäßig abnehmend bis 19 cm am Beginn des Turmkorbes ist der Vergleich zu einem Halm durchaus angebracht. Eine auskragende Platte in ca. 136 m Höhe trägt den viergeschossigen Turmkorb, der im untersten Geschoß Einrichtungen des Senders und in den drei obersten Etagen das Restaurant mit Nebenräumen aufnimmt. Ein kräftiger Betonblock, welcher den Schaft abschließt, dient der Verankerung des Sendemasts, der von ursprünglich 51 m auf heute 57 m erhöht wurde.

Lit.: Fritz Leonhardt, Der Stuttgarter Fernsehturm, Sonderdruck aus: Beton- und Stahlbetonbau Jg. 51, Heft 4/5. 1956

Mayer

Stuttgart-Untertürkheim

Wasserkraftwerk Tafel 85

In der Fachliteratur wird mehrfach darauf hingewiesen, daß das Wasserkraftwerk an der Inselstraße in Untertürkheim für die Geschichte der Elektrizitätswirtschaft in Württemberg eine herausragende Bedeutung besitzt: 1899–1902 gebaut und von der Maschinenfabrik Esslingen, einem der führenden Unternehmen der Zeit auf diesem Sektor, ausgestattet, stellte das Werk das erste kommunale Stromerzeugungsunternehmen Württembergs dar und dokumentiert damit eine Neuorientierung der Kommunen – bis dahin ist die Versorgung durch private Anbieter üblich gewesen. Dieses stattliche, auf der Höhe der Zeit stehende Werk trug maßgeblich dazu bei, daß die spätere Daimler-Benz AG sich 1903 in Untertürkheim ansiedelte. Im gleichen Jahr schloß auch die Residenzstadt Stuttgart ihren ersten Stromlieferungsvertrag mit Untertürkheim ab, was ein erhellendes Licht auf die damalige Bedeutung des Kraftwerks wirft.
Die Architektur des Kraftwerksgebäudes ist noch heute überliefert, wesentliche Teile der technischen Ausstattung dieser ersten Bauphase sind erhalten.
Nicht minder bedeutend ist die zweite Bauphase des Wasserkraftwerks: 1924 erfolgte, gleichzeitig mit der Verlegung des Neckarflußbetts, die Installation einer bedeutenden Neuentwicklung, die noch heute ihren Dienst tut. Es handelt sich hierbei um eine der ersten Kaplan-Turbinen überhaupt! Mit der seit ca. 1912 entwickelten Kaplan-Turbine wurde eine insbesondere für Flußkraftwerke wesentliche Neuerung und Fortentwicklung eingeführt, da sie für geringe Wasserhöhenunterschiede leistungsfähiger als andere Turbinen ist. Die Firma J. M. Voith, Lieferantin der Turbine, zählte zu den ersten Herstellern der Neuentwicklung, und das Kraftwerk in Untertürkheim ist das erste öffentliche

Stromversorgungsunternehmen gewesen, das eine Kaplan-Turbine installieren ließ.

Für die nachfolgende Neckarkanalisation mit Stromerzeugung wurde die Untertürkheimer Anlage beispielgebend, Kaplan-Turbinen wurden hierauf auch in Horkheim/Neckar (1928), in Nekkargemünd (1930) u. a. installiert.

Voith lieferte mit der Turbine auch wesentliche Teile der übrigen technischen Ausstattung des Kraftwerks. Die Anlage des Jahres 1924 ist vollständig erhalten und noch heute in Betrieb. Gelegentlich finden Führungen statt.

Lit.: Karl Erich Haeberle, Stuttgart und die Elektrizität, Stuttgart 1983 – Hermann Bruder, Untertürkheim und Rotenberg. Ein Heimatbuch, Stuttgart 1983 – Wolfgang Leiner, Geschichte der Elektrizitätswirtschaft in Württemberg, Stuttgart 1985

Fekete

Stuttgart-Vaihingen

Sternwarte

Auf dem Universitätsgelände Pfaffenwald steht an eher atypischer Stelle zwischen Mensa und Studentenwohnheim ein Turm mit Außentreppen, der an seiner Kuppel sofort als Sternwarte zu erkennen ist. Diese »Universitätssternwarte« wurde jedoch ursprünglich, 1934, für einen wohlhabenden Amateurastronomen errichtet, kam erst in den siebziger Jahren in den Besitz der Universität und dient heute der Sternbeobachtung im Rahmen des Studium Generale.

Im Innern birgt die Sternwarte eine bemerkenswerte, gar nicht amateurhafte Originalausstattung. Um die gemeinsame (waagrechte) Deklinationsachse schwenkbar sind ein 305 mm Cassegrain-Reflektor und ein 323 mm Medialrefraktor parallel montiert. Während der erste mit Zeiss-Spiegel aus der Bauzeit der Sternwarte der Standardbauweise moderner Spiegelteleskope entspricht, ist der zweite wahrscheinlich das letzte Exemplar seiner Gattung und Bauzeit, bei dem die Achromasie (Farbkorrektur) der Linsenfernrohre zur höchsten Perfektion gesteigert worden war. Ludwig Schupmann war in den neunziger Jahren des 19. Jh. eine Konstruktion gelungen, bei der die divergenten, den jeweiligen Spektralfarben entsprechenden Brennstrahlen der einzigen Objektivlinse durch Totalreflexion an einem 90° Prisma und abermaliger Reflexion an einer Spiegellinse wieder zu weißem Licht im Okular vereinigt wurden. Aus der Kombination von Brechung und Spiegelung rührt der Name Medial her.

Das Stuttgarter Medial wurde 1917, nur 17 Jahre nach dem Prototyp in der Uraniasternwarte in Berlin, von G. und S. Merz in München gebaut und in der Heidelberger Sternwarte aufgestellt, wo es sich 1923 als durchaus gleichwertig mit dem erstklassigen Steinheil-Refraktor erwies. Überhaupt wurden die Schupmann-Mediale von den Astronomen hoch gelobt. Wie alle Linsenfernrohre haben sie jedoch den Nachteil des kleinen Gesichtsfeldes im Vergleich mit den Spiegeln. Die immer größer werdenden Spiegel und die damit gemachten Entdekkungen ließen die Bedeutung der Refraktoren für die astronomische Forschung schwinden.

Lit.: Rolf Riekher, Fernrohre und ihre Meister, Berlin 1957 – Skye & Telecope, March 1983, p. 273–278

Münzenmayer

Stuttgart-Zuffenhausen

Automobilwerk Porsche

Nahe der Autobahnausfahrt Stuttgart-Zuffenhausen liegt das Automobilwerk der Firma Porsche. Im Zentrum dieser komplexen Anlage befindet sich der 1952 von Rolf Gutbrod speziell für die Produktion eines neu entwickelten Sportwagens erbaute Industriebau mit Bürotrakt (1963 erweitert).

Die Fertigungshalle der Anlage besteht aus einer Stahl-Shed-Konstruktion, die bei einer Spannweite von 30×60 m und der Anordnung von nur zwei Stützen Flexibilität im Nutzungsbereich der Halle garantiert. Auf der im Gebäude installierten Fertigungsstraße können Motoren, Getriebe und Radaufhängungen für sieben Fahrzeuge gleichzeitig montiert und mittels Krananlagen in Rohkarosserien eingesetzt werden. Um eine gute Belichtung der Fabrikhalle ohne störende Sonneneinstrahlung zu gewährleisten, sind die Sheds nach Norden orientiert. Das Untergeschoß, als Lagerhalle in Stahlbeton erstellt, schließt ca. 1 m über dem Straßenniveau ab. Lagergeschoß und Werkhalle sind durch eine der Topographie folgende Außenrampe verbunden. Ein Wagenaufzug befindet sich an der Südseite.

Der dreigeschossige Bürotrakt ist der Industriehalle vorgelagert. Im Erdgeschoß sind Ausstellungsraum, Verkaufsabteilung, Kundenzimmer dem Funktionsablauf entsprechend angeordnet. Im ersten und zweiten Stockwerk ist die Konstruktionsabteilung untergebracht. Alle Räume stehen in direktem Bezug zur Fertigung.

Stuttgart-Zuffenhausen. Automobilwerk Porsche, Hauptansicht, Aufnahme aus den fünfziger Jahren

Außergewöhnlich ist die Fassadenabwicklung des Bürokomplexes durch ihre handwerkliche Verarbeitung und konstruktive Ästhetik: Kalksandsteinmauerwerk steht in wirkungsvollem Kontrast zur Strenge der Skelettarchitektur, geschlossene Brüstungsfelder heben sich ab von offenen Fensterbändern.

Der in neuerer Zeit abgebrochene Fabrikschornstein – weithin sichtbares Zeichen einer Industrieanlage – betonte einst die Vertikale gegenüber der auf die Horizontale ausgerichteten Architektur.

Dem Bauwerk liegt die Architekturauffassung »Organisches Bauen« zugrunde. Begriffe wie »Menschliches Bauen« und »Individualität« sind Richtschnur für Architekt Gutbrod, was die auf Tageslicht ausgerichteten Werk- und Büroräume, Maßstäblichkeit, individuell gestaltete Fassadenabwicklung und materialgerechte Konstruktionsweise belegen.

Die Porschefabrik gilt dank ihrer ästhetischen Qualitäten als ein architektonisch gelungener Industriebau der fünfziger Jahre. Die rein funktionelle Architektur der Stahl-Shed-Halle entspricht noch heute den Anforderungen eines modernen Produktionsablaufs.

Dongus

Stuttgart/Ludwigsburg
Solitude-Allee und Landesvermessung

Zwischen seinem Lustschloß Solitude und dem Parkeingang zum Ludwigsburger Residenzschloß hatte Herzog Carl Eugen von Württemberg um 1765 eine geradlinige Allee anlegen lassen. Unbeirrt von Topographie und Feldfluren war die Achse des Lustschlosses als »Landschafts-Achse« dem Geschmack europäischer Fürsten gemäß und als imperiale Geste eines absolutistischen Fürsten landschaftsteilend bis zum Horizont sichtbar verlängert worden.

Nachdem das herzogliche Lustschloß auf der Berglehne über dem »Langen Feld« längst seine Bedeutung verloren hatte, erlangte die Allee 1820 eine beachtliche technikgeschichtliche Bedeutung:

Eine 1818 von König Wilhelm I. berufene »Cataster-Kommission« sollte eine von der napoleonischen Verwaltung geforderte und vor allem aus Gründen der Steuergerechtigkeit betriebene Neuvermessung, eine »Catastrierung« des Landes durchführen (mittellateinisch: capitastrum = Kopfsteuer-Liste). Die Neuvermessung erfolgte durch Triangulationen, d. h. Dreiecks-Winkel-Vermessungen gut anpeilbarer Punkte wie Kirchturm-, Berg- oder andere künstlich geschaffene gut anpeilbare Spitzen. Für diese Triangulationen mußte aber eine äußerst exakte Längenvermessung einer (möglichst langen) geraden Strecke als Basislinie eines ersten großen Dreiecks vorgenommen werden. Die Kommission, an ihrer Spitze Joh. Theoph. Friedrich v. Bohnenberger, Professor der Mathematik, Astronomie und Physik in Tübingen, schlug hierfür zunächst eine 5178 m lange Strecke im Ammertal bei Tübingen vor, in der Nähe der dortigen Sternwarte, die als Nullpunkt der Koordinaten des geplanten Kartenwerks der »Meßtischblätter« und der Katasterpläne bestimmt worden war. Doch wählten die Ingenieure 1820 die wesentlich längere, ca. 15 km lange Solitudeallee – damals wohl die längste geradlinige Straße des Landes – zur präzisen Fixierung einer ersten Basis-Geraden von 13 032 m.

Mit Hilfe von fünf metallenen, in Holz eingehüllten »Toisen« (Stäbe von ca. 3,90 m = 12 französische Fuß) vermaß man diese Strecke in 669 Arbeitsgängen auf Längen von jeweils knapp 19,50 m in 24 Tagen.

Tettnang. »Hopfenburg«, kolorierter Holzschnitt von Karl Jauslin um 1875 (Ausschnitt)

Wer heute ein Meßtischblatt (Top. Karte 1:25 000) oder einen Katasterplan (1:2500) von Württemberg benutzt, hat immer noch die Fortschreibung des Kartenwerks vor sich, das aus dem auf Anregung der »Cataster-Kommission« 1820 entstandenen »Königlich Statistisch-Topographischen Bureau« hervorgegangen ist.

Lit.: Conrad Kohler, Die Landesvermessung des Königreichs Württemberg, Stuttgart 1858

Bongartz

Tailfingen → Albstadt

Tettnang, Bodenseekreis
Sog. Hopfenburg

Nördlich der Stadt Tettnang liegt etwas abseits der Landstraße nach Ravensburg weithin sichtbar auf einer kleinen Anhöhe die sog. Hopfenburg, ein sehenswertes Hopfentrockengebäude aus den Jahren 1866/67. Der aus Stuttgart stammende Friedrich Wirth, der sich um die planmäßige und systematische Weiterverbreitung des Hopfenanbaus in der Tettnanger Region verdient gemacht hat, ließ in den sechziger Jahren des 19. Jh. auf dem Hofgut Kaltenberg eine Musterplantage mit nahezu 20 ha Hopfenanbaufläche anlegen. Er war auch der Bauherr dieses regional bevorzugt als Hopfendarre bezeichneten Ökonomiegebäudes.

Im Gegensatz zu dem im Tettnanger Raum seit dem späteren 19. Jh. verbreiteten und formal relativ bescheidenen Hopfendarrentypus stellt die Kaltenberger »Hopfenburg« aufgrund ihrer enormen Ausmaße und ihrer ansprechenden historisierenden Gestaltung, die deutlich von romantisierenden Bauelementen geprägt wird, ein singuläres Beispiel eines Hopfentrockengebäudes dar. Der langrechteckige und dreieinhalbgeschossige Bau mit seinen markanten Dachaufbauten und mehrgeschossigen Eckerkern wurde in Sichtfachwerk aufgeführt. Ein breites Mittelportal führt in das Innere des in allen Geschossen dreischiffigen und fünfzonigen Wirtschaftsgebäudes. Die beiden Dachgeschosse mitgerechnet konnten die meist im August ernteireifen, hellgrünen Hopfendolden auf insgesamt fünf Ebenen zum Trocknen ausgelegt werden. Eine Fülle von schmalen und hohen Fensteröffnungen mit Lüftungsläden ermöglichte die erforderliche Luftzirkulation während des Trocknungsvorgangs.

Seit einigen Jahrzehnten sind die Hopfendarren im Tettnanger Raum – sofern nicht überhaupt abgebrochen oder gänzlich umgenutzt – mit speziellen, beheizten Trocknungsschächten ausgerüstet worden. Dieser technische Wandel führte nicht nur zu einer erheblichen Verkürzung der Trocknungszeiten, sondern auch zu einem deutlichen Minderbedarf an Lagerflächen für die Hopfendolden, so daß die historische Hopfendarre als technischer Gebäudetypus in seinem Bestand stark gefährdet ist.
Die sog. Hopfenburg diente mehr als ein Jahrhundert als Hopfentrocknungsgebäude. Am 9. 9. 1977 war dann die letzte Darrung auf dem Hofgut Kaltenberg – auch hier bereits von der neuen Technik unterstützt – beendet. Das hiernach kaum mehr verwendete Gebäude erhielt in jüngster Zeit durch den Einbau von Personalwohnungen für eine Heil- und Pflegeanstalt eine neue Nutzung. Somit konnte das Wahrzeichen des immer noch bedeutenden Tettnanger Hopfenanbaus wenigstens im äußeren Erscheinungsbild vor dem bereits beginnenden Verfall bewahrt werden.

Lit.: Oskar Adorno, Der Hopfenbau, in: Beschreibung des Oberamts Tettnang, Stuttgart 1915, S. 541–544 – Petra Sachs, Bauernhäuser im Bodenseekreis, Friedrichshafen 1985 – Michael Goer, Die »Hopfenburg« des Hofguts Kaltenberg – ein Wahrzeichen des Tettnanger Hopfenanbaus, in: Denkmalpflege in B.-W. 1987, S. 180–182

Goer

Tiefenhülen → Ehingen

Trossingen, Kreis Tuttlingen
Harmonikafabrik Matth. Hohner AG

Trossingen stellt ein geradezu klassisches Beispiel einer aus einem Bauerndorf hervorgegangenen Industriestadt dar. Der Zeugmachergehilfe Christian Meßner gilt als Begründer der Trossinger Harmonikaindustrie. Er begann in den dreißiger Jahren des 19. Jh. mit der zunächst handwerklichen Produktion und dem selbständigen Vertrieb seiner »Mundharfen«. Mit dem Uhrmacher Matthias Hohner (1833–1902) kam ab 1857 ein Konkurrent hinzu, dessen Firma im weiteren Verlauf des 19. Jh. Weltgeltung erlangte. Der Erfolg dieser Firma basierte damals vorwiegend auf dem Export ihrer Mundharmonikas nach Nordamerika. Ab 1903 wurde zusätzlich die Akkordeonproduktion aufgenommen. 1906 übernahm Hohner die wahrscheinlich älteste Mundharmonikafabrik Deutschlands, die Firma Hotz in Knittlingen, und 1909 auch die Trossinger »Gründungsfirma« Meßner.
Die Firma Hohner wurde nicht nur zum bedeutendsten Industriebetrieb der Stadt, sondern trug entscheidend auch zur Stadtgestalt und Stadtwerdung bei. Als Matthias Hohner 1857 in seinem Wohnhaus Oberdorfstr. 24 die Mundharmonikafabrikation aufnahm, bestand der Ort aus zwei räumlich getrennten Ortsteilen. In diesem freien Raum zwischen den Siedlungsplätzen Ober- und Untertrossingen ließ Hohner ab 1880 einen größeren Fabrikkomplex errichten, um den sich fortan das Stadtzentrum entwickelte.
Diese Industrieanlage mitten im Stadtkern stellt noch heute eine Dominante dar. Über vielerlei Stationen – von 1880 bis in die zwanziger und fünfziger Jahre des 20. Jh. – entstand eine blockhafte Fabrikbebauung eines am Ende quadratischen Quartiers, an dem die Produktionsausweitung der Firma jahresringhaft ablesbar ist.
Innerhalb der baulich sehr gut überlieferten Anlage hat sich vor allem auch die traditionelle Stimmzungenfertigung erhalten. Zwar kontrolliert inzwischen der Arbeiter die Tonhöhe nicht mehr mit dem Ohr, sondern elektronisch. Jedoch erfordert die Handhabung der eigens dafür konstruierten Streifenschleifmaschinen und Exzenterpressen zum Ausstanzen der einzelnen Stimmzungen nach wie vor dasselbe Fingerspitzengefühl wie in den zwanziger Jahren, der Bauzeit der ältesten dieser Maschinen.

Goer/Münzenmayer

Tübingen
Bahnbetriebswerk

Bahnbetriebswerke dienen der Wartung, Reparatur und Betriebsstoffversorgung von Triebfahrzeugen. Für diese Aufgabe wurde 1911 in Tübingen ein neues Bahnbetriebswerk südlich der eingleisigen Strecke nach Rottenburg eröffnet.
Das Werk besteht aus zwei großen in Massivbauweise erstellten Gebäudekomplexen: Auf der Ostseite liegt das Heizhaus mit den beiden großen gemauerten Schornsteinen und einer dreizehngleisigen Halle für das Abstellen und Anheizen der Dampflokomotiven, wobei über die Schornsteine die in Abzugshauben und Rauchgaskanälen gesammelten Rauchgase ins Freie gelangten. Nach der Elektrifizierung der Strecke Plochingen–Tübingen wurde die Südhälfte des Heizhauses für die E-Lok-Unterhaltung umgebaut und durch einen dreigleisigen Hallenanbau ergänzt. Die zweite Halle schließt sich westlich des Heizhauses an das Schiebebühnenfeld an. Hier befinden sich heute die Werkstätten für die in Tübingen beheimateten Schienenbusse, das Kesselhaus und das Stofflager. Ein langgestreckter zweigeschossiger Verwaltungsbau mit den Verwaltungsdienststellen, Sozialräumen und der Einsatzstelle für die Triebfahrzeuge (Lokleitung) verbindet die beiden Hallen – eine Gebäudeanordnung, die ebenso in Stuttgart und Kornwestheim zu finden ist. Schließlich überragt Hallen- und Verwaltungsbau noch ein massiger Wasserturm, der heute noch der Brauchwasseraufbereitung und -speicherung dient.
Bemerkenswert sind neben der Architektur vor allem die Maschinenanlagen. Hierzu zählen – neben dem Wasserturm mit der Pumpstation für Roh- und Reinwasser (Pumpenantriebe Maschinenfabrik Esslingen und Klein, Schänzlich & Becker, Frankenthal, beide 1913) – die zwischen Heizhaus und Werkstatthalle betriebene elektrische 20-Meter-Schiebebühne (Maschinenfabrik Esslingen 1920, Tragkraft 120 t); die zwischen Hauptbahnhof und Betriebswerk angeordnete, allerdings zum Ausbau vorgesehene Einbrückendrehscheibe (Wälde, Kade und Erath 1913, ursprünglich 18 m, verlängert 1939 auf 19,5 m nutzbare Länge, elektrischer BBC-Zahnradantrieb); die Vierspindel-Achssenke im Heizhaus zwischen den Gleisen 5–9 (Adolf Zaiser, 1920, Tragkraft 30 t, Hub 2,5 m) mit darüberliegendem Achskran; die beiden elektrischen Brükkenkräne in der Werkstatthalle (linker Kran: Süddeutsche Aufzugs- und Kranfabrik 1914, rechter Kran: Martin & Braun, Göppingen 1914; Tragkraft jeweils 7,5 t, Spannweite 8,76 m); die Reste der Aufbereitungsanlage für Dampflok-Kesselspeisewasser im Heizhaus; die »Bügelbühne« für die Montage von Stromabnehmern sowie die Arbeitsbühne für E-Lok-Dachaufbauten in der E-Lok-Halle. Diese vielfältige technische Ausstattung verleiht dem Betriebswerk neben der zweckmäßigen, aber durchaus ästhetischen Architektur besondere Bedeutung.

Knauer

Eisenbahnbrücke über den Neckar Tafel 105

Die vom Tübinger Hauptbahnhof ausgehende eingleisige »Ammertalbahn« nach Herrenberg mußte nicht nur den Schloßberg durchqueren, sondern auch den Neckar überwinden. Hierfür wählte man das westliche Ende der Neckarinsel, des einstigen »kleinen Wöhrds« mit seiner Platanenallee, die den Fluß im Stadtbereich in zwei Arme teilt. So ergaben sich zwei Brückenbögen und die Chance, einen Fußgängerweg in Verlängerung der Platanenallee durch das mittlere Auflager hindurchzuführen und hinter der Brücke in einer Aussichtsplattform enden zu lassen. Entsprechende Wege durchqueren auch die Brückenköpfe.

Die Brücke wurde 1909/10 nach einem Entwurf der Eisenbahnverwaltung als reine Stahlbetonkonstruktion von der Firma Wayss & Freytag ausgeführt, deren Ingenieur Charles Fatio die Baupläne und Berechnungen unter der Oberaufsicht von Emil Mörsch erstellte, der damals technischer Direktor der Firma war und wesentliche Grundlagen für die statische Berechnung derartiger Stahlbetonbrükken gelegt hatte. Die gestalterische Bearbeitung des Projektes oblag dem Architekten Martin Elsäßer.

Die Brücke führt mit zwei flachen Bögen von 34 m Weite über die beiden Flußarme. Zwei Rippen von 1,3 m Breite tragen Querträger, diese wiederum eine Eisenbetondecke. Die Untersichten blieben schalungsrauh, das weiße Vorsatzmaterial der Ansichtsflächen wurde gestockt. Sparsame, dem Klassizismus entlehnte Schmuckelemente wie der Obelisk über dem Mittelpfeiler zeigen, daß man auf eine künstlerische Überhöhung des neuen Baumaterials nicht verzichten wollte. Nach den Verlusten der Kriegs- und Nachkriegszeit kommt der Tübinger Brücke als seltenem Beispiel des frühen Stahlbetonbrückenbaus heute eine besondere Bedeutung zu.

Lit.: Charles Fatio, Die Eisenbahnbrücke über den Neckar in Tübingen, in: Schweizerische Bauzeitung 57. 1911, S. 241–246

Krins

Fernheizwerk der Universität Tafel 90

Das Fernheizwerk wurde 1929 – zusammen mit einer Waschanstalt – für alle Gebäude der Universität, einschließlich ihrer Kliniken errichtet und stellte zur Erbauungszeit nicht allein in technischer Hinsicht wegen des weiträumigen und hügeligen Versorgungsgebietes eine noch seltene moderne Einrichtung dar. In Württemberg war sie die erste dieser Art.

Obgleich zu keiner Zeit in bedeutsamer Ansichtssituation gelegen, nämlich in der Brunnenstraße zwischen dem an jener Stelle steilen Österberghang und den Universitätsgebäuden der Wilhelmstraße, hat das Heizwerk dennoch eine Gestaltung erfahren, die es zu den bedeutendsten technischen Bauwerken unseres Landes machten. Die Pläne lieferte im Auftrag der Stuttgarter Regierung Oberbaurat Hans Daiber, Jahrgang 1880, einer der namhaften Architekten der sog. Stuttgarter Schule, die sich in spezifischer Weise auch mit den Ideen des Bauhauses auseinandersetzte. Sie bilden die künstlerische Grundlage des Entwurfes: Funktion und Form sind in der architektonischen Gestaltung zur Einheit verschmolzen. Charakteristisch sind die kubischen Gebäudeteile, gestaffelt nach Funktion und Bedeutung: Der große Block des Kesselhauses, der niedrigere des Pumpenhauses, der schlanke Treppenturm – sensibel verbunden zur baulichen Einheit durch einheitlich ungegliederte Fassaden in rillig verfugtem Klinkermauerwerk, durch gleiche Maßeinheiten, die sich auch in den auf gleicher Höhe angeordneten schlitzartig schlanken Fenstern von Kessel- und Turbinenhaus auswirken, und schließlich durch das einfache Mittel, das Kesselhaus als Hauptteil mit Eckfassungen und den in Kontrast zur beherrschenden Rechtwinkligkeit gesetzten Kreis- und Halbkreisfenstern herauszuheben – alles in einer Formensprache, die eine aufs Äußerste gesteigerte Knappheit der Detailausbildung und große Fassadenflächen künstlerisch in raffinierten Gegensatz bringt. Mehr eine steigernde Zusatzform, denn eine technische Einrichtung, steht frei neben der Anlage der großartige achteckige Schornsteinschaft.

Howaldt

Tuttlingen

Ringlokomotivschuppen

Der siebenständige Ringlokomotivschuppen wurde in den Jahren 1932/33 errichtet. Auf dem annähernd flachen Dach sitzt ein durchfensterter Aufbau, der einerseits für eine bessere Belichtung des Schuppens sorgt, andererseits zum viergeschossigen, spärlich belichteten Personalgebäude überleitet, das an der südöstlichen Seite des Lokomotivschuppens angebaut ist. Sieben durchfensterte Tore öffneten sich vormals für die unterzustellenden und zu wartenden Dampflokomotiven. Im Innern beeindruckt das Holzwerk des Dachstuhls. Zahlreiche für die Lokomotivwartung benötigte Einrichtungen sind noch vorhanden. Auf dem Areal dieses ehem. Eisenbahnbetriebswerkes aus der Dampflokzeit befinden sich noch Kohlebansen, Wasserkran, Schlackegrube, Verladekran sowie die für die Funktion des Lokomotivschuppens nötige Drehscheibe.

Tuttlingen selbst wurde schon 1869 der württembergischen Bahn angeschlossen, 1870 erfolgte die Verbindung nach Baden. Im Zuge des Aufschwungs und des erhöhten Verkehrsaufkommens nach der Inflationszeit beschloß man, die Strecke Berlin–Stuttgart–Zürich, an der Tuttlingen lag, zweigleisig auszubauen. Der Standort des alten, in der Stadt gelegenen Bahnhofs ließ keine Erweiterung zu, und man entschloß sich zu einem völligen Neubau, in dessen Zusammenhang das neue Betriebswerk mit Ringlokschuppen entstand. Die Gebäude sind im Stil der neuen Sachlichkeit errichtet, die Funktion der Baukörper bestimmt die Gestalt. Technische Neuerungen im Lokomotivbau machen das Tuttlinger Eisenbahnbetriebswerk heute überflüssig, und es scheint fraglich, ob dieses aussagekräftige Zeugnis der Dampflokzeit der Nachwelt erhalten bleiben wird.

Lit.: R. Leute, Die Geschichte der Eisenbahnen im Raum Tuttlingen, in: Tuttlinger Heimatblätter N. F. 46, 1983, S. 46 ff.

Reinhardt-Fehrenbach

Überlingen, Bodenseekreis

Eisenbahntunnel

Für den seit Jahrhunderten bedeutenden Handelsplatz Überlingen am nördlichen Bodenseeufer besaßen funktionierende Verkehrswege seit jeher einen besonders hohen Stellenwert. Zeitlich parallel zur württembergischen Eisenbahn, deren Südlinie von Stuttgart über Ulm 1847 in Friedrichshafen den Bodensee erreichte, bemühte sich die einstige Reichsstadt schon seit 1844 um den Anschluß an

Überlingen. Tunneleingang am Wiestor, Aufnahme von 1984

das neue Verkehrssystem. Infolge der Verkehrspolitik des badischen Großherzogtums, die gerade die peripheren Landesteile vernachlässigte, dauerten dann aber die Bemühungen der Stadt und auch der Streit um die Streckenführung der geplanten »Bodenseegürtelbahn« über 50 Jahre, bis dann endlich am 21. August 1895 die Bahnlinie Stahringen (bei Radolfzell) – Überlingen samt Westbahnhof eröffnet wurde. Das lang ersehnte Ziel einer Vollendung der Bodenseegürtelbahn wurde aber erst 1901 mit der Fortführung der Strecke von Überlingen nach Friedrichshafen erreicht.

Die im Überlinger Stadtbereich damals angelegte normalspurige und eingleisige Staatsbahn wurde beachtenswerterweise in zwei Tunnelbauten um die historische Altstadt herumgeführt. Diese »stadtschonende« Bahnführung besteht aus dem 948 m langen Westtunnel, einem Entlüftungsschacht im Scheerengraben, aus dem Wiestoreinschnitt mit gewölbter Straßenbrücke und aus dem 616 m langen Osttunnel mit anschließendem Ostbahnhof. Der Bau dieses Streckenabschnitts stellte eine beachtliche technische Leistung dar: »Das zu durchbrechende Gestein war durchweg Meeresmolasse. Der Ausbruch und die Ausmauerung erfolgte nach dem sog. englischen System mit Sohlen- und Firststollen.« Schwierigkeiten ergaben sich besonders durch die tiefe Lage der Stollen und durch die stark mit Wasser durchzogenen sandigen Gesteinsschichten. Da der Wasserzudrang fortwährend hinter der Verschalung Hohlräume verursachte, mußten für die Tunnelstrecken starke Quadergewölbe eingebracht werden. »Die Ausmauerung . . . erfolgte durchweg theils mit Betonquadern, welche von der Unternehmung in eigens hiezu erstellten Bauhütten fabrizirt wurden, theils aus Bundsandsteinquadern, welche aus dem Nekkarthale bezogen wurden.« (Beide Zitate aus dem Gedenkblatt zur Eröffnung der Strecke.)

Neben der altstadtschonenden Streckenführung und der baulich-technischen Leistung ist auch die anspruchsvolle Gestaltung dieser Eisenbahnbauten erwähnenswert: die Architektur nimmt – ganz im Sinne der Zeit – in ihrem Stil romantischen Bezug zum Mittelalter. Bei den mächtigen Portalbauten und auch bei dem turmartigen Entlüftungsschacht, die allesamt durch kräftige, verschiedenfarbige Bossenquaderung und Zinnenbekrönungen gekennzeichnet sind, standen mittelalterliche Burgen Pate.

Lit.: Die Bodenseegürtelbahn auf badischem Gebiet, Karlsruhe 1901 – Eugen Schnering, Vom Handelsplatz zur Kurstadt, in: Überlingen. Bild einer Stadt, Weißenhorn 1970, S. 57–64 – Gedenkblatt zur Vollendung der Bodenseegürtelbahn und Eröffnung der Bahnlinie Überlingen–Friedrichshafen am 1. Oktober 1901

Goer

Ulm

Drehscheiben des Bahnbetriebswerks Tafel 100

Vom Beginn des Eisenbahnverkehrs bis in die zwanziger und dreißiger Jahre, als der Eisenbahnbetrieb in Württemberg noch fast ausnahmslos von der Dampflokomotive geprägt war, gehörten Drehscheiben zur Standardausrüstung aller größeren Bahnhöfe. Von Aulendorf bis Wildbad, von Tuttlingen bis Lauda sorgten weit über 100 Drehscheiben bis Anfang des 2. Weltkrieges für das Wenden der Lokomotiven und deren Verteilung auf die um die Drehscheibe gruppierten Gleise. Ihre Größe reichte von bescheidenen 8-Meter-Anlagen im württembergischen Schmalspurnetz (Biberach, Heilbronn-Süd) bis zu 23-Meter-Drehscheiben mit 350 t Tragkraft (Kornwestheim, Heilbronn).

Heute ist ihre Zahl auf ein halbes Dutzend zusammengeschrumpft, von denen allein drei im Bahnbetriebswerk Ulm (Rangierbahnhof) noch im Einsatz sind. Sie besorgen dort das Verteilen der Diesellokomotiven auf Schuppen- und Abstellgleise, denn das Bahnbetriebswerk Ulm ist eine um die Drehscheiben angeordnete Rundschuppenanlage. Alle drei Drehscheiben – eigentlich handelt es sich um Drehbrücken, denn auf die früher übliche, an den Brückenträger montierte und damit bewegliche kreisrunde Grubenabdeckung (Scheibe!) wurde um die Jahrhundertwende verzichtet – rotieren auf einem runden Betonfundament, in dessen Mitte ein Drehzapfen befestigt ist. Die seitliche Abstützung und Führung des Brückenträgers übernehmen spurkranzgeführte Radsätze an den Brükkenenden, die sich auf einem am Grubenrand angeordneten Einschienenkreis drehen. Die Radsätze verfügen über elektrischen Antrieb, können jedoch auch über eine Handwinde in Gang gesetzt werden.

Die größte Drehscheibe (Nr. 3) ist eine 23-Meter-Einheitsdrehscheibe. Sie besteht aus zwei ca. 1 m hohen Brückenhälften, die am Drehzapfen durch ein Federgelenk verbunden sind (Gelenkdrehscheibe). Sie entstand 1959 nach Einheitszeichnungen bei der Firma Windhoff in Rheine und ist für eine Tragkraft von 350 t ausgelegt (Lastenzug N für 2 siebenachsige Tenderloks à 175 t). 1987/1988 wurde die Drehscheibe als erste der Deutschen Bundesbahn »vollautomatisiert«: Anstelle des Drehscheibenwärters kann jetzt der Lokführer von seinem Führerstand die Drehscheibe über computergesteuerte Schalttafeln bedienen; im Rahmen dieser Umrüstung auf Fernsteuerung wurde auch der Drehscheibenantrieb vollkommen erneuert.

Östlich der Drehscheibe Nr. 3 werden noch zwei ältere Drehscheiben betrieben. Beide gehören zu den älteren Einbrückenkonstruktionen mit durchlaufendem, genietetem Brückenträger und einer entsprechend tiefen Grube, beide verfügen über elektrischen und manuellen Antrieb. Die Drehscheibe Nr. 2 (Fa. Brandes, Wolfenbüttel, 1913) hat eine Nutzlänge von 21,5 m und eine Tragkraft von 200 t; Drehscheibe Nr. 1 ist mit 17,93 m Nutzlänge die kleinste und älteste im ganzen Direktionsbezirk Stuttgart (Wälde, Kade & Erath, Steinbach bei Schwäbisch Hall, 1904). Sie ist der etwas größere Nachfolgetyp der württembergischen 16-Meter-Drehscheibe, die bis Mitte der siebziger Jahre alle verschrottet worden sind.

Knauer

Ulm. Gänstorbrücke, Aufnahme 1991

Gänstorbrücke

In der kurzen Bauzeit von neun Monaten erbaute die Stadt Ulm 1950 die östlich der Altstadt gelegene und nach dem nahe gelegenen Gänstor benannte Donaubrücke neu. Sie wurde von der Firma Dyckerhoff und Widmann/München nach einem von Ulrich Finsterwalder entwickelten System in Spannbetonbauweise als gelenklose Balkenbrücke errichtet und war die erste dieser Konstruktionsart in Deutschland.

In einem flachen Bogen von 82,4 m Weite überspannt sie den Fluß. Im Bogenbereich sind die beiden in vorgespannter Betonbauweise errichteten Fahrbahnen konstruktiv voneinander getrennt. Je zwei Träger tragen – ohne Querträger – eine Fahrbahn. Die Träger sind am Kämpfer 1,40 m breit und verjüngen sich zum Scheitel hin auf 0,7 m. Dies verleiht der Untersicht eine elegante Wirkung. Die vorgespannte Konstruktion erlaubte es, auch die Höhenmaße gering zu halten und damit die Brücke optisch leicht erscheinen zu lassen. So beträgt die Höhe der Hauptträger im Scheitel nur 1,2 m, zu den Kämpfern hin steigt sie auf 4,28 m.

Die Brücke erregte sofort das Interesse der Experten. »Von den ersteren (d. h. gelenklosen Balkenbrücken) hat die Gänstorbrücke Ulm ... die weiteste Spannweite und ist mit ihren geringen Bauhöhen die kühnste dieser Brückenlösungen« (Herberg). »Ihre Konstruktion und Formgebung haben ihr Besucher aus allen Teilen des Bundesgebietes und Europas gebracht« (Pfizer).

Lit.: Ulrich Finsterwalder, Hermann König, Die Donaubrücke beim Gänstor in Ulm, in: Der Bauingenieur 26, 1951, S. 289–293 – Wolfgang Herberg, Der Fortschritt im Bau massiver Brücken durch Spannbeton, in: Beton und Stahlbetonbau 48, 1953, S. 262 ff. – Theodor Pfizer, Neubau der Stadt, Die Ulmer Schwörreden 1949–1958, Ulm 1959, S. 59 – Charlotte Jurecka, Brücken, Wien/München 1979, S. 196 – Ulmer Bilderchronik 6. Bd., Ulm/Donau 1984, S. 109

Krins

Neutorbrücke Tafel 106

Wer sich auf dem Autobahnzubringer West dem Stadtzentrum Ulms nähert, sieht linker Hand eine weit gespannte Stahlbrücke, welche das Bahngelände im Nord-Süd-Gefälle überquert und den Michelsberg mit dem Stadterweiterungsgebiet nördlich der Altstadt verbindet. In der Straßenverlängerung der Brücke stand am Eingang zur Altstadt das Neutor, von dem die Brücke ihren Namen erhalten hat. Erbaut wurde sie von der württembergischen Eisenbahnverwaltung in den Jahren 1906/07 unter der Leitung des Baurats (Heinrich?) Levi. Die 112,2 m lange Eisenkonstruktion ruht – neben den Auflagern – auf zwei betonierten Pfeilern, die mit Kunststein verkleidet sind. Die Eisenkonstruktion wurde von der Maschinenfabrik Esslingen geliefert und montiert.

Dem ersten Blick erscheint die Brücke aufgrund ihrer eleganten Linienführung wie eine Hängebrücke. Statisch gesehen trifft dies jedoch nicht zu, denn das Konstruktionsprinzip ist das einer Krag- oder Auslegerbrücke. Hierbei ruhen auf Pfeilern weit auskragende Träger. In Ulm kragen die 44,2 m langen Seitenteile der Brücke als Träger je 15,3 m in die Mittelöffnung vor. In diese wurde dann das 23,8 m lange Mittelstück, der Schwebeträger, eingesetzt. Dieses Konstruktionsprinzip wurde im wesentlichen von dem Bauingenieur und Brückenkonstrukteur Heinrich Gerber (1832–1912) entwikkelt. Das Gesamtgewicht des Brückenüberbaus beträgt 585 t, davon entfallen 335 t auf Flußstahl und 240 t auf Guß.

1964 wurde der Brückenzierat entfernt. Dieser bestand vor allem aus Fialen und Wappen in neugotischen Formen. Dieser Stil wurde in Anlehnung an den 1890 vollendeten Turm des Ulmer Münsters gewählt, auf den die Neutorstraße optisch zuführt. 1990 sollte die Brücke abgerissen werden. Nachdem bereits 1974 ihr Denkmalwert erkannt worden war, und eine genaue Untersuchung des Zustandes ergab, daß die Brücke trotz umfangreicher Korrosionsschäden noch sanierungsfähig war, entschloß sich die Deutsche Bundesbahn zur Instandsetzung. Diese wurde 1987–1989 in denkmalpflegerisch vorbildlicher Weise durchgeführt.

Lit.: Hubert Krins. Die Neutorbrücke in Ulm – ein herausragendes Kulturdenkmal der Technik, in: Denkmalpflege in B.-W. 1985, S. 207–212, dort weitere Hinweise – M. Fischer u. W. Krop, Sanierung der Neutorbrücke in Ulm/Donau, in: Stahlbau 59, 1990, S. 311 ff.

Krins

Unterhausen → Lichtenstein

Untermarchtal, Alb-Donau-Kreis

Kalkwerk Tafel 34

Nördlich der Gemeinde Untermarchtal steht das kleine Kalkwerk neben der Bundesstraße (B 311) auf freiem Feld. 1922 war es durch eine Gruppe von mehreren Bauunternehmern der näheren Umgebung zur Gewinnung des für die Bauwirtschaft unverzichtbaren Weiß- und Schwarzkalks errichtet worden. Der Standort wurde in diesem Fall durch den Rohstoff bestimmt, den man im Steinbruch des naheliegenden Hügels abbaute.

Die Anlage besteht aus dem Schachtofen und der Werkhalle sowie der Beschickungsanlage. Der Ofen ist massiv aus Bruchsteinmaterial gebaut und hat einen kegelförmigen Kaminaufsatz aus Ziegelmauerwerk. Die vorgelagerte Werkhalle mit den charakteristischen Lüftungsaufsätzen ist aus Gußmauerwerk aufgeführt und hat einen an den Giebelseiten verbretterten Dachaufbau.

Das gebrochene Rohmaterial wurde mittels Eisenloren über die Beschickungsbühne direkt in den Schacht des Ofens verbracht und dort bei Temperaturen von 900 bis 1200° C gebrannt. Danach wurde es unten aus dem Schacht gezogen, in der Halle aufgeschichtet, gelöscht, gereinigt und sortiert. Mit dieser Art des kaum mechanisierten Produktionsablaufs stand das Werk auf der Stufe der Kalköfen des ausgehenden 19. Jh.
Das seit 1939 stillgelegte Werk wurde 1987/1990 vom Schwäbischen Heimatbund renoviert und gibt als Museumsobjekt der Technikgeschichte detaillierten Einblick in die Kalkverarbeitung, die für die Region die Grundlage der Industrialisierung bildete.

Lit.: Slotta, Technische Denkmäler in der BRD Band 1, Bochum 1975, S. 141 – Wolfgang Rieger, Untermarchtal an der Donau, Heimatgeschichte eines schwäbischen Dorfes, Untermarchtal 1982, S. 145

Wilhelm

Vöhrenbach, Schwarzwald-Baar-Kreis
Linachtalsperre Tafel 114

In der Nähe von Vöhrenbach steht ein Speicherkraftwerk mit ungewöhnlicher Talsperre. Die Initiative zum Bau dieses Kraftwerks ging 1921 von einem Vöhrenbacher Bürgerausschuß aus, der entschlossen war, den Schwierigkeiten der Gemeinde bezüglich der Elektrizitätsversorgung ein Ende zu bereiten. Wegen der abzusehenden hohen Kosten, die ein solch ehrgeiziges Projekt für eine kleine Gemeinde mit sich bringen würde, entschloß man sich zu kostensparenden Baumethoden. Dabei wählte der für die Konstruktion des Kraftwerks federführende Ingenieur Dr. Maier die weitgehend neuartige, bislang kaum erprobte Bauweise einer Talsperre mit »aufgelöster Sperrmauer«.
Die 1926 erbaute, an ihrer Krone 142,8 m breite Mauer gehört zu dem Typus der »Vielfachbogen-Sperrmauern«. Sie ist 28 m hoch und baut sich aus insgeamt zwölf Stützpfeilern auf, die in regelmäßigen Abständen von 10,8 m angeordnet sind. 13 sich nach oben verjüngende Tonnengewölbe lehnen sich von der Seeseite mit einer Neigung von 50° an die Pfeiler an, so daß keine massive Sperrmauer, sondern eine in viele Bögen aufgegliederte Talsperre entsteht. Vom Staubecken führt erst ein Stollen, dann eine 1700 m lange, inzwischen in Stahlrohr, früher aber in stahlbetonummantelten Holzdeicheln gefertigte Hangrohrleitung zum Wasserschloß. Über eine Druckrohrleitung gelangt das Wasser in das gut proportionierte Krafthaus mit drei Maschinensätzen, die im wesentlichen aus den zwanziger Jahren stammen. Beeindruckend sind auch die neun Schalttafeln aus hellgrauem Marmor mit symmetrisch angeordneten Messingarmaturen.
Seit der Inbetriebnahme des Kraftwerks bestehen hinsichtlich der Standfestigkeit der Sperrmauer Bedenken. Tatsächlich barst noch während des Baus der Linachtalsperre eine vergleichbar konstruierte Sperrmauer am Glenosee in Italien, und der Bruch der ähnlich konzipierten Staumauer von Malpasset bei Fréjus in der Provence 1959 führte zu einer Flutkatastrophe mit zahlreichen Opfern unter der Bevölkerung.

Lit.: Slotta, Technische Denkmäler in der BRD, Band 2, Bochum 1977, S. 204 f.

Kaiser

Waiblingen, Rems-Murr-Kreis
Dampfziegelei Schofer

Direkt gegenüber dem Waiblinger Bahnhof fällt den Reisenden ein stattlicher, viergeschossiger Backsteinbau auf, dessen fast 50 m lange Front durch einen übergiebelten Mittelrisalit akzentuiert wird. Den Westgiebel überragt ein hoher Kamin mit reich profilierter Krone.
Es handelt sich um das 1888/89 erbaute Ringofen-Gebäude der einstigen Tonwarenfabrik der Gebr. Sixt. Diese wurde ab 1899 als Werk II der 1873 von der Stuttgarter Allgemeinen Baugesellschaft gegründeten Dampfziegelei Waiblingen weitergeführt. Friedrich Schofer – 1876 zunächst Bauführer, ab 1896 Direktor dieser Fabrik – entwickelte dort 1907 die Herstellung von Kaminformsteinen. Der bald weitbekannte Produktname »Schoferkamin« ging 1926 auch in den Firmennamen »Schoferkamin- und Ziegelwerke G.m.b.H.« ein, mittlerweile im alleinigen Besitz von Fr. Schofer.
Die nach dem Prinzip des 1858 entwickelten Hoffmannschen Ringofens ausgeführte und weitgehend original überlieferte Ofenanlage (zur Funktionsweise → Kandern) befindet sich im hohen Erdgeschoß des Gebäudes. Sie ist ein Beispiel des aus

Waiblingen. Ziegelei Schofer, Ansicht von der Bahn her, Aufnahme 1985

der kreisrunden Urform weiterentwickelten langgestreckten Typs und zählt mit 22 Brennkammern zu den großen Anlagen dieser Art. Die bei dem Brennvorgang sich entwickelnde Wärme wird in den oberen Geschossen zugleich zum Trocknen der Rohsteine genutzt.
Von hohem technikgeschichtlichem Rang ist nicht nur das Ringofen-Gebäude selbst, sondern auch das 1924 erneuerte Dampfkraftwerk der Ziegelei: Zwei Dampfmaschinen mit 300 bzw. 50/60 PS von der Maschinenfabrik Esslingen – komplett erhalten mit den Regulatoren und Schwungrädern – trieben Drehstrom- und Gleichstromgeneratoren desselben Herstellers an. Auch die Erregermaschine – ebenfalls von der Maschinenfabrik Esslingen, einem der führenden Technologiekonzerne jener Zeit in Deutschland – sowie die Transformatoren (von Siemens), die Schalt- und Sicherungstafeln u. a. sind noch am alten Platz.
Um so bedauerlicher ist es, daß das Schicksal dieser bedeutenden Dampfziegelei besiegelt scheint. Aufgrund der in den letzten Jahren eingetretenen rapiden Verschlechterung des Erhaltungszustandes (seit 1967 ist der Ringofen nicht mehr in Betrieb) und des negativen Ergebnisses der angestellten Wirtschaftlichkeitsberechnung mußten bisher vorgebrachte Bedenken gegen den beantragten Abbruch zurückgestellt werden. Waiblingen, das neben dem benachbarten Winnenden als »Stadt des guten Tons« bezeichnet wurde, verlöre so einen herausragenden Zeugen seiner Industriegeschichte.

Lit.: Karl Hemming in Waiblinger Kreis Zeitung vom 13. 1. 1961 – Kreisbuch Waiblingen, 1962, S. 138 f.

Goer

Waldshut
Eisenbahnbrücke Tafel 22

Die Rheinbrücke zwischen Waldshut und Koblenz stellte 1859 die erste Schienenverbindung zwischen dem badischen und dem Schweizer Eisenbahnnetz her. Nachdem 1856 die ab Mannheim im Rheintal gebaute badische Staatsbahn in Waldshut und die Schweizerische Nordostbahn – von Zürich kommend – in Turgi angelangt war, wurde 1857 ein Staatsvertrag über den Bau der Verbindungsstrecke abgeschlossen.
Die Brücke wurde von der badischen Staatsbahn erstellt; die Schweizerische Nordostbahn übernahm die Hälfte der Kosten. Die Projektierung und Bauleitung hatte der Ingenieur Robert Gerwig (1820–1885), der später den Bau der Schwarzwaldbahn und der Gotthardbahn leitete.
Die Brücke besteht aus zwei parallelen, 131,46 m langen und 5,13 m hohen, durchlaufenden eisernen Gitterträgern, die im Abstand von 4,95 m angeordnet und durch Querträger miteinander verbunden sind. Dieser Gitterkasten ruht über dem Strom auf zwei gemauerten Pfeilern. Die lichte Weite der mittleren Öffnung beträgt 51,87 m. Als Konstruktion wählte man gerade Träger mit parallelen Gurtbändern. Der eiserne Gitterkasten wurde zunächst auf dem Ufer in gleicher Höhe mit dem zukünftigen Auflager zusammengesetzt und dann über gußeiserne Walzen vorgeschoben, bis er seine endgültige Lage über dem Fluß einnahm.
Das in hochrechteckige Felder unterteilte dichte Netz von diagonalen Gitterstäben weist die Brücke als frühe Konstruktion aus. Bald darauf ging man dazu über, die Träger als Fachwerke mit einer geringen Zahl von diagonalen Streben und größeren Fachweiten auszubilden. Die meisten dieser frühen Eisenbahnbrücken mit Gitterträgern wurden inzwischen abgebrochen bzw. ersetzt. Die Rheinbrücke zwischen Waldshut und Koblenz ist wohl das letzte noch erhaltene Beispiel in Deutschland.

Lit.: Robert Gerwig, Die Eisenbahnbrücke über den Rhein bei Waldshut, in: Allgemeine Bauzeitung, Wien, 27. Jg. (1862), S. 243–257, Abb. Bl. 523–527 – Albert Kuntzemüller, Die badischen Eisenbahnen 1840–1940, Freiburg 1940, Neuausgabe Karlsruhe 1953, bes. S. 38–39. Ulrich Boeyng, Die Eisenbahnbrücke über den Rhein zwischen Waldshut und Koblenz. Ein Denkmal der Technikgeschichte, in: Denkmalpflege in B.-W., 1990, S. 135–140.

Roth

Walldürn-Altheim, Rosenberg-Sindolsheim,
Neckar-Odenwald-Kreis
Grünkerndarren Tafel 43

Als Grünkern bezeichnet man in der Teigreife geernteten Dinkel, der über Feuer getrocknet und damit haltbar gemacht wird. Sowohl der Anbau des Dinkels, einer Abart des Weizens, als auch die Technik des Darrens waren in ur- und frühgeschichtlicher Zeit in ganz Europa verbreitet. Heute ist die Produktion auf das Bauland beschränkt, das Gebiet zwischen Odenwald und Taubertal.
Die eigentliche Darre ist ein Geviert aus mächtigem Mauerwerk, das sich nach oben verjüngt. Es wird an einem Hang oder einer Böschung errichtet, um das halsförmige Schürloch an der Talseite anlegen zu können. Auf der Mauerkrone wird ein Fachwerkschuppen aufgeschlagen, um das Darrgut und die Arbeiter vor der Witterung zu schützen. Da das Getreide während des mehrstündigen Darrvorgangs ständig umgeschaufelt werden muß, wird der Blechrost, auf dem die Ähren getrocknet werden, auf ein Mäuerchen in bequemer Arbeitshöhe aufgelegt. Ein Holzrahmen verhindert das Herabfallen des Getreides.
In der ersten Hälfte des 20. Jh. waren die Grünkerndarren charakteristisch für Ortsbilder und Landschaft des Baulandes. Wegen der Feuergefahr wurden sie in Reihen außerhalb der dicht bebauten Ortskerne errichtet.
Die Anzahl der Darren konnte beträchtlich sein. In Altheim waren es 22, in Sindolsheim 25. In diesen beiden Gemeinden finden sich heute die am besten erhaltenen Anlagen. Am Ortsausgang von Sindolsheim in Richtung Altheim stehen sieben Darren direkt nebeneinander; die Überbauung ist bei zweien kürzlich erneuert worden. Die Sindolsheimer Grünkerndarren stehen traufständig zur Straße und sind an der Bergseite mit Latten verschlossen, zum Tal hin sind sie offen.
Fährt man von Sindolsheim nach Altheim, so erblickt man linker Hand auf der gegenüberliegenden Talseite entlang des Hellerwegs 13 Darren. Sie stehen, bis auf die erste, giebelständig zum Weg. Ihre Umfassungswände sind, im Gegensatz zu den Sindolsheimer Darren, weitgehend durch Ausfachungen in Lehm und Mauerwerk sowie Verkleidungen aus Brettern und Blech geschlossen.
Die alten Darren werden nicht mehr genutzt. Heute wird der Grünkern auf gas- oder ölbeheizten Darren mit automatischen Schaufelwerken getrocknet. Rührigen Heimatvereinen und aufgeschlossenen Gemeinden ist es zu verdanken, daß der Bestand einiger Grünkerndarren gesichert ist.

Lit.: Heiner Heimberger, Darren im Gebiet zwischen Neckar und Main, in: Mein Heimatland, 37. Jg. 1957, S. 252–267.

Fahrbach

Wasseralfingen → Aalen

Weil am Rhein, Kreis Lörrach
Wassertürme Tafel 77

Der Wasserturm in Weil-Friedlingen wurde 1907/08 auf dem Gelände der »Färberei und Appretur Schusterinsel GmbH« errichtet, einem Betrieb der Textilindustrie mit hohem Wasserbedarf. Der Behälter der Bauart Intze mit einem Inhalt von 100 m³ geht auf ein Patent aus dem Jahre 1883 zurück, das in der Folgezeit weiterentwickelt worden war. Der obere Teil des Behälters ist als Zylinder, der untere als Kegelstumpf ausgebildet. Dem Kegelstumpf ist im Innern ein stützender Boden in Form einer stehenden Halbkugel eingefügt. Die beiden Teile treffen über dem Auflagerring zusammen, wobei der äußere Kegelboden den Ring zusammendrückt, während der innere gewölbte Gegenboden ihn auf Zug beansprucht. Auf diese Weise konnte der Auflagerring in horizontalem Sinne spannungsfrei gehalten werden.
Der Behälter ruht auf einem eisernen Standgerüst, das als räumliches Tragwerk ausgebildet ist (der Unterbau aus Beton wurde 1930 ausgeführt). Zur Erhöhung der Standfestigkeit ist der schlanke Unterbau nach unten ausgestellt. Die acht Stützen werden durch umlaufende horizontale Stäbe und Diagonalverbände ausgesteift. Ein Laufsteg am Übergang vom zylindrischen zum kegelförmigen Teil des Behälters betont dessen markante Form. Die kegelförmige Überdachung endet in einem Lüftungsaufsatz.
Der Eisenbahn-Wasserturm in Weil-Haltingen wurde 1913 in Betrieb genommen. Sein Kugelbehälter mit 500 m³ Fassungsvermögen diente der Versorgung des Bahnbetriebswerks und der bahneigenen Siedlungen mit Trink- und Brauchwasser. Dieser Behältertyp wurde 1908 von der Dortmunder Stahlbaufirma August Klönne projektiert.

Der Auflagerring nimmt – im Unterschied zu Konstruktionen, bei denen der Behälter tangential gestützt wird – den gesamten Druck auf. Dreieckige Stahlfelder verbinden ihn konstruktiv und optisch mit den Stützen und den dazwischen eingefügten Schrägstreben des Standgerüstes. Der Laufsteg am Kugeläquator und der Lüftungsaufsatz in Form einer Laterne tragen zum unverwechselbaren Erscheinungsbild des Wasserturmes bei.

Lit.: Jan Werth, Ursachen und technische Voraussetzungen für die Entwicklung der Wasserbehälter, in: Bernhard und Hilla Becher: Die Architektur der Förder- und Wassertürme. Studien zur Kunst des 19. Jahrhunderts, Bd. 13, München 1971, S. 325–428 – Slotta, Technische Denkmäler in der BRD, Band 2, Bochum 1977, S. 530–531

Roth

»Glashaus« im Industrieareal Schetty Tafel 56

1898 gründete die Basler Firma Josef Schetty Söhne eine Färberei auf der Schusterinsel in Weil-Friedlingen. Lag zu Beginn der zwanziger Jahre der Schwerpunkt noch bei der Veredlung von reiner Seide in Garn, ging man bald darauf zum Färben von Kunstseide am Stück über.

Als sich 1928 ein – vorübergehender – wirtschaftlicher Aufschwung bemerkbar machte, wurde im Süden des Areals ein Grundstück zwischen Rhein und Schweizer Grenze hinzuerworben und darauf 1928/29 ein Hochbau mit Arbeitssälen in vier Geschossen errichtet, der die Abteilungen Legerei und Stück-Durchsicht sowie Teile der Appretur aufnahm.

Das »Glashaus« erhebt sich als klar umrissener Kubus über dem Rheinufer. Seine Bauformen sind konsequent aus den Konstruktionsprinzipien des Eisenbeton-Skelettbaus entwickelt. Die regelmäßig aufgeteilten Fassaden leben aus dem Spannungsverhältnis zwischen den vertikalen Pfeilerreihen und den horizontalen Bändern der großen gerasterten Fensterflächen und der niedrigen geschoßunterteilenden Betonfelder. Lediglich die beiden südlichen Gebäudeecken sind turmartig überhöht. Die klare architektonische Ausbildung des Baukörpers in Übereinstimmung mit der Konstruktion ist kennzeichnend für die »Neue Sachlichkeit« der zwanziger Jahre. Das »Glashaus« ist ein qualitätvolles Beispiel für die Umsetzung dieser Architekturauffassung im Industriebau.

Lit.: Markus Werde, Ein halbes Jahrhundert Färberei Schetty Weil/Rhein 1899–1949 (Firmenschrift)

Roth

Weingarten, Kreis Ravensburg
Kanalsystem Stiller Bach

Das über eine Fläche von 25 km² ausgedehnte, 10 Kanäle und etwa 20 Weiher umfassende Kanalsystem des Stillen Baches bei Weingarten ist, da nahezu vollständig erhalten, ein einzigartiges Dokument mittelalterlicher Wasserbautechnik in Oberschwaben. Sein Einzugsgebiet ist die von Schotterhochflächen und Grundmoränen geprägte Landschaft östlich der Stadt zwischen den Flüssen Scherzach im Südwesten und Wolfegger Ach im Norden.

Da in dieser Gegend wegen des durchlässigen Schottergrundes Mangel an Oberflächenwasser besteht, nützt das Kanalsystem den Wasserreichtum mehrerer Niedermoore und Quellhorizonte. An den nördlichen Grenzen seines Einzugsgebietes verlaufend, sammelt es alle von Süden zur Wolfegger Ach fließenden Gewässer und leitet sie, somit eine Wasserscheide querend, westwärts zur Scherzach bei Weingarten.

Diese komplexe Anlage ist ein in mehreren Jahrhunderten geschaffenes Werk des Benediktinerklosters Weingarten. Ein Teilbereich, die sog. Lange Lache vor der Einmündung in die Scherzach, kann sogar noch auf einen Kanal des 9. oder 10. Jh. zurückgehen, als die Welfen in Weingarten ihren Sitz hatten.

Der wegen seiner geländebedingt schwierigen Trassenführung technikgeschichtlich besonders interessante Abschnitt vom Rößlerweiher über Nessenreben zum Klosterbezirk auf dem Martinsberg wurde wohl in den Jahrzehnten zwischen der Klostergründung (1056) und dem Baubeginn der Klosterkirche (1124) angelegt. Auf dieser Strecke umrundet der Stille Bach einen Sporn des Lindenberges in einem Winkel von ca. 210°, wobei er bei einem Gefälle von nur 0,05% seinem Namen entsprechend »still« zu stehen scheint. Anschließend quert er auf einer Länge von 750 m den Berg in hangparalleler Führung, 30 m über dem darunter fließenden Tobelbach.

Dieses vermessungstechnisch komplizierte Werk sollte dem Kloster eine autarke Wirtschaftsweise ermöglichen. Der Kanal war eine unabdingbare Voraussetzung für Schmieden, Getreide- und Walkmühlen, Hanfreiben u. a. im Klosterbezirk. Die Intensivierung der klösterlichen Teichwirtschaft und der Fischzucht führte im späten Mittelalter zu Erweiterungen durch die Anlage von Weihern im Gebiet von Unterankenreute und den Erwerb des Altschlierer Weihers. Zusätzliche Betriebe erforderten eine höhere Wasserkapazität: Als z. B. 1588 Abt Georg Wegelin im Klosterbereich eine Sägemühle errichtete, wurde das Kanalsystem auf das Gebiet des Truchsessenweihers ausgedehnt. 1603 hatte es seine heutige Dimension erreicht.

Im 19. Jh. wurde bei der Industrialisierung der Stadt Weingarten der Stille Bach in das Energiepotential voll mit einbezogen. Auch heute noch nutzen drei größere Betriebe – ein Sägewerk, eine Mühle und eine »Mechanische Werkstätte« – unter Berufung auf alte Rechte seine Wasserkraft. 1980 wurde für den – auch landschaftlich reizvollen – Abschnitt zwischen Rößlerweiher und Nessenreben ein Rundwanderweg angelegt (Ausgangspunkt: Freibad Weingarten).

Lit.: L. D. Herbst, Der Stille Bach. Einmaliges Zeugnis mittelalterlicher Wasserbautechnik in Oberschwaben, Weingartener Hochschulschriften 1, Weingarten 1983

Brand

Weinheim, Rhein-Neckar-Kreis
Ehem. Hildebrandsche Kunstmühle Tafel 12

1745 ersteigerten die Brüder Heinrich und Louis Hildebrand die ins Mittelalter zurückreichende Seitzmühle an der Weschnitz in unmittelbarer Nähe der ev. Kirche (Mühlweg 12). 1866 übernahm Georg Hildebrand den vorwiegend Weizen verarbeitenden Betrieb und baute ihn durch Zukauf zweier oberhalb gelegener Mühlen zu einer industriemäßigen Mehlfabrik weiter aus, die bald zu den größten und besten Kunstmühlen Deutschlands zählte. Der steigende Energiebedarf wurde neben der Wasserkraftnutzung durch die Mühlräder seit 1884 auch durch eine Turbine und eine Dampfmaschine gedeckt.

1891/93 wurde hier – bemerkenswert früh – die »automatische Müllerei« eingeführt, indem der 1876 von Friedrich Wegmann patentierte Walzenstuhl in den Produktionsablauf eingegliedert wurde. Dadurch konnte die Produktion von

8000 dz mit 55 Arbeitern im Jahr 1880 auf 588 000 dz mit 133 Arbeitern und 58 Walzstühlen im Jahr 1899 gesteigert werden. Der Gleisanschluß an die 1895 errichtete Neckar-Odenwald-Bahn, der das kosten- und zeitaufwendige mehrfache Umladen der Produkte reduzierte, konnte auf Dauer nicht verhindern, daß die Firma in den zentralen Umschlagplatz des 1907 erbauten neuen Mannheimer Hafens verlegt wurde (→ Mannheim, Kampffmeyer Mühlen). Dies hatte zur Folge, daß die Weinheimer (Untere) Mühle bis 1921 nur noch als Graupen- und Griesfabrik weiterbetrieben wurde. Nachdem auch die Silos seit den achtziger Jahren nicht mehr genutzt werden, stehen die Gebäude leer und verfallen zusehends. Die in Aussicht stehende Umnutzung wird weitere, einschneidende Bestandseingriffe zur Folge haben.

Das bis jetzt noch vollständig erhaltene Gebäudeensemble der Unteren Mühle (ohne Einrichtung) ist im wesentlichen zwischen 1870 und 1895 entstanden. Die 65 m lange Weschnitzfront beherrscht das fünfgeschossige Lagergebäude, flankiert von der Turbinenhalle und Energiezentrale im Osten und der historistischen Fabrikantenvilla im Westen. Sichtdominante und Mittelpunkt der Anlage ist der 40 m hohe Siloturm mit 5000 t Fassungsvermögen, der wehrturmähnlich von Zinnen und erkerförmigen Ecktürmchen bekrönt wird; eine Reminiszenz an die zeitgenössische Burgenromantik. Von der älteren Mühlenanlage stammt noch das im Einfahrtsbereich gelegene Bürogebäude aus den sechziger Jahren des 19. Jh.

Lit.: Elke Langner, Die Wasserkraftnutzung in den Mühlen der Stadt Weinheim unter besonderer Berücksichtigung des 19. Jahrhunderts, Magisterarbeit, Heidelberg 1987, S. 48 f. – Mannheim, Das Kultur- und Wirtschaftszentrum Südwestdeutschlands. Mannheim 1928, S. XCV

Laun

Wendlingen, Kreis Esslingen
Maschinenhaus mit Dampfturbine der Firma Otto

Die Geschichte der Textilindustrie ist verknüpft mit der Suche nach geeigneter Energieversorgung und der Bereitschaft zu Neuerungen. So hat auch die Dampfturbine ihren Siegeszug in den Fabriken und nicht in der öffentlichen Versorgung angetreten. Hier auf dem Firmengelände ist dieser Entwicklungsschritt noch ablesbar.

Wendlingen. Firma Otto, Maschinenhaus, Inneres mit Dampfturbine, Aufnahme 1991

In einem gelb-roten Backsteingebäude mit Rundbogenfenstern und Isolatorentürmchen ist die alte Kraftzentrale des Werkes untergebracht. Der architektonisch anspruchsvolle Bau von Philipp Jacob Manz aus dem Jahre 1910 enthält noch die damals angeschaffte Turbine mit koaxial gekuppeltem Drehstromgenerator, beides von den Bergmann Electricitätswerken in Berlin. Auch die typische Schalttafel aus Marmor mit Holzeinfassung ist noch weitgehend, die Laufkatze vollständig erhalten.

Als eines der allerletzten Exemplare zeugt die Turbine von den zahlreichen Konstruktionen vor dem 1. Weltkrieg, bei denen es gelungen war, bei gutem Wirkungsgrad Druck oder Strömungsgeschwindigkeit des Dampfes oder beides stufenweise herabzusetzen, um brauchbare Drehzahlen zu erhalten. Die Bergmann-Gleichdruckturbine mit mehreren Druckstufen leistete bei 3000/min. einige hundert PS.

Die noch heute zu den bedeutendsten Textilwerken im mittleren Neckarraum zählende Firma Otto wurde bereits 1814/16 von dem Stuttgarter Immanuel Fr. Otto in Nürtingen als Baumwollspinnerei gegründet und von dessen Söhnen und Schwiegersöhnen im Laufe des 19. Jh. um sechs Produktionsstandorte erweitert.

Das Werk in Wendlingen entstand ab 1886/87 als Weberei, in der Robert Otto einen Teil seiner Textilproduktion selbst weiterverarbeiten konnte. Für den vielschiffigen und eingeschossigen Sichtbacksteinbau wurde der renommierte Stuttgarter Oberbaurat und Leins-Schüler Otto Tafel (1838–1914) verpflichtet. Er zeichnet auch verantwortlich für die in den Folgejahren entstehenden Erweiterungen wie Spinnerei-Hochbau, Batteurbau, Rohbaumwollmagazin u. a. Beeindruckend an dieser Fabrikanlage des Historismus ist neben Originalität und Vollständigkeit auch ihre gestalterische Qualität. Von architekturgeschichtlich überregionaler Bedeutung ist dabei der dreigeschossige Spinnerei-Hochbau von 1889/90 mit seinen Treppentürmen in Ecklage. Der aus Tuff- und Backsteinen errichtete Bau wurde 1902/03 von P. J. Manz, einem der wichtigsten Industriearchitekten Württembergs im frühen 20 Jh., um etwa ein Drittel erweitert, wobei Manz die vorgefundene Architektur seines Lehrers getreu weiterführte.

Lit.: J. Kocher, Geschichte der Stadt Nürtingen, Band 3, S. 88–105

Münzenmayer/Goer

Werbach-Gamburg, Main-Tauber-Kreis
Bimssteinfabrik

Anstelle einer Mühle, deren Wasserkraft benötigt wurde, entstand 1890 die Gamburger (Kunst-) Bimssteinfabrik, die heute die einzige Fabrik dieser Branche in Westeuropa ist. Sie arbeitet auch heute noch mit einer nur wenig automatisierten Technik in der manufakturähnlichen Arbeitsweise ihrer Gründungszeit.

Nachdem sich die anfängliche Verarbeitung eines natürlichen Bimssteinvorkommens im nahen Uissigheim als untauglich erwiesen hatte, wurde der Betrieb auf die Herstellung künstlicher Bimssteine umgestellt, die aus Quarzsand und Ton gebrannt werden.

In steingefüllten Trommeln wird Quarzsand gemahlen. Der in Wasser aufgeschwemmte Quarzsand wird in verschiedene Korngrößen gesiebt, mit Ton versetzt und in kleine Formen gegossen. Nach einer Vortrocknung in der Abwärme eines Brennofens werden die Blöckchen in Tonkästen gestapelt (damit sie weiß bleiben) und bei 1200° C gebrannt. Im Wechsel wurden drei Brennöfen (heute 2) betrieben. In einem altmodischen Kollergang werden die schadhaft gewordenen Tonkästen zu wiederverwendbarem Ziegelmehl vermahlen.

Die (Kunst-)Bimssteine, quasi Schmirgel in Blockform finden in der Körperpflege und im handwerklichen Bereich (bei Stukkateuren, Schreinern oder im Karosseriebau) Verwendung als Alternative zum Schleifpapier.

Das Herz der alten, kaum modernisierten Fabrik ist das zweistöckige Ofengebäude mit den drei doppelschalig aus Backstein gemauerten Kuppelöfen, deren kurze Schlote um mehrere Meter aus dem Dachfirst herauswachsen. Zweigeschossig ist sonst nur noch das Werksleitergebäude. Hinzu kommen das Verpackungs- und Versandgebäude, das Mahl-, Siebe- und Kollerganggebäude mit Turbinenraum, zwei Lagerschuppen, ein weiteres Wohnhäuschen und ein Blockhäuschen: das typische Bild einer aus verschiedenen Werkhäusern zusammengesetzten Fabrikanlage des letzten Jahrhunderts.

Solange keine größeren Investitionen plötzlich erforderlich sind und der (eingeschränkte) Absatz der Bimssteine erhalten bleibt, kann dieses lebendige Zeugnis früherer Arbeits- und Fabrikationsweise am Unterlauf der Tauber bei Wertheim/Main erhalten bleiben.

Bongartz

Wildenhäusle → Abtsgmünd

Wilhelmsdorf, Kreis Ravensburg
Rotachmühle Tafel 38

Mitten im weiten Wiesental südlich von Wilhelmsdorf liegt die Rotachmühle. Sie wird bereits 1363 urkundlich erwähnt. Damals wurde sie von der Deutschordenskommende Mainau zusammen mit dem Dorf Esenhausen an das Kloster Weingarten verkauft, in dessen Besitz sie bis zur Säkularisation 1803 blieb.

Das jetzige Gebäude wurde 1783 errichtet. An seinem Äußeren hat sich kaum etwas verändert. Es ist ein breit gelagerter, verputzter Bau, zweigeschossig, mit relativ großen Fensteröffnungen, die mit ihren barocken Kreuzstöcken die Fassade gliedern. Der Wohntrakt ist der Straße zugewandt, in der rückwärtigen Hälfte befindet sich die Mühleneinrichtung. Die jeweiligen Zugänge liegen an der südlichen Traufseite. Auffallend ist das mächtige, hohe Krüppelwalmdach. Bemerkenswert ist auch dessen Konstruktion: Das erste Dachgeschoß ist als liegender, das zweite als stehender Stuhl (ohne Firstpfette) errichtet.

Die Wasserkraft für den Mühlenbetrieb liefert die Rotach, die im nördlich gelegenen Pfrunger Ried entspringt. Als Wasserspeicher zur Regulierung des Wasserstandes dient ein etwa 500 m entfernter Stauweiher, der Rotachweiher. Der Mühlkanal treibt das oberschlächtige, 4 m hohe Wasserrad mit sechs Umdrehungen pro Minute. Wie für derartige Kleinmühlen charakteristisch, liegt die Antriebswelle unter den Mahlgängen, d. h., die drei Mahlgänge – Gerbgang, Schrotgang und ein Porzellanwalzenstuhl für Feinmehl – stehen auf einer Art Empore.

Die Anlagen im Erdgeschoß wurden von der Maschinenfabrik Amann und Wäschle, Ravensburg, gefertigt (Gerbmaschine 1909, Steinschrotmühle 1932), die Stühle im Zwischenstock von den Schwäbischen Hüttenwerken Wasseralfingen (Schrotstühle 1925 und 1941, Porzellanwalzenstuhl 1925). Im ersten Obergeschoß steht die älteste, noch funktionsfähige Maschine, ein Schrotstuhl der Firma Escher-Wyss, Ravensburg, von 1870.

Seit einigen Jahren ist die Mühle wieder voll in Betrieb.

Brand

Zell am Harmersbach, Ortenaukreis
Steingutfabrik

Die Zeller Manufaktur – heute Firma Schmider GmbH & Co KG – kann für sich in Anspruch nehmen, als erste in Süddeutschland bedrucktes Steingutgeschirr hergestellt zu haben. Schon lange vor der Gründung einer Fayence-Fabrik 1794 war die Gegend um Zell als Hafnerland bekannt, bedingt durch das Vorkommen kaolinhaltigen Tons, der sich gut zur Herstellung von Steingut verwenden ließ. Der Gründer, Josef Anton Burger, schloß sich bald mit finanzstarken Handelsherren und Kaufleuten zusammen, und 1807 bekam die Firma Schnitzler Lenz und Burger – später auch »Obere Fabrik« genannt – vom badischen Großherzog ein Privileg, das sie zwar auf die Herstellung von Steingut nach der Art Wedgwood beschränkte, ihr aber zusicherte, daß keine ähnliche Fabrik auf 15 Stunden im Umkreis errichtet werden dürfe. Die Fabrik blühte auf und wurde durch das »Zeller Bildergeschirr« weit über die Landesgrenzen bekannt. Seit 1864 werden in der »Unteren Fabrik« – einer ehem. Schwerspatmühle – Kochgeschirr und Baukeramik hergestellt. Georg Schmider vereinigte 1907 beide Fabriken. Von der 1963 stillgelegten Oberen Fabrik sind heute noch ein Rundbrennofen vom Anfang des 19. Jh. sowie einige Gebäude, darunter das sog. Herrenhaus – ein Verwaltungsbau –, erhalten. Ein Keramikmuseum soll dort in Kürze eröffnet werden.

Die Untere Fabrik fällt durch den dreigeschossigen Gebäudekomplex aus dem 19. Jh. auf, der sich an der Straße entlangzieht. Es schließt sich die Fabrikantenvilla mit klassizistischem Baukörper und Dekorationen der Gründerzeit an. Ein anschauliches Beispiel für die in der Unteren Fabrik hergestellte Baukeramik ist der lange keramische Zaun, der das Grundstück bei der Fabrikantenvilla begrenzt.

Lit.: Zeller Keramik seit 1794, Ausstellungskatalog, Zell am Harmersbach 1989

Reinhardt-Fehrenbach

Register

Bildnachweis

Außer den Fotos von Rose Hajdu wurden folgende Bilder zur Verfügung gestellt.

Bechtel, Mannheim: S. 193
Günter Beck, Birkenfeld: S. 201
H. Braun, Dörzbach: S. 167
Joachim Feist, Pliezhausen: S. 222, 226
Michael Goer, Stuttgart: S. 198, 215, 223, 226
Manfred Grohe, Kirchentellinsfurt: S. 196
Dr. Helmut Hell, Reutlingen: S. 188
Wolfgang Kaiser, Freiburg: S. 165, 199
Landesdenkmalamt Baden-Württemberg: S. 154, 158, 169, 170, 194, 205, 211, 212, 221
Städt. Reiß-Museum, Mannheim: S. 193
Stadt Karlsruhe: S. 182

Landeskunde

Auf den Spuren der Flößer
Wirtschafts- und Sozialgeschichte eines Gewerbes. Herausgegeben von Hans Walter Keweloh im Auftrag des Deutschen Schiffahrtsmuseums Bremerhaven.
288 Seiten mit 70 Abbildungen auf 48 Tafeln.
Nicht Flößerromantik, sondern der Flößeralltag, die Lebens- und Arbeitsbedingungen eines jahrhundertealten harten Gewerbes werden in Bild und Text vorgestellt.

Kurt Seidel
Die Remsbahn
Schienenwege in Ostwürttemberg. 168 Seiten mit 100 Abbildungen.
Die Bau- und Streckengeschichte der Remsbahn von 1835 bis zur Gegenwart mit zahlreichen, zum Teil erstmals veröffentlichten historischen Dokumenten.

Albert Mühl/Kurt Seidel
Die Württembergischen Staatseisenbahnen
340 Seiten mit 20 Tabellen, 106 Typenskizzen, 2 Karten, 87 Dokumentarfotos auf Kunstdrucktafeln.
Das Standardwerk über die Königlich Württembergischen Staatseisenbahnen mit einer Auswahl dokumentarischer Fotos von Gleisanlagen, Brücken, Bahnhöfen, Lokomotiven und Wagen.

Hans-Joachin Bayer/Gerhard Schuster
Besucherbergwerk „Tiefer Stollen"
Erzbergbau in Aalen-Wasseralfingen. 174 Seiten mit 131 Abbildungen und 11 Farbtafeln.
Der offizielle Führer durch das Besucherbergwerk „Tiefer Stollen" in Aalen-Wasseralfingen, eine Dokumentation über den Erzbergbau in der Ostalbregion.

Wurzeln des Wohlstands
Bilder und Dokumente südwestdeutscher Wirtschaftsgeschichte. Herausgegeben von den IHK Baden-Württemberg. 256 Seiten mit 390 Abbildungen, davon 16 in Farbe.
Dieser Bildband zeigt die Entwicklung vom Land der Kleinbauern und Handwerker zum Bundesland mit großer wirtschaftlicher Bedeutung im In- und Ausland.

Stationen des Industriezeitalters im deutschen Südwesten
Herausgegeben vom Museum für Technik und Arbeit in Mannheim. 94 Seiten mit 130 größtenteils farbigen Abbildungen.
16 Etappen der technisch-sozialen Entwicklung vom 18. Jahrhundert bis in die Gegenwart.

Gerhard Zweckbronner
Ingenieurausbildung im Königreich Württemberg
Herausgegeben vom Landesmuseum für Technik und Arbeit in Mannheim. 287 Seiten mit 31 Tafeln.
Vorgeschichte, Einrichtung und Ausbau der Technischen Hochschule Stuttgart und ihrer Ingenieurwissenschaften bis 1900 – eine Verknüpfung von Instituts- und Disziplingeschichte.

Herbert Jüttemann
Bauernmühlen im Schwarzwald
Dokumentation und Restaurierung bäuerlicher Alltagstechnik. Reihe Industriearchäologie in Baden-Württemberg, Bd. 1. Herausgegeben vom Landesmuseum für Technik und Arbeit Mannheim. 226 Seiten mit 201 Abbildungen.
Die umfassende Dokumentation einer untergehenden Technik, vorgestellt nach den einzelnen Bauelementen wie Gebäude, Wasserrad, Mahlwerk etc.

Bildbände

Hartwig Haubrich/Wolfgang Hug/Herbert Lange
Das große Buch vom Schwarzwald
215 Seiten mit 391 farbigen Abbildungen.
Ein umfassendes anschauliches Sachbuch und zugleich repräsentativer Bildband mit breitgefächerter Thematik: von der Entstehung des Schwarzwaldes vor Jahrmillionen bis zur vom Menschen und seiner Geschichte geprägten heutigen Kulturlandschaft.

Albrecht Brugger
Baden-Württemberg
Eine Landeskunde im Luftbild. 258 Seiten mit 161 Tafeln, davon 125 in Farbe.
Die Spannweite und Vielschichtigkeit des Landes in Vergangenheit und Gegenwart, eingefangen in neuer, überraschender Perspektive.

Albrecht Brugger
Baden-Württemberg – Landschaft im Wandel
Eine kritische Bilanz in Luftbildern aus 35 Jahren.
143 Seiten mit 111 Abbildungen, davon 16 in Farbe.
Die einzigartige Dokumentation rapider und totaler Landschaftsveränderung.

Hermann Baumhauer
Im Herzen des Schwabenlandes
Kulturgeschichte in Wort und Bild. 180 Seiten mit 118 Farbtafeln.
Dieser prächtige Band führt in die reizvolle Landschaft zwischen Schwarzwald und Alb, Donau und Franken mit ihren kulturhistorischen Zeugnissen.

Das große Buch der Schwäbischen Alb
Herausgegeben von Ernst Waldemar Bauer und Helmut Schönnamsgruber. 216 Seiten mit 410 farbigen Abbildungen.
Dieser Text-Bildband zeigt die Entstehung und Entwicklung der Schwäbischen Alb, Leben und Geschichte ihrer Bewohner von der Steinzeit bis heute, das Erscheinungsbild der jetzigen Kulturlandschaft mit all ihren Schönheiten und Problemen.

Reiner Rinker
Baden-Württemberg in der Mitte Europas
78 Seiten mit 64 Farbtafeln. Text und Bildlegenden dreisprachig.
Dieser Bildband präsentiert den landschaftlichen und kulturellen Reichtum des Landes in ungewöhnlich schönen Bildern.

Heinfried Wischermann
Romanik in Baden-Württemberg
337 Seiten mit 195 Tafeln, davon 22 in Farbe, und 56 Abbildungen im Text.
Die erste zusammenfassende Darstellung der romanischen Baudenkmäler in Baden-Württemberg. Einem allgemeinen Überblick folgen im topographischen Teil die ausführlichen Beschreibungen von 70 Kirchen und einigen Profanbauten.

Die Geschichte Baden-Württembergs
Herausgegeben von Reiner Rinker und Wilfried Setzler.
456 Seiten mit 203 Abbildungen auf 104 Tafeln, 15 Abbildungen im Text.
26 Historiker verfolgen die geschichtliche Entwicklung auf dem Boden des heutigen Bundeslandes von der Vor- und Frühgeschichte bis zur Gegenwart.